KB210274

감추고 싶은 진실

전 국민 필독서

the truth want to hide

감추고 싶은 진실

펴 낸 날   2023년 08월 25일

지 은 이   최규철
펴 낸 이   이기성
편집팀장   이윤숙
기획편집   서해주, 윤가영, 이지희
표지디자인   서해주
책임마케팅   강보현, 김성욱
펴 낸 곳   도서출판 생각나눔
출판등록   제 2018-000288호
주   소   경기도 고양시 덕양구 청초로 66, 덕은리버워크 B동 1708호, 1709호
전   화   02-325-5100
팩   스   02-325-5101
홈페이지   www.생각나눔.kr
이 메 일   bookmain@think-book.com

• 생각의 뜰은 도서출판 생각나눔의 자서전 브랜드입니다.

• 책값은 표지 뒷면에 표기되어 있습니다.
  ISBN 979-11-7048-592-6 (03200)

감추고 싶은 진실

전 국민 필독서

the truth want to hide

최규철 지음

불교, 개신교, 천주교의 실체를 공개하며
그들의 사상과 그릇된 행태를 비판!

서강
의뜰

이 책은 네이버 지식in의 가톨릭, 개신교, 불교 난에서 20여 년간 지식인으로 활동하며 얻어진 지식을 바탕으로 그들의 종교를 비판하며, '제1편 불교의 실체'는 불교라는 종교가 어떻게 발전되어 왔는지, 또 오늘날의 불교가 석가모니의 사상과 부합하는지, 불교의 주요사상이 과학적, 논리적, 합리적으로 타당한지에 대해 역사적 사실과 그들의 불전을 근거로 불교를 비판하며, '제2편 개신교의 실체'는 초기교회의 역사, 각종 공의회의 선포, 주요 교리, 성경을 근거로 개신교를 비판하며, '제3편 천주교의 실체'는 종북 성향을 보이는 정의구현전국사제단의 정치적 오판을 지적하며, 그들에게 동조 내지 협력하는 천주교의 그릇된 행태에 대해 비판한다.

또한, 우리나라의 3대 종교의 실체를 낱낱이 이 책 한 권에 모두 소개하기엔 지면이 부족하겠지만, 그동안 지식인들의 주요 논쟁의 주제였고, 또 독자들이 알아야 할 핵심적 내용을 선별하여 수록하였으며, 이 책은 우리나라의 3대 종교에 관심이 있는 독자들에게 이들 종교의 실체를 알려드리기 위함이지 결코 각 종교를 비난하거나 폄훼하기 위함이 아니라는 것을 먼저 밝혀드린다.

이 책에서 저자의 판단과 주장이 종교가 미지의 영적 세계를 지향하고 있다는 특성을 간과하고, 그들의 사상을 유물론적, 논리적으로 평가한다는 지적과 비판이 있을 수 있다. 그러나 어느 종교든 과학적, 논리적, 합리적으로 따지면 이 세상 모든 종교는 모두 모순을 가지기 때문에 자신의 종교사상으로 타종교를 비판하는 것은 옳지 않으며, 종교는 그 자체로 인정해주는 자세가 필요하며, 자신의 종교가 무엇을 추구하고 어떤 문제점이 있는지 되돌아보고, 또 인간의 정신세계를 긍정적으로 이끌고, 양심과 정직에 기초하여 우리가 함께 살아가는 공동체의 발전과 번영에 기여하는 참된 종교로 거듭날 수 있는 계기를 부여하는 것으로 이 책을 평가해 주었으면 한다.

그동안 공부한 내용을 정리하여 책으로 출판하는 과정에서 부족한 문장력을 간결하고 객관성을 견지하도록 물심양면으로 교정과 감수를 도와준 가족들에게 고마움을 전하며, 우리나라의 3대 종교가 무엇을 추구하고, 어떤 사상을 가지고 어떻게 활동하고 있는지 궁금해하는 모든 국민들에게 이 책을 바친다.

2023년 맹하
최규철

Contents

제2편 | 개신교의 실체

제3편 | 천주교의 실체

일러두기

· 불전은 「불교 기록문화유산 아카이브」의 「통합대장경」을 인용하였다.
· 성경는 2005년 천주교중앙협의회에서 새롭게 번역된 성경과 NAB 성경을 「굿뉴스」에
  서 인용하였다.
· 천주교와 관련된 기사와 교회법 등은 「굿뉴스」에서 인용하였다.
· 사회복지시설 관련 자료는 보건복지부의 통계, 연구 자료를 인용하였다.
· 범죄인 관련 통계자료는 국가통계포털 「KOSIS」를 인용하였다.
· 종교인구 조사자료는 통계청 「KOSTAT」를 인용하였다.
· 기타 인용된 자료는 그 출처를 명기하였다.
· 용어에 대한 해설은 네이버 백과사전을 인용하거나 간결하게 재해석하였다.

제1편

-

불교의 실체

1화 불교의 태동 및 전래 과정

석가모니가 살아있을 그 당시 인도지역은 브라만교[1]가 대세였고, 브라만교의 제사장인 브라만[2]과 왕족인 크샤트리아[3]는 범어(梵語)[4]라는 언어를 사용했고, 문자도 있었지만, 평민과 천민들은 그들의 고유 언어인 팔리어[5]를 사용했는데 팔리어는 문자가 없었다.

팔리어를 사용한 석가모니가 죽고 나서 그 제자들은 석가모니가 설했다는 것을 한 곳에 모두 모여 입을 똑같이 맞추게 되는데, 이것을 결집이라고 한다. 이렇게 석가모니가 설한 것을 대중들에게 구전으로 전하게 되었는데, 문자가 아닌 구전으로 석가모니의 설을 전하려니 대중화가 쉽지 않았고, 결집에 참석했었던 사람이나 혹은 그 구전을 전수받은 사람이 아니라면 석가모니가 무슨 말을 했는지 전달해 주기가 어려웠다.

시대가 흐름에 따라 제자와 그 제자들이 죽게 되고, 구전을 전수받은 이들이 시간이 지날수록 구전을 잊어버리게 되자 문자로 된 불전 제작의 필요성이 대두되어 기원 전후 기존에 결집된 그 구전을 싱할리어[6]라는 문자로 불전을 만들고, 또 새롭게 만든 불전들도 문자화하자 불교라는 종교는 급속히 전파되기 시작한다.

이후 서기 2세기 쿠샨 왕조의 카니슈카 1세 왕이 제4차 결집을 소집하여 석가모니의 신격화뿐만 아니라 불상도 신격화하고, 불전을 새롭게 만들되 산스크리트어로 만들 것을 명령하고 또 결의하게 되며, 제4차 결집을 통해 석가모니를 법신과 부처로 신격화하기 위해 새롭게 규합하여 만든 종교가 대승불교이다.

대승불교는 석가모니의 신격화뿐만 아니라 석가모니가 설했다는 불전들을 산스크리트어로 마구 만들어 내며 보급하기 시작하고, 이 불전들이 티베트, 중국 등지로 보급되면서 그 나라의 언어로 또다시 번역하기 시작한다. 그 당시 인도 북부의 펀자브 지역은 실크로드와 인접해 있었기 때문에 중국, 동유럽 등과의 교역이 활발했고, 중국인들도 산스크리트어의 대승불전을 한문으로 번역하여 불전의 보급과 더불어 불교라는 종교를 중국에 알리게 되고, 동시에 상좌부불교[7]는 석가모니를 부처로 신격화한 『아함경』, 『본생경』 등의 불전을 새로이 만들고, 대승불교는 『금강경』, 『화엄경』, 『법화경』과 같은 경전들을 새로이 만들고, 힌두교와 인도 무속신앙을 혼합하여 대중화에 힘을 쓰게 된다.

서기 4세기경 인도가 굽타 왕조에 의해 통일이 되고, 굽타 왕조에서 브라만교와 인도 무속신앙을 혼합한 힌두교를 국교로 삼은 이후, 힌두교는 급속히 성장한 반면 상좌부불교와 대승불교 모두 급속히 쇠락하며 대중들로부터 외면받기 시작하자, 상좌부불교는 바닷길을 통해 스리랑카, 미얀마, 캄보디아 등지로 전파가 되고, 대승불교는 육로를 통해 티베트, 이란 지역을 거쳐 중앙아시아와 중국 등지로 전파된다. 전파과정에 대승불교는 불교의 대중화를 위해 그 나라의 문화를 흡수하고, 그 나라의 전래동화와 샤머니즘, 토테미즘, 애니미즘과 또 그들이 기존에 믿고 있던 종교를 혼합하고, 그 혼합한 것을 석가모니가 설했다며 또다시 불전을 만들어 보급하기 시작한다.

그 당시 한반도는 중국과의 교역이 활발했음에 따라 중국을 통해 대승불교가 한반도로 유입되었다는 설이 있고, 인도 혹은 베트남을 통해 한반도로 유입되었다는 설이 있지만, 중국을 통해 유입되었다는 설이 유력하며, 삼국시대의 왕족 및 귀족들은 국민들의 학문연구를 통해 국가의 발전을 도모한 것이 아니라 "살생하지 말라.", "선업을 쌓으면 극락에 가거나 다음 세상에 좋은 곳에 태어나 잘 살 수 있다.", "온갖 신들과 귀신에게 빌면 복을 내려준다."라는 등 국민들을 가재, 붕어, 개구리로 만들어 백성들을 통치하기 위한 수단으로 불교를 받아들이고 또 대중화시켰다.

비로소 조선시대에 와서 불교를 억압하고, 국민들이 학문연구에 집중하도록 권장함으로써 국민들이 똑똑해져 오늘날과 같은 부국강병을 이룰 수 있었고, 우리의 문화가 세계문화의 중심에 있게 된 것은 곧 조선왕조의 이러한 훌륭한 정책에 기인한 것이 아닌가 한다.

---

01) **브라만교**: 베다교, 바라문교라고도 한다. 선신과 악신 존재. 다신교. 기원전 1500년경 아리아인들이 인도에 정착한 이후 믿기 시작한 종교로, 힌두교 등 여러 인도 종교의 원형

02) **브라만**: 이란 아리아인들로 브라만교의 제사장. 신분계급에서 최상위 계층

03) **크샤트리아**: 이란 아리아인들과 인도 원주민과의 혼혈인 인도 아리아인들로 왕족, 귀족, 군인, 정치인. 브라만 다음의 차상위 계층

04) **범어**: '산스크리트어'라고도 하며, 힌두교, 대승불교, 자이나교 등 인도의 전통 종교의 경전을 기록한 언어

05) **팔리어**: 인도 중부와 북부지방에서 활발하게 사용한 언어

06) **싱할리어**: 스리랑카의 전통언어

07) **상좌부불교**: 「3화 불교의 타종교 혼합」 참조

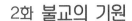
고대로부터 흑해 연안과 카자흐스탄, 타지키스탄에 이르는 중앙아시아와 파키스탄에 이르는 인도 북부 지역은 유목민인 스키타이계 사카족의 터전이었고, 이라크 동부지역으로부터 이란의 중심과 남부 지역에는 아리아인들이 유목 혹은 정착 생활을 하였으나, 유럽과 중국을 잇는 실크로드가 지나가는 무역의 중심적 위치에 있었기 때문에 여러 민족의 문화를 전파하거나 혹은 혼합하고, 타민족에 의한 지배가 반복되는 흥망성쇠가 이루어진 역사를 가진 지역이다.

특히 인도 북부 지역인 파키스탄에서부터 히말라야 산맥을 중심으로 남부 지역에 해당하는 펀자브 지역은 이란 아리아인의 페르시아 왕조(마기신앙(Magisme)[8]을 자라투스트라에 의해 조로아스터교[9]로 계승), 인도 아리아인들의 마우리아 왕조(불교로 통일), 스키타이계 사카족의 쿠샨 왕조(불교로 통일), 그리스 제국(그리스도교)에 의해 지배를 받아왔으며, 대중들은 정복자의 종교에 따라 반복된 신앙을 가지거나 혹은 여러 종교가 혼합되어 독특한 신앙으로 발전하게 된다.

또한, 조로아스터교를 계승하고, 기원전 이란 지역에서 발생한 영지주의[10]와 그 영지주의에서 분파되거나 영향을 받은 마니교[11], 만다야교[12], 마즈다크교[13] 등 그노시스파[14]는 서아시아나 유럽, 펀자브 지역뿐만 아니라 중앙아시아를 거쳐 중국에까지 전파되고 기존 종교에 지대한 영향을 끼치게 된다.

불교의 응보설(應報說)과 천상의 보살(菩薩)은 조로아스터교의 사상이며, 범아일여(梵我一如), 윤회(輪回), 달마(達磨), 업(業), 해탈(解脫)은 브라만교의 사상이며, 조로아스터교를 계승한 영지주의와 마니교는 선은 영혼(혼)이요 악은 물질(육체)인 이원론 사상으로, 영혼이 더러운 물질 속에 갇혀 있기 때문에 물질 속에서 벗어나기 위해선 우주의 세계(혼)와 그 이치를 깨달아야만 벗어날 수 있다는 그노시스(Gnosis)[15] 사상을 주장하는데, 이는 불교의 불(佛), 견성(見性)[16], 해탈(解脫)과 일맥상통한 사상이다.

▨ 조로아스터교의 응보설(應報說), 천상의 보살(菩薩), 아미타불, 비로자나불, 미륵보살 차용

출처: 불교닷컴 http://www.bulkyo21.com

https://www.bulkyo21.com/news/articleView.html?idxno=22071

출처: 한국불교학회, 대승불교 형성기 페르시아 영지주의 종교의 영향 – 불교 사후세계의 이원화 현상을 중심으로– A Study of the Persian Gnostic Religions's Influence on the Formation of Mahayana Buddhism

▨ 브라만교의 범아일여(梵我一如), 윤회(輪回), 달마(達磨), 업(業), 해탈(解脫) 차용

출처: 임승택 경북대학교 철학과 교수

http://www.beopbo.com/news/articleView.html?idxno=65484

https://blog.naver.com/peterjay/126843132

출처: 홍익희 세종대 교수 http://kor.theasian.asia/archives/177633

▨ 영지주의의 '물질에 대한 탐욕을 버리고, 우주만물의 이치를 깨달아야 해탈', 선과 악의 이원론, 사후관 차용

출처: 한국불교학회, 대승불교 형성기 페르시아 영지주의 종교의 영향 – 불교 사후세계의 이원화 현상을 중심으로– A Study of the Persian Gnostic Religions's Influence on the Formation of Mahayana Buddhism

▨ 마니교의 교주인 마니 숭배

• 서방세계의 여의보주(如意寶珠)로 숭배

출처: 허공장보살경(虛空藏菩薩經)

• 중생들의 원을 들어주는 남방의 보생불로 숭배

출처: 흥륜사 정토원

• 악을 제거하고 흐린 물을 맑게 하며 염화(炎禍, 불의 재화)를 없애는 공덕이
  있는 보배로운 구슬로 숭배

출처: 문화콘텐츠닷컴 (문화원형 용어사전), 네이버 지식백과, 마니보주, 마니

• 대범천(大梵天)[17]이 지니고 있는 여의주(如意珠)로 숭배

출처: 네이버 지식백과, 범마니

• 마니를 찬양, 숭배하는 마니차, 마니색, 마니곡이 있다

출처: 네이버 지식백과, 불곡(佛曲)

• 도솔천[18]에도 마니전(摩尼殿)이 있다

출처: 불설관미륵보살상생도솔천경(佛說觀彌勒菩薩上生兜率天經)

• 마니 찬양/숭배

출처: 대방광불화엄경(大周新譯大方廣佛華嚴經)

• 육자진언 마니 숭배

참고: 위덕대학교 김무생 교수 http://blog.daum.net

• 광명진언 마니 숭배

출처: 흥륜사 정토원

▨ 마니교의 영향

• 불교의 참제업장십이존불(懺除業障十二尊佛)에 마니교의 성자인 환희장마니
  보적불(歡喜藏摩尼寶積佛)과 제보당마니승광불(帝寶幢摩尼勝光佛) 포함

출처: 천수경(千手經)

- 마니교의 경전을 불전 「신수대장경」에 수록

  출처: http://www.hyunbulnews.com

- 둔황 석굴에서 마니교 경전 발견

  출처: 불교신문 http://www.ibulgyo.com

- 베제크릭의 천불동 석굴에서 마니교 경전 발견

  출처: http://blog.daum.net/sunghwa/5809037

- 키질의 천불동 석굴에서 마니교 경전 발견

  출처: https://www.ccdailynews.com

▨ 경교(네스토리우스파)[19]의 영향

- 신수대장경 제54권 「외교부」에 경교의 경전 수록

경교의 영향– 십자가 문양 불상 [출처: 구글 이미지]

경교의 영향– 불상양식 및 십자가 문양 불상 [출처: 영국 위키백과 및 문화일보]

▨ 무속신앙과 혼합

출처: 최병헌 서울대 교수 법보신문

http://www.beopbo.com/news/articleView.html?idxno=99199

http://www.beopbo.com/news/articleView.html?idxno=103505

08) **마기신앙**: 고대 이란계 메디아족이 믿던 원시종교로, 조로아스터교의 종교법과 일치하며, 신관 공유. 조로아스터교의 성직자 '마기(magi)'는 마기신앙에서 유래.

09) **조로아스터교**: 마기신앙의 신관을 계승하며 마즈다교, 배화교라고도 한다. 최초의 계시종교. 영혼과 육체를 분리, 선신과 악신이 존재, 선과 악의 이원론. 유일신 아후라 마즈다 숭배

10) **영지주의**: 고대 페르시아 지역에서 믿던 사상으로, '조로아스터교'의 분파로 알려지며, 초자연적 지식을 깨달아야 구원받는다는 사상. 창조론, 부활론, 윤회, 물질혐오, 금욕, 단식 권장. 페르시아계와 그리스도교계로 분파되며, 페르시아계 영지주의는 중앙아시아, 인도 지역의 종교에 영향을 끼치고, 그리스도교계 영지주의는 유대교와 그리스도교에 영향을 끼치거나 혹은 영향을 받게 된다.

11) **마니교**: 4~5화 참조

12) **만다야교**: 고대 이란 지역에서 영지주의와 유대교, 그리스도교를 혼합한 종교. 세례자 요한 숭배

13) **마즈다크교**: 조로아스터교의 분파로, 영지주의의 선과 악, 빛과 어둠 등이 대립하는 우주론을 기반으로 인간의 구원을 중시하며, 부녀자와 재산의 공유를 주장

14) **그노시스파**: 영지주의 사상과 동서양의 사상이 혼합된 분파를 총칭

15) **그노시스**: '영지주의'를 뜻하며 인식, 앎, 지식, 깨달음을 의미

16) **견성**: 본래 자신이 가지고 있는 본성을 깨달아서 보고 아는 것. 오도(悟道)라고도 하며 망념과 미혹을 없애고 자기 본연의 성품을 깨달아 아는 것.

17) **대범천**: 범왕, 범천이라고도 하며, 불교의 33천 중 초선천의 왕. 힌두교의 신이며 불교에서 선신(善神)으로 수용

18) **도솔천**: 수많은 천인(天人)들과 미륵보살이 머무는 곳으로, 석가모니가 태어나기 직전까지 머무르던 천상세계

19) **경교**: '네스토리우스파'라고도 하며, 예수의 신성과 인성을 독립적으로 인식하고, 성모 마리아를 '예수의 육신의 어머니'로 주장하는 그리스도교의 이단. 중국뿐만 아니라 한반도에도 전파

3화 불교의 타종교 혼합

　석가모니는 그 제자들의 신분에 구애받지 않고 자신을 따르는 이들 모두를 동등하게 대함으로써 브라만교의 신분제도인 카스트에 반발하며 평민과 천민 계층의 지지를 받게 된다. 그로 인해 석가모니의 제자들은 평민과 천민 계층의 사람들이 대부분이었다.

　기원전 3세기 마우리아 왕조의 아소카 왕에 의해 초기불교가 급성장하게 되고, 기원후 2세기 쿠샨 왕조의 카니슈카 1세 왕에 의해 대승불교가 급성장하게 되나, 이후 굽타 왕조에서 힌두교를 국교로 받아들임으로써 상좌부불교와 대승불교는 인도 지역 바깥으로 내몰리게 되자 각 지역이나 국가로 전파되면서 그 지역의 각종 무속신앙을 받아들이게 되고, 각종 종교와 혼합하게 된다.

　초기불교[20] ⇒ 부파불교[21] ⇒ 소승불교[22](남방불교, 상좌부불교[23])

　　　　　　　　　　　　⇒ 대승불교(북방불교)

힌두교=브라만교+인도무속신앙

초기불교= 조로아스터교 + 브라만교

대승불교= 초기불교 + 석가모니 신격화 + 영지주의

인도대승불교= 대승불교 + 힌두교 + 인도무속신앙

티베트불교= 인도대승불교 + 뵌교(티베트무속신앙+마니교)

중국불교= 티베트불교 + 마니교 + 경교 + 중국무속신앙

= 인도대승불교 + 마니교 + 경교 + 중국무속신앙

한국불교= 중국불교+한국무속신앙

= 조로아스터교 + 브라만교 + 영지주의 + 힌두교 + 뵌교 +
마니교 + 경교 + 석가모니신격화 + 인도무속신앙 + 티베
트무속신앙 + 중국무속신앙 + 한국무속신앙

---

20) **초기불교**: '근본불교'라고도 하며, 석가모니 사후부터 약 100년간 석가모니의
가르침과 승가의 규율 등 불교의 공통적 가르침을 따르던 시기의 불교

21) **부파불교**: '원시불교'라고도 하며, 석가모니 사후 약 100~400년간 20여 개의
교단으로 갈라진 시기의 불교

22) **소승불교**: 대승불교에서 상좌부불교를 낮추어 부르는 호칭

23) **상좌부불교**: 초기불교의 전통을 계승한 불교. 부파불교 시대가 끝난 기원
전후부터 스리랑카, 동남아시아에 전파된 남방불교를 통칭. 팔리어의 불전을
경전으로 한다.

4화 마니교의 영향

마니교는 조로아스터교의 한 분파로 알려지고, 영지주의 사상인 이원론(천국과 지옥, 선과 악, 빛과 어둠), 깨달음을 통한 구원(해탈), 채식주의, 수행, 고행, 금욕, 금주, 독신, 기도, 자선, 단식을 장려하고, 청빈하고 금욕적인 생활을 추구했으며, 영혼을 선으로 물질을 악으로 정의하고 물질 속에 악마가 존재한다는 사상을 계승하고, 예수를 구세주 그리스도로 받아들임과 더불어 창조론과 종말론을 신봉하고, 브라만교의 윤회 사상을 받아들인다.

불교는 영지주의 사상을 받아들였기 때문에 마니교의 교리와 흡사하고, 마니의 가르침과 실천이 석가모니 못지않게 훌륭했기 때문에 대승불교는 마니와 그들의 성자를 부처로 숭배하며, 티베트, 중앙아시아, 몽골, 명나라 등지에서 마니교의 세력이 확장되자 억압받던 대승불교는 살아남기 위해 마니교로 들어가 그들과 융합하고, 이후 마니교가 탄압을 받자 마니교의 분파들은 불교로 들어가 자연스럽게 불교와 융합하며 대승불교는 마니교의 재림사상 등을 받아들인다.

대승불교의 불전에 나오는 마니(摩尼, 麼抳)[24]는 마니교의 교주인 마니를 지칭하며, 불전에 '마니'가 수없이 등장한다는 것은 곧 마니교의 영향을 많이 받았다는 명백한 증거이며, 그 증거는 다음과 같다.

'마니'는 내 마음의 남방에 계신 보생불(寶生佛)의 명호이다. 보생불은 평등성지(平等成智)의 덕으로 중생들을 위해 가뭄에 비를 내리듯 중생들이 바라는 원을 모두 만족하게 하는 부처님이다.

출처: 흥륜사 정토원

불교화된 마니교와 관련하여 알아야 할 사실이 두 가지 있다. 한 가지는 마니교 문서들이 현재 불교학자들이 가장 많이 사용하고 있는『신수대장경』의 제54권 외교부(外教部)에 네스토리안 기독교의 문서들과 함께 인용되어 있다는 것이다. 그만큼 동양의 정신문화에서 불교가 아우르는 영역은 큰 것임을 말해주는 사례이다. 또 한 가지는 불교화된 마니교의 흔적을 잘 살펴야 한다는 것이다. 한 가지 사례를 들자면 현재 지역과 절에 따라서는『천수경』의 "환희장마니보적불, 제보당마니승광불…"과 같은 일련의 마니불 계통의 불명은 독송하지 않는다. 옛날부터 승려들은 이미 마니불 계통의 불명이 바로 불교화된 마니교의 흔적임을 알고 있었던 것이다.

출처: 현대불교신문, 일지 스님의 감춰진 불교 이야기
http://www.hyunbulnews.com/news/articleView.html?idxno=126826

전단광불께 귀의합니다. 마니당불께 귀의합니다. 환희장마니보적불께 귀의합니다.

출처: 천수경

예불대참회문 88불에 마니교 성자인 마니당불, 환희장마니보적불, 마니당등광불 등재

출처: 팔십팔불대참회문

백팔대참회문에 마니당불, 환희장마니보적불, 마니당등광불 등재

출처: 백팔대참회문

그러나 중앙아시아로 이주한 이들은 당시 실크로드 무역을 주름잡던

소그드인[25]들을 개종시켰다. 694년에는 중국의 황실까지 마니교가 전파되었다. 마니교가 가장 융성했던 지역은 중국 북서부의 소수민족인 위구르 왕국이다. 14세기 중국의 강력한 탄압에 못 이겨 마니교는 자취를 감추었다. 마니교는 불교의 몇몇 분파에도 흡수되어 재림 불교 사상에 영향을 미쳤다.

마니교는 영어 단어에도 흔적을 남겼는데, 한곳에 심취해 있는 사람을 뜻하는 영어 마니아(Mania)도 마니교에서 유래된 것이다. 마니교는 크게 선택된 자와 듣는 자 두 부류로 구분된다. 최고 종교 지도자 밑으로 12명의 사도가 있고, 그 밑으로 72명의 주교가 있다. 그리고 가장 밑으로 360명의 장로가 있다. 선택된 자들은 입과 손과 가슴이 봉인된 사람들이다. 이들은 입으로는 고기와 술 등 부정한 음식을 삼가고, 진리만 말하였다. 손으로는 상해와 살인 그리고 전쟁을 삼갈 뿐 아니라 물질세계에서 재산의 축적을 위한 육체적 노동 등을 멀리하였다. 가슴을 정결케 하기 위해서는 성적인 관계를 맺지 않는다.

출처: 페르시아의 종교, 유흥태 저, ㈜살림출판사

24) 마니: 마니교의 창시자. 사산 왕조 바흐람 1세에게 "성관계를 해서는 구원받을 수 없다."라고 주장하자 화형에 처함
25) 소그드인: 중앙아시아의 이란계 민족. 실크로드를 통한 동서양 교역에 기여

5화 마니를 마니광불로 숭배

마니교의 교주인 마니(A.D. 210~276)는 파르티아 왕조의 크테시폰(현재의 이라크 바그다드 부근)에서 그리스도교계 그노시스파 가정에서 출생한 것으로 알려진다.

마니교는 그노시스파의 스키티아노스(Scythianos)의 가르침으로부터 시작되며, 스키티아노스의 후계자 사라데스, 스키티아노스의 가르침인 『현의』, 『교리요강』, 『복음』, 『보배』 4권을 집필한 사라데스의 후계자 테레빈토스를 거쳐 스키티아노스로부터 마니까지 이어오는 교리를 집대성하여 서기 240년경 마니는 마니교를 창설한 것으로 추정되며, 마니교는 '깨달은 자' '빛을 받은 자'를 성자 혹은 부처로 불렀으며, 마니는 '빛을 받은 자', '예수의 사도', '붓다의 후계자'로 불렸다.

둔황석굴, 베제크릭 천불동석굴, 키질 천불동석굴에서 발견된 서기 7세기경 제작된 것으로 추정되는 그들의 경전인 『마니광불교법의략(摩尼光佛教法儀略)』에는 마니교의 교주인 마니를 '마니광불(摩尼光佛)'로 기록하고 있으며, 마니가 생전에 '빛을 받은 부처'로 불렸다는 것이 그들의 경전을 통해 입증되며, 마니교의 경전인 『마니광불교법의략』에는 다음과 같은 내용이 있다.

탁화국토의 종교 제1불이라 불리는 이슬덕오노선(범음)이라는 사람은 광명사자 일명 구지법왕, 마니광불이라고도 한다. 즉 '광명대혜무상의왕응화법신'이라는 별명으로 세상에 나오려 한다. 이요강령분광삼체. 대자민은 고로 적의 마군에 대응하였다. 직접 명존청정의 교명을 받았습니다. 그리고 고운광명사자를 탄생시키죠. 즉 우리의 광명의 대지혜의 위 없는 의왕(

醫王)이 화신으로 오신 법신의 다른 명호이다. 세상에 출현하고자 할 때 해와 달의 신령스러움이 내려 온몸을 빛나게 하고, 큰 자비와 사랑으로 응당 마군을 대적하고, 친히 밝고 존귀하고 청정한 가르침의 명을 받은 연후에 화신이 되어 탄생한 고로 광명사자라고 부른다.

출처: 마니광불교법의략(摩尼光佛敎法儀略)

그리고 대승불교의 불전 중에서『마니광불(摩尼光佛)』이 나오는 불전은『관허공장보살경(觀虛空藏菩薩經)』,『불설관불삼매해경(佛說觀佛三昧海經)』,『불설불명경(佛說佛名經)』세 군데로, 그 제작연대를 조사하면 다음과 같다.

▨ 관허공장보살경(觀虛空藏菩薩經)

- 5세기 초 요진(姚秦) 때 계빈국(罽賓國) 출신 불타야사가 번역, 5세기 초 유송(劉宋) 때 계빈국(罽賓國) 출신 담마밀다가 번역
- 죄를 지은 사람들이 허공장보살을 비롯하여 여러 부처와 보살의 이름을 부르면서 염불하면 그 죄가 사라진다는 불전

부처님께서 말씀하셨다. "그것은 이 육방(六方: 동서남북과 상하) 부처님의 명호를 외우고 생각하여 공경히 예배하는 사람만 못하다. 그 사람은 세세 생생토록 전륜왕의 집에 태어나 위덕이 단정하며, 죽으려 할 때 백억 모든 부처님께서 손을 내밀어 3악도(惡道)에 떨어지지 않게 한다. 5역(逆)의 무거운 죄를 지은 이는 응당 지옥에 들어가야 하는데도 현세에 가볍게 두통을 받는 정도로 면제받아 3악도에 들어갈 보를 받지 않는다. 그러므로 지극한 마음으로 공경히 예를 올리고 이 같은『보망동자경(寶網童子經)』을 자세히 말해야 한다."

동방수미등광불(東方須彌燈光佛)

동남방보장장엄불(東南方寶藏莊嚴佛)

남방전단마니광불(南方栴檀摩尼光佛)

서남방금해자재왕불(西南方金海自在王佛)

서방대비광명왕불(西方大悲光明王佛)

서북방우발라연화승불(西北方優鉢羅蓮華勝佛)

북방연화수장엄왕불(北方蓮華鬚莊嚴王佛)

동북방금강자재왕불(東北方金剛自在王佛)

상방수승월왕불(上方殊勝月王佛)

하방일월광왕불(下方日月光王佛)

출처: 관허공장보살경

▨ 『불설관불삼매해경(佛說觀佛三昧海經)』

- 5세기 초 유송(劉宋) 때 인도 출신의 불타발타라가 최초로 번역
- 정신을 가다듬어 부처의 모습과 덕을 생각하면 시방에 있는 부처들을 볼 수 있게 되며, 부처님의 예언을 받게 된다는 불전

만약 선남자, 선여인이 여러 부처님들의 명호를 받아 지니고 읽어 외운다면, 그는 1아승기겁 동안 세간을 초월하여 나쁜 갈래에 떨어지지 않으리라. (중략)

나무 응천불(應天佛), 나무 대연등불(大然燈佛), 나무 다세간불(多世間佛), 나무 묘향불(妙香佛), 나무 주지공덕불(住持功德佛), 나무 이암불(離闇佛), 나무 무비불(無比佛), 나무 자연불(自然佛), 나무 사자불(師子佛), 나무 선행불(善行佛), 나무 보칭불(寶稱佛), 나무 이제과불(離諸過佛), 나무 주지감로불(住持甘露佛), 나무 인월불(人月佛), 나무 일면불(日面佛), 나무 장엄불(莊嚴佛), 나무 마니광불(

摩尼光佛), 나무 산적불(山積佛), 나무 고당불(高幢佛), 나무 법작불(法作佛)

출처: 불설관불삼매해경

■ 『불설불명경(佛說佛名經)』

- 서기 6세기 초 북위(北魏) 때 남천축(南天竺) 출신의 보리유지가 번역
- 많은 부처들의 이름을 열거하고 신도들이 이 부처의 이름을 읽고 외우면, 온갖 재난에서 벗어나 편안하게 살 수 있을 뿐 아니라 자기가 지은 죄과를 씻고 장차 극락세계에 갈 수 있다는 불전

나무 파두마승불(波頭摩勝佛), 나무 신승불(身勝佛), 나무 금색불(金色佛), 나무 범성왕불(梵聲王佛), 나무 금광명불(金光明佛), 나무 금색작불(金色作佛), 나무 용자재왕불(龍自在王佛), 나무 금색화향자재왕불(金色花香自在王佛), 나무 견고왕불(堅固王佛), 나무 견고용맹선행승불(堅固勇猛仙行勝佛), 나무 승장마니광불(勝藏摩尼光佛), 나무 무량향광불(無量香光佛), 나무 사자성불(師子聲佛), 나무 지대세정진수행필경불(至大勢精進修行畢竟佛)

출처: 불설불명경

따라서 대승불교의 불전에 '마니광불(摩尼光佛)'이라는 명칭이 나오는 불전 모두 서기 5세기 이후 제작된 것으로, 마니의 사후 200여 년이 지나서 대승불교는 마니를 '마니광불'이라는 부처로 기록하며, 불교 내부에서도 마니와 마니교의 성자들을 부처로 숭배하고 있음을 고백하고 있다.

대승불교는 마니교의 성자인 환희장마니보적불(南無歡喜藏摩尼寶積佛)과 제보당마니승광불(南無帝寶幢摩尼勝光佛)을 자신이 지은 죄를 소멸시켜 주고 극락으로 갈 수 있게 도와주며, 자신의 소원을 들어주고 복을 내려준다는 『참제업장십이존불(懺除業障十二尊佛)』과 『예념미타도량참법(禮念彌陀道場懺法卷)』에 그들을 부처로 기록하고 있다.

제팔。참제업장십이존불。

나무참제업장보승장불。보광왕회렴조불。일체향화자재력왕불。백억항하사결정불。진위덕불。금강견강소복괴산불。보광월전묘음존왕불。환희장마니보적불。무진향승왕불。사자월불。환희장엄주왕불。제보당마니승광불。

출처: 석문의범(釋門儀範)

[문] 미륵의 용화회(龍華會)에서 시기를 만나면 역시 벗어날 수 있지 않겠는가?

[답] 오십육만 년 후에 하생하리니 너무 늦으리라.

[註] 『염불경(念佛鏡)』에서 묻기를 "당래 미륵보살께서 하생하실 때 세 번에 걸쳐 설법하시어, 모든 중생을 제도하고 아라한과(阿羅漢果)를 얻게 하신다고 하셨는데 어찌하여 그곳에 나기를 원치 않고 미타정토에 나기를 구하라고 하는가?"라고 하였다. 대답하기를 "미륵불께서 아직 하생(下生)하시지 않으셨는데 어찌 알 수 있겠는가? (중략) 중생은 수명이 짧은데 고통의 바다(苦海)에 빠져 많은 겁 동안 재앙

을 받으면서 미륵부처님을 만나지 못할까 두렵다. 지금 아미타부처님께서는 현재 극락세계에 계시면서 설법하시어 중생을 널리 제도하시니 서방에 귀의하여 일찍 도의 과위(道果)를 증득하여라."라고 하였다. 오늘 이 도량의 동업대중이여, 다 같이 지극한 마음으로 5체투지(體投地)하여 세간의 대자비하신 부처님께 귀의하라.

나무 교주석가모니불(南無敎主釋迦牟尼佛)

나무 서방아미타불(南無西方阿彌陀佛)

나무 당래미륵불(南無當來彌勒佛)

나무 보광불(南無普光佛)

나무 보명불(南無普明佛)

나무 보정불(南無普淨佛)

나무 다마라발전단향불(南無多摩羅跋栴檀香佛)

나무 전단광불(南無栴檀光佛)

나무 마니당불(南無摩尼幢佛)

나무 환희장마니보적불(南無歡喜藏摩尼寶積佛)

나무 일체세간낙견상대정진불(南無一切世間樂見上大精進佛)

나무 마니당등광불(南無摩尼幢燈光佛)

나무 혜거조불(南無海炬照佛)

나무 해덕광명불(南無海德光明佛)

나무 금강뢰강보산금광불(南無金剛牢強普散金光佛)

나무 대강정진용맹불(南無大強精進勇猛佛)

나무 대비광불(南無大悲光佛)

나무 자력왕불(南無慈力王佛)

나무 자장블(南無慈藏佛)

나무 전단굴장엄승불(南無栴檀窟莊嚴勝佛)

나무 현선수불(南無賢善首佛)

나무 선의불(南無善意佛)

나무 광장엄왕불(南無廣莊嚴王佛)

나무 금강화불(南無金剛華佛)

나무 보개조공자재왕불(南無寶蓋照空自在王佛)

나무 허공보화광불(南無虛空寶華光佛)

나무 유리장엄왕불(南無瑠璃莊嚴王佛)

나무 보현색신광불(南無普現色身光佛)

나무 부동지광불(南無不動智光佛)

나무 항복제마왕불(南無降伏諸魔王佛)

나무 재광명불(南無才光明佛)

나무 지혜승불(南無智慧勝佛)

나무 미륵선광불(南無彌勒仙光佛)

나무 문수사리보살(南無文殊師利菩薩)

나무 보현보살(南無普賢菩薩)

나무 관세음보살(南無觀世音菩薩)

나무 대세지보살(南無大勢至菩薩)

나무 청정대해중보살(南無淸淨大海衆菩薩)

또다시 이와 같은 시방 진허공계(十方虛空界)의 모든 삼보와 한량 없는 현성(賢聖)께 귀의합니다. (일배)

출처: 예념미타도량참법(禮念彌陁道場懺法卷)

7화 마니교 성자를 부처로 숭배

　대승불교의 불전에는 마니교의 교주인 마니를 중생을 제도하는 위대한 능력을 가진 '마니광불'로 믿고 있으며, 마니교의 성자인 환희장마니보적불과 제보당마니승광불은 『참제업장십이존불』, 『예념미타도량참법』에 그들의 이름을 기록하고 있으며, 마니교의 성자로 추정되는 이들을 보살이나 부처로 숭배하고 있다.

마니광불(摩尼光佛)

　　　　　　　　　　출처: 관허공장보살경(觀虛空藏菩薩經),

　　　　　불설관불삼매해경(佛說觀佛三昧海經), 불설불명경(佛說佛名經)

전단마니광불(旃檀摩尼光佛)

　　　출처: 관허공장보살경(觀虛空藏菩薩經), 불설관불삼매해경(佛說觀佛三昧海經)

마니광명승불(摩尼光明勝佛)

　　　　　출처: 불설관불삼매해경(佛說觀佛三昧海經), 불설불명경(佛說佛名經)

승장마니광불(勝藏摩尼光佛)

마니청정운불(摩尼淸淨雲佛)

승마니불(勝摩尼佛)

염마니불(炎摩尼佛)

마니보불(摩尼寶佛)

마니금강불(摩尼金剛佛)

마니장엄불(摩尼莊嚴佛)

마니개불(摩尼鎧佛)

마니향불(摩尼香佛)

마니월불(摩尼月佛)

마니륜불(摩尼輪佛)

마니족불(摩尼足佛)

대마니불(大摩尼佛)

마니장왕불(摩尼藏王佛)

선주마니적왕불(善住摩尼積王佛)

선주공덕마니산왕불(善住功德摩尼山王佛)

가나가마니산위덕불(伽那迦摩尼山威德佛)

출처: 불설불명경(佛說佛名經)

선안은마니적덕불(善安隱摩尼積德佛)

출처: 승비분다리경(大乘悲分陁利經)

마니당불(摩尼幢佛)

출처: 관허공장보살경(觀虛空藏菩薩經), 예념미타도량참법(禮念彌陁道場懺法卷),

자비도량참법집해(慈悲道場懺法集解)

마니당등광불(摩尼幢燈光佛)

출처: 자비도량참법집해(慈悲道場懺法集解), 관허공장보살경(觀虛空藏菩薩經),

예념미타도량참법(禮念彌陁道場懺法卷)

일체불광명마니계(一切佛光明摩尼髻)보살

시현일체허공평등상마니왕장엄계(示現一切虛空平等相摩尼王莊嚴髻)보살

시현일체여래신변마니왕당망수부계(示現一切如來神變摩尼王幢網垂覆髻)보살

마니당(摩尼幢)보살

출처: 대방광불화엄경

무진광마니왕(無盡光摩尼王)보살

마니관장엄(摩尼冠莊嚴)보살

출처: 조선글 화엄경

환희장마니보적불(歡喜藏摩尼寶積佛)

　　출처: 자비도량참법집해(慈悲道場懺法集解), 작법귀감(作法龜鑑), 삼문직지(三門直

　　　　指), 관허공장보살경(觀虛空藏菩薩經), 예념미타도량참법(禮念彌陁道場懺法卷)

제보당마니승광불(南無帝寶幢摩尼勝光佛)

[註] 만약 이 부처님 명호를 듣고 절하며 귀의하는 사람은 오백만억
　　겁 동안에 생사하던 죄를 벗어나리라.

출처: 예념미타도량참법(禮念彌陁道場懺法卷),
삼문직지(三門直指), 작법귀감(作法龜鑑)

8화 육자진언 마니 숭배

육자진언 '옴 마니 반메 훔(唵 麼抳 鉢銘 吽)'을 염송하면 한량없는 지혜와 자비심을 얻게 되고, 금과 보배로써 무수한 불보살을 조성하고 공양하는 공덕보다 더 많은 공덕을 받는다며, 대승불교는 이 주문(주술, 진언[26])의 염송을 권장하고 있다.

산스크리트어의 마니(Mani)는 아람어로 '나의 주님', 아랍어로 '마뉘스', 라틴어로 '마네스'라는 어원을 가지고 있으나, 대승불교는 산스크리트어의 마니(Mani)를 소리가 나는 그대로 음역하여 마니(摩尼, 麼抳)로 표기하며, 산스크리트어의 마니는 보석, 여의주의 뜻을 가지고 있기 때문에 대승불교 또한 마니를 보석, 여의주로 해석한다.

그러나 '옴마니반메훔'의 마니를 보석이나 여의주로 해석하면 '마니 반메'는 '보석의 자비', '여의주의 자비'의 뜻이 되는데, 보석은 보살이나 부처가 될 수 없기 때문에 '옴마니반메훔'의 마니는 '보석', '여의주'의 뜻이 아니라 마니교의 교주인 마니를 지칭하는 것이기 때문에 '옴마니반메훔'은 다음과 같이 재해석되어야 한다.

옴(Om): 브라만교에서 온 우주의 혼의 뜻

마니(Mani): 마니교의 교주인 마니는 지혜의 상징

반메(Padme): 연꽃으로 자비를 상징

훔(Hum): 모든 중생

'마니의 자비가 온 세상에 내려져 모든 이들이 구원된다.'

'마니의 자비가 온 세상에 내려져 모든 중생들의 해탈을 청하나이다.'

따라서 '옴마니반메훔'은 티베트 무속신앙의 주술로, 그 뜻은 마니의 자비를 청하는 기도이며, '옴'은 힌두교의 브라흐만[27]과 아트만[28]은 둘이 아니라 하나라는 의미를 가지는 '범아일여' 사상을 의미하지만, 대승불교는 '자아'는 존재하지 않는다는 '무아론'을 주장한다.

　　그런데도 불자들과 불교 측에선 자신들의 사상과 배치되는 '옴마니반메훔'과 같은 주술을 염송하라며 무엇 때문에 권장하는 것일까? 석가모니가 "주술을 외지 말라."라고 했음에도 말이다.

　　육자진언이 불교 가르침의 핵심적인 내용을 담고 있기 때문이며, 육자진언은 '온 우주(Om)에 충만하여 있는 지혜(mani)와 자비(padme)가 지상의 모든 존재(hum)에게 그대로 실현될지라.'라는 뜻을 가지고 있다. 이것은 곧 육자진언을 염송하면 법계(우주)에 두루한 지혜와 자비가 수행자에게 실현된다는 것이다.

　　본래 옴(Om)은 태초 이전부터 울려오는 우주의 소리(에너지)를 의미하여 보통 성음(聖音)이라 한다. 그리고 마니(mani)는 여의주(如意珠)로서 깨끗한 지혜를 상징하고, 반메(padme)는 연꽃으로서 무량한 자비를 상징한다. 마지막으로 훔(Hum)은 우주의 개별적 존재 속에 담겨 있는 소리를 의미하며, 우주 소리(Om)를 통합하는 기능을 가지고 있다. 즉 육자진언을 염송하면 사람의 내면적 에너지(지혜와 자비)를 활성화해서 우주의 에너지와 통합할 수 있게 된다는 것이다.

참고: 위덕대학교 김무생 교수 http://blog.daum.net

---

26)　진언: '다라니'라고도 하며, 부처와 보살의 서원, 덕, 가르침을 간직한 비밀스런 어구로, 산스크리트어 음을 번역 없이 발음 그대로 외는 것으로, 신비적 힘을 가졌다는 주문, 주술

27)　브라흐만: '브라만'이라고도 하며, 우주만물의 근본원리 혹은 실재

28)　아트만: 변화하는 물질적 자아(육체, 생각, 마음)가 아니라 절대 변하지 않는 자아(영혼)를 의미

9화 광명진언 마니 숭배

'광명진언(光明眞言)'은 승려 원효가 『무량수경종요(無量壽經宗要)』를 부연하여 정토사상을 논술한 『유심안락도(遊心安樂道)』에서 "만일 중생이 이 진언을 두 번이나 세 번 또는 일곱 번을 귀로 듣기만 해도 모든 죄업이 없어지고, 또 중생이 십악(十惡)[29]과 사중죄(四重罪)[30]를 지었더라도 이 진언을 외우면 능히 해탈을 얻을 수 있다."라는 어마어마한 힘을 가진 주술이며, 이 주술은 법신인 비로자나불, 북방의 석가모니불, 동방의 아촉불, 남방의 보생불, 서방의 아미타불께 '자비를 베풀어 이 세상의 모든 이들을 구원해 달라며 청원'하는 기도문이며, 대승불교는 이 주술의 염송을 권장하고 있다.

대승불교는 비로자나불(毘盧遮那佛)은 우주법계(宇宙法界)를 창조하고 다스리는 우주불(宇宙佛)이며, 불계(佛界), 보살계(菩薩戒), 연각계(緣覺界), 성문계(聲聞界), 무색계(無色界), 색계(色界), 욕계(慾界)의 주인이며, 삼세계(三世界)인 중생세간(衆生世間), 기세간(器世間), 지정각세간(智正覺世間)의 주인인 법왕(法王)이자 법신불(法身佛)로 숭배하고 있으며, 과거, 현재, 미래에 나타나는 모든 부처들은 비로자나불의 화신으로 믿고 있다.

따라서 광명진언은 비로자나불의 법신불(法身佛), 공덕의 결과로서 나타난 보신불(報身佛)인 아미타불(阿彌陀佛)이나 약사불(藥師佛), 현세에 실체로 나타난 응신불(應身佛)인 석가모니불의 3신불(三身佛)과 동방의 아촉불(阿閦佛), 남방의 보생불(寶生佛)을 포함하여 5신불(五身佛)로 믿고 있으며, 마니교의 교주인 마니(摩尼, 麽抳)를 그 5신불 중 보생불(寶生佛)로 믿고 있으며 그 해석은 다음과 같다.

'옴 아모카 바이로차나 마하무드라 마니 파드마 즈바라 프라바를타야 훔(唵 阿謨伽 尾盧左曩 摩訶母捺囉 麼抳 鉢納麼 入嚩攞鉢囉韈哆野 吽)'

- 옴(唵): 모든 진언의 왕. 만법의 근원. 수호, 귀명의 뜻으로, 진리의 근원이 신 부처님께 귀의한다는 뜻이다.
- 아모카(阿謨伽): 내 마음의 북방에 계신 불공성취불(不空成佛)의 명호이다. 불공성취불은 중생들 가까운 사바세계에 화현하여 교화하시는 역사상의 석가모니불을 가리킨다.
- 바이로차나(尾盧左曩): 내 마음의 중앙에 계신 비로자나불, 법신불의 명호이며, 대일여래(大日如來)의 명호이다. 법신불은 진리의 몸으로서 마치 태양이 일체 세간의 어둠을 없애고, 일체의 만물을 성장시키듯 우주법계에 충만하여 무한한 빛을 비추시며, 천지만물 속에 내재하는 불신(佛身)으로 사람을 포함한 온갖 삼라만상의 근원인 법신인 비로자나불을 말한다.
- 마하무드라(摩訶母捺囉): 내 마음의 동방에 계신 아촉불의 명호이다. 아촉불은 대원경지(大圓鏡智)의 덕으로 우주법계 만상을 명료하게 조견(照見)하고 중생의 번뇌와 마장을 퇴치하여, 모든 중생이 본래 갖추고 있는 보리심을 개발하여 해탈케 하시는 부처님이다.
- 마니(麼抳): 내 마음의 남방에 계신 보생불의 명호이다. 보생불은 평등성지(平等成智)의 덕으로 중생들을 위해 가뭄에 비를 내리듯 중생들이 바라는 원을 모두 만족하게 하는 부처님이다.
- 파드마(鉢納麼): 내 마음의 서방에 계신 아미타불의 명호이다. 아미타불은 묘관찰지(妙觀察智)의 덕으로 중생을 위해 설법으로 의심을 끊게 하고 대자비로 일체 중생을 접수하여, 극락정토로 이끄는 부처님이다.
- 즈바라프라바를타야(入嚩攞鉢囉韈哆野): "부처님이 내리시는 광명이여 이 세상에 그 빛을 발하소서."라는 뜻이다.

• 훔(吽): 진언을 마무리하는 근본 음이며 "변화하다. 성취된다."란 뜻이다.

출처: 흥륜사 정토원

https://www.jungtowon.co.kr/cyber/speech.php?ptype=view&idx
=7867&page=1&code=true

29) **십악**: 몸, 입, 마음과 관련된 것으로, 살생, 도둑질, 음란, 거짓말, 이간질, 저주, 잡담, 탐욕, 분노, 무지의 10가지 죄악을 지칭

30) **사중죄**: 승려가 지켜야 하는 네 가지 중요한 계율인 살생, 도둑질, 음행, 깨달음을 얻었다는 거짓말

10화 환희장마니보적불은 문수사리의 화신

불자들은 대승불교가 마니교의 영향을 받았다는 것을 부정하기 위해 참제업장십이존불의 환희장마니보적불[31]은 문수사리[32]라고 주장한다. 그러나 서기 7세기 말 당나라의 복례라는 승려는 이해하기 어려운 10가지 질문에 관해 설명하는 『십문변혹론(十門辯惑論)』에 "문수사리는 환희장마니보적불뿐만 아니라 여러 보살, 부처로 화신한다."라고 기록하고 있으며, 이것을 믿지 않으면 칠규(七竅)[33]로 죽음에 처한다며 경고하고 있기도 하다.

따라서 십문변혹론에 "문수사리의 화신이 환희장마니보적불."로 기록하고 있기 때문에 참제업장십이존불의 환희장마니보적불은 문수사리가 아니라 마니교의 성자를 지칭하는 것이며, 이는 곧 마니교의 성자인 환희장마니보적불이 문수사리의 화신으로 존경받을 만큼 그의 중생제도가 훌륭했음을 의미할 것이다.

[稽疑] 아주 짧은 기간에 용녀(龍女)가 부처가 되었다는 기록이 있는데, 만약 그것이 사실이라면 불도(佛道)는 너무도 쉬운 일일 텐데 무엇 때문에 한량없이 노력하고 고생해야만 비로소 성불할 수 있다고 말합니까? 저와 같이 변화하는 것은 그 변화가 곧 진실이 아니거늘 어찌 사실이 아닌 것으로써 뭇 중생들을 교화한단 말입니까? 부처님께서는 사실이 아닌 말씀이 없으신데 어째서 이와 같은 일을 하셨습니까?

또 문수는 바로 연등(燃燈)부처님의 스승이요, 석가(釋迦)는 또 연등부처님의 제자이다. 문수는 이미 모든 부처님의 어머니로서 마땅히 연등부처님 이전에 벌써 부처가 되었노라고 하였거늘, 하물며 미륵은 문수가 이미 깨달았음을 미처 알지 못했는데 용녀가 도를 성취한 것은 문수의 힘이라고 한 것이겠습니까? 이제 용녀가 미륵보다 먼저 부처가 되었고 미륵은 용녀보다 뒤에 부처가 된 터인데 문수가 아직 부처가 되지 않았으니 어찌 의혹이 없을 수 있겠습니까?

만약 먼저 성불하였다고 한다면 성불한 내용이 어느 경전에 있으며, 경에서는 무엇이라고 말했습니까? 만약 부처를 이루지 못했다고 한다면 왜 그 일을 덮어 감추었는지 그 덮어 감춘 뜻을 말씀해 주십시오. 가령 문수가 성불하지 않은 것이 옳다고 한다면 모든 부처님께서 성불했다고 한 것이 분명 잘못일 것이요, 만일 벌써 성불했다고 한다면 그것은 잘못일 것입니다. 그것이 잘못이라면 문수의 일이 어찌 옳다고 하겠습니까? 옳고 그른 이치에 대하여 말씀해 주시기 바랍니다.

[辯惑] 지극한 사람은 제 자신의 몸은 없고 사물에 따라 형상을 나타낼 뿐이므로, 높고 낮은 것은 자취를 가지고 결정할 수 없으며, 숨거나 나타나는 것은 마음으로 예측할 수 없는 것입니다. (중략) 또 살펴본 바에 의하면 『수릉엄경(首楞嚴經)』에 이르기를 "문수는 바로 과거 평등국(平等國)의 용종상존여래(龍種上尊如來)였다."라고 하였고, 『앙굴마라경(央崛魔羅經)』에 이르기를 "이 분은 북방 상희세계(常喜世界)의 마니보적불(摩尼寶積佛)이다."라고 하였으며, 『문수사리불토엄정경(文殊師利佛土嚴淨經)』에 이르기를 "미래 세계에 부처가 되면 그 명호를 보견(普見)이라고 하리라."라고 하였습니다.

가만히 생각해 보면 문수의 지혜는 방편과 실제(權實)를 포함하고 있고 본체는 진신과 응신(眞應)을 겸하고 있어서 혹은 과거겁(劫)에 도를 성취하였으므로 이미 용종(龍種)의 지존이 되기도 하고, 때로는 이 세계에 모습을 나타내어 오히려 법왕의 아들이라고 이름하기도 하며, 혹은 정녕코 북방에 위치하여 오래도록 보적(寶積)이라는 이름으로 지내기도

하였고, 때로는 수기(授記)를 받아 미래겁에 장차 보현이라고 부르게 될 것이라고 하여 시방세계에서 변화하되 걸림이 없었으며, 삼제(三際: 과거, 현재, 미래)를 두루 다녔으되 흔들리지 않았고, 취한 것도 없고 얻은 것도 없지만 과업을 이룩하였으며, 가지도 않고 오지도 않았지만 몸을 나타냈으니 어찌 가히 하나의 모습으로써 구할 수 있겠으며, 또 하나의 이름으로써 결정할 수 있는 일이겠습니까?

그런 까닭에 연등부처님을 만나서는 함장(函丈: 스승)이 되었었고 석가(釋迦)를 만나서는 피석(避席: 제자의 예의)하였으며, 자씨(慈氏: 미륵보살)는 그에게 나아가 의심을 결단하였고, 용녀는 스승으로 삼아 도에 나아가게 되었습니다. (중략)

문수가 인위(因位)에 처하였으면서도 막혀서 지체함을 보인 것은 다른 사람을 권장하고 자신을 뒤로한 것으로서, 이 두 가지는 모두 곡진하게 방편을 써서 실제로 이익을 준 것입니다. 또한, 군자의 도는 곧으면서도 잘잘못을 헤아리지 않으며 성인의 일은 성품이 부드러우면서도 권도를 행하나니 수레를 타기를 허락하였지만 아주 준 것은 아니요, 화성(化城)을 보여준 뒤 다시 나아가게 한 것과도 같은 유(類)입니다. 이미 저것은 거짓이 아님을 믿으면서도 이것이 진실한 것이 아니라고 의심하나니 아, 슬픕니다. 칠규(七竅) 중에 하나도 오히려 깨닫지 못한 것입니다.

출처: 십문변혹론(十門辯惑論)

위의 십문변혹론에서 핵심만을 인용하면 "문수사리는 앙굴마라경(央崛魔羅經)에 이르기를 이분은 북방 상희세계(常喜世界)의 마니보적불(摩尼寶積佛)."이라고 하였으며, "정녕코 북방에 위치하여 오래도록 보적(寶積)이라는 이름으로 지내기도 하였다."라고 한다. 이는 '문수사리는 북방 상희세계에 오랫동안 마니보적불의 이름으로 지냈다.'로 요약되며, 더 자세히 설명하면 '문수사리가 마니보적불의 이름으로 왔다.'라고 한다.

즉 "문수사리가 마니보적불의 이름(모습)으로 지냈다."라는 것은 곧 '문수사리의 화신이 마니보적불이다.'라는 뜻이며, 또한 우리나라 공공기관인 한국콘텐츠진흥원에서도 '환희장마니보적불은 문수사리의 화신'으로 명시하고 있기도 하다.

"문수보살은 그러한 원력 탓으로 무수한 겁전(劫煎)으로부터 평등세계 용종상불(平等世界 龍種上佛)이 되었고, 정지존왕불(浄智尊王佛)이 되었으며, 공적세계 대신불(空寂世界 大身佛)이 되었고, 무애세계 승선불(無礙世界 升仙佛)이 되었으며, 상희세계 환희장마니보적불(常喜世界 歡喜藏摩尼寶積佛)도 되었다."

출처: 한국콘텐츠진흥원
https://www.culturing.kr/content/contentView.do?search_div=CP_THE&search_
div_id=CP_THE004&cp_code=cp0433&index_id=cp04331364&index_new_
id=cp04331399&upper_index_id=cp04331398&content_id=cp04331364001&

또한, 불전의 여러 곳에는 문수사리는 용종상불, 정지존왕불, 대신불, 무애세계 승선불, 묘광보살, 허공왕, 보건불, 혜광비구, 석가모니 스승, 석가모니의 아들 등으로 나타나 중생들을 교화한다고 하며 이 얘기를 쉽게 도식하면 다음과 같다.

문수사리 = 용종상불 + 정지존왕불 + 대신불 + 무애세계 승선불 + 묘광보살 + 허공왕 + 보건불 + 혜광비구 + 석가모니의 스승 + 석가모니의 아들+ 환희장마니보적불

그러나 불자들은 환희장마니보적불이 마니교의 성자임을 부정하기 위해 "문수사리가 환희장마니보적불의 화신이다."라고 주장하는데, 그

주장을 도식하면 다음과 같다.

환희장마니보적불 = 용종상불 + 정지존왕불 + 대신불 + 무애세계 승
　　　　　　　　　선불 + 묘광보살 + 허공왕 + 보견불 + 혜광비구
　　　　　　　　　+ 석가모니의 스승 + 석가모니의 아들 + 문수사리

그러나 불전 어디에도 환희장마니보적불이 용종상불, 정지존왕불, 대
신불, 무애세계 승선불 등으로 나타나 중생들을 교화한다는 내용도 없
을뿐더러 석가모니의 스승, 석가모니의 아들로 왔다는 얘기는 더더욱 나
오지 않는다.

따라서 불전에 의하면, 역사적으로도 문수사리가 환희장마니보적불보
다 앞선 인물이고, 십문변혹론과 한국콘텐츠진흥원에서 '환희장마니보
적불은 문수사리의 화신'으로 명시하고 있기 때문에 불자들의 주장과는
달리 환희장마니보적불은 문수사리의 화신임이 분명하다.

그런데 마니교의 성자가 왜 불교에서 그 유명한 문수사리의 화신임을
주장했을까?

혹시 환의장마니보적불이 '내가 문수사리의 화신이니 불자 너희들은
지금부터 마니교를 믿어라.'라고 말하고 싶었던 것일까? 아니면 마니교
의 훌륭한 성자인 환희장마니보적불을 자신들의 부처로 숭배하기 위해
불전에 문수사리의 화신이라고 기록한 것일까?

---

31) **환희장마니보적불**: 서기 5세기 계빈국 담마밀다가 작성한 불전 『관허공장보살경』과
　　인도 구나발타라가 작성한 『앙굴라마경』에 첫 등장

32) **문수사리**: 서기 2세기 중엽 안식국 안세고가 작성한 불전 『불설보적삼매문수사리
　　보살문법신경』에 첫 등장

33) **칠규**: 눈, 코, 귀, 입의 7개의 구멍이 막힌 자

11화 부처도 반열반에 든다

　불자들은 환희장마니보적불이 문수사리의 화신임을 부정하기 위해 "부처는 상주불멸[34]하므로 반열반(般涅槃)[35]에 들지 않기 때문에 환희장마니보적불의 화신이 문수사리."라며 또 다른 주장을 한다. 이는 이미 반열반에 들었던 환희장마니보적불이 또다시 반열반에 들 수 없으므로 "참제업장십이존불의 환희장마니보적불은 문수사리."라고 주장하는 것이다.

　그러나 이들의 주장과는 달리 『십문변혹론』과 '한국콘텐츠진흥원'은 "문수사리는 과거 부처였으며 사바세계[36]에 환희장마니보적불의 이름으로 왔다."라고 하며, 『집제경예참의(集諸經禮懺儀)』에는 "환희장마니보적불이 반열반에 들었다."라고 하며, 『법화경(法華經)』에는 "부처들이 반열반에 든다."라고 한다. 이는 과거 반열반에 들었던 문수사리가 중생을 교화하고 제도하기 위해 이 사바세계에 환희장마니보적불의 이름으로 왔다가 또다시 반열반에 들었다는 것을 의미하기 때문에 과거 반열반에 들었던 부처들은 또다시 반열반에 들지 않는다는 '상주불멸' 사상이 틀렸음을 의미한다.

　이는 불자들이 '상주불멸'의 의미를 잘못 알고 있거나 '상주불멸'의 사상이 틀렸다는 것을 의미하며, 그 반대로 "상주불멸 사상이 맞다."라고 한다면 불전 『집제경예참의』와 『법화경』이 잘못 기술되었거나 혹은 '상주불멸'의 사상이 맞고 『집제경예참의』와 『법화경』이 바르게 기술되었다면 문수사리와 환희장마니보적불은 완전히 서로 다른 별개의 존재임을 의미한다. 왜냐하면, 이미 "반열반에 들었던 존재는 또다시 반열반에 들지 않는다."라고 하는데 환희장마니보적불이 반열반에 들었기 때문이다.

그러자 불자들은 일승(一乘)[37]의 관점에서 법화경의 '부처의 반열반은 방편(方便)[38]'이라며 또다시 부처의 반열반을 부정한다. 만약 불자들의 주장대로 부처의 반열반이 방편이라면, 법화경에서 문수사리가 목격했다는 불국토의 광경과 석가모니가 설한 것, 행한 것은 모두 방편이고, 석가모니가 부처라는 것, 깨달았다는 것 또한 방편이 되는 것이니, 불자들은 환희장마니보적불이 마니교의 성자임을 부정하기 위해 법화경 전체를 부정하는 자기모순에 빠지고 만다.

기존의 종교도 후발의 종교 사상을 도입하거나 혹은 영향을 받기도 한다. 그런데도 불자들은 대승불교가 마니교의 영향을 받았다는 주장을 부인하기 위해 반역사적인 주장은 물론 불교의 사상을 왜곡하고, 심지어 자신들의 불전조차 방편으로 치부하는 행태를 보인다.

불자들이 터무니없는 주장을 하는 이유가 마니교는 불교의 영향을 받았고, 불교의 사상을 받아들였다는 기존의 입장을 관철하기 위해서일까? 아니면 대승불교가 마니교의 영향을 받았다는 것을 알면서도 고의로 부정하기 위함일까?

보광불(普光佛)께 귀의합니다. 보명불(普明佛)께 귀의합니다. 보정불(普淨佛)께 귀의합니다. 다마라발전단향불(多摩羅跋栴檀香佛)께 귀의합니다. 전단광불(栴檀光佛)께 귀의합니다. 마니당불(摩尼幢佛)께 귀의합니다. 환희장마니보적불(歡喜藏摩尼寶積佛)께 귀의합니다. 일체세간낙견상대정진불(一切世間樂見上大精進佛)께 귀의합니다. 마니당등광불(摩尼幢燈光佛)께 귀의합니다. 혜거조불(慧炬照佛)께 귀의합니다. (중략)

이 쉰세 분의 부처님의 명호는 과거 아주 오래전에 사바세계에 오래 머물던 분으로서 중생들을 무르익게 하신 뒤에 반열반(般涅槃)하신 분들이다.

만일 선남자, 선여인이나 다른 그 어떤 중생이라도 이 쉰세 분의 부처님 명호를 듣는다면 이 사람은 백천만억 아승기겁 동안 악도(惡道)에 떨어지지 않을 것이다. 만일 또다시 어떤 사람이 능히 이 쉰세 분의 부처님 명호를 외울 수 있다면 그는 네 가지 무거운 죄와 오역죄를 모두 없앨 수 있을 것이며, 방등경(方等經)을 비방한 죄까지도 모두 다 청정해질 것이다. 이것은 모든 부처님 본래의 서원이기 때문이다. 그러므로 생각 생각마다 위에서와 같은 온갖 죄들을 모두 없애게 될 것이다.

출처: 집제경예참의(集諸經禮懺儀)

그때 부처님께서는 미간의 백호상(白毫相)으로 광명을 놓으시어 동방으로 1만8천의 세계를 비추시니 두루 하지 않은 데가 없어 아래로는 아비지옥(阿鼻地獄)과 위로는 아가니타천(阿迦膩吒天)에까지 이르렀다. 이 세계에서 저 세계의 여섯 갈래 중생들을 다 볼 수 있고, 또 저 세계에 계신 부처님들을 볼 수 있었으며, 여러 부처님들께서 설하시는 경법(經法)을 들을 수 있었고, 아울러 그 여러 비구, 비구니, 우바새, 우바이들이 여러 가지 수행으로 도를 얻는 것을 볼 수 있었고, 여러 보살마하살들이 가지가지 인연과 가지가지 믿음과 가지가지 모습으로 보살의 도 행하는 것을 볼 수 있었고, 여러 부처님들께서 반열반(般涅槃)에 드시는 것을 볼 수 있었고, 여러 부처님들께서 반열반에 드신 뒤에 그 부처님의 사리로 7보탑을 일으키는 것도 볼 수 있었다.

그때 미륵보살은 이렇게 생각하였다. '지금 세존께서 신기한 모습을 나타내시니 무슨 인연으로 이런 상서를 일으키시는 것일까? 이제 부처님 세존께서 삼매에 드시니 이는 부사의하고 희유한 일이다. 마땅히 누구에게 물어야 하며, 또 누가 능히 대답할 것인가?' 또 이렇게 생각하였다. '문수사리법왕자(文殊師利法王子)는 일찍이 지난 세상에서 한량없는 여러 부처님을 공양하고 친근하였으므로, 반드시 이렇게 희유한 모습을 보았으리니 내가 이제 이 일을 물어보리라.' (중략) 그때 문수사리보살은 미륵보살마하살(彌勒菩薩摩訶薩)과 여러 대중들에게 말하였다. "선남자(善男子)들이여, 내가 생각건대 세존께서 이제 큰 법을 설하시며, 큰 법비(法雨)를 내리시며, 큰 법소라(法螺)를 부시며, 큰 법북(法鼓)을 치시며, 큰 법의 뜻을 연설하실 것입니다.

선남자들이여, 나는 과거 여러 부처님들의 이러한 상서를 보았나니 이 광명을 놓으시고는 큰 법을 곧 설하시었습니다. 그러므로 지금 부처님께서 광명을 놓으심도 그와 같아서, 중생들로 하여금 일체 세간에서 믿기 어려운 법을 듣고 알게 하려고 이런 상서를 나타내신 줄 아십시오. (중략)

바른 법을 연설하시니 처음이나 중간, 그리고 맨 나중도 잘 하셨으니 그 뜻은 매우 깊고 그 말씀은 공교하고도 묘하였으며, 순일하여 섞임이 없었고, 맑고 깨끗한 범행(梵行)의 모습을 구족하였으므로, 성문(聲聞)을 구하는 이에게는 4제법(諦法)을 말씀하시어, 나고 늙고 병들고 죽는 것을 벗어나서 마침내 열반케 하시고, 벽지불(辟支佛)을 구하는 이에게는 12인연법(因緣法)을 잘 말씀하시고, 보살을 위해서는 6바라밀(婆羅蜜)을 잘 말씀하시어 아뇩다라삼먁삼보리를 얻어서 일체종지(一切種智)를 이루게 하셨습니다.

출처: 묘법연화경(妙法蓮華經)

---

34) **상주불멸**: '진리는 영원하다.', '죽지 않고 영원히 존재한다.'를 의미

35) **반열반**: 육신의 소멸, 죽음, 번뇌가 완전히 소멸된 상태의 열반으로, 번뇌와 육신이 남아 있지 않은 열반. 부파불교의 '무여열반'과 비슷한 열반

36) **사바세계**: 우리가 살고 있는 세계

37) **일승**: 모든 중생들도 깨달아 부처가 될 수 있다는 사상

38) **방편**: 중생들을 가르치기 위한 수단과 방법

12화 대승불교는 가톨릭교회의 이단

　대승불교의 경전에는 예수님의 말씀, 행적과 유사한 사건이 많이 등장하고, 석가모니가 예수보다 먼저 태어났으니 불교가 가톨릭교회에 많은 영향을 끼쳤다고 불자들은 주장하며, 그 근거로 티베트 라다크주 레(Leh) 지방의 히미스 사원에 보관하고 있다는 티베트어의 『이사전』[39]을 내세우고 있다.

　『이사전』에 따르면 예수가 어린 시절 인도로 건너와 힌두교 사원에서 브라만교를 공부하고 『법화경』을 줄줄 외웠다고 하며, 티베트의 불교사원에서 팔리어와 산스크리트어, 불교를 공부하고 승려가 되었으며, 자신의 나라로 되돌아가 십자가형을 받아 죽었다고 주장한다.

　민희식 박사는 예수가 어린 시절 인도로 건너와 브라만교, 힌두교를 공부하고 티베트의 라다크주 레 지방의 불교 사원에서 팔리어와 산스크리트어를 공부하고 맹그스테(Meng-ste)의 지도 아래 불전과 기적을 일으키는 비법, 심령치료 등을 배우고 승려가 되었으며, 이후 자신의 나라로 되돌아갔다고 주장한다.

　『이사전』의 존재를 최초로 밝힌 니콜라스 노토비치와 민희식 박사는 예수가 어린 시절 인도에서 불교를 공부하고, 나아가 민희식 박사는 "그리스도교의 신약성경은 불전의 영향을 받았다."라고 주장하고, 불교는 이를 받아들이며 전파하고, 불자들은 이를 사실로 받아들이고 그리스도교를 공격하는 주요 소재로 사용하고 있다.

　힌두교는 굽타 왕조에 의해 서기 4세기경 성립되었으며, '맹그스테'는 중국어 '멩쯔'의 라틴어 표기로 기원전 4세기 인물인 '맹자'를 지칭하며,

티베트의 불교 사원은 '뵌교'를 믿고 있었던 티베트가 인도 대승불교를 받아들인 이후 세워졌다는 것을 의미하며, 실제로 히미스 사원에 보관되어 있는 불전들은 모두 티베트어의 불전이며, 그 이외의 언어로 된 불전은 없다고 한다.

티베트는 손첸캄포(松贊岡保) 왕이 중국불교를 받아들일 것인지 아니면 인도불교를 받아들일 것인지 고민 끝에 인도불교를 받아들이기로 결정한 것이 서기 7세기경이며, 티베트어는 인도 대승불교를 받아들이면서 산스크리트어의 불전을 해석하기 위해 서기 7세기경에 새롭게 만든 문자이기 때문에 히미스 사원과 그 사원에 보관하고 있는 불전들은 모두 서기 7세기 이후 제작되었음을 의미한다.

또한 니콜라스 노토비치는 히미스 사원에 티베트어의 『이사전』이 존재한다고 주장하지만 히미스 사원에는 『이사전』과 같은 문서는 존재하지 않는 것으로 밝혀졌으며, 존재한다고 하더라도 예수 사후 600여 년이 지나 작성된 문서이다.

따라서 이들의 주장이 성립하려면 예수는 기원전 4세기에 태어나 맹자에게 불교를 배우고, 서기 4세기까지 생존하여 힌두교를 공부하고, 서기 7세기까지 생존해야만 티베트 불교사원에서 티베트어의 불전으로 불교를 공부할 수 있게 된다.

그런데 예수가 인도에서 불교를 공부하고 자신의 나라로 되돌아가 십자가에서 죽었다고 하는데 서기 1세기에 태어나 서기 1세기에 죽은 예수가 어찌 기원전 4세기에 태어나 맹자에게 불교를 배우고, 서기 4세기에 힌두교를 공부하고, 서기 7세기에 티베트어의 불전을 공부할 수 있냐는 말이다.

그러나 이들의 주장과는 달리 예수가 기원전 3~4세기경에 태어났거나 기원후 7세기경까지 생존했었다는 기록이 없는 반면, 서기 1세기 유대교의 역사학자 요세푸스[40]의 기록, 고대 역사학자들의 기록, 유대교의 문헌 등에서 서기 1세기 예수가 실존 인물이었음을 인정하는 기록은 존재한다.

그런데도 전혀 역사적이지도 않고 비합리적이며, 존재 여부도 불확실한 『이사전』을 근거로, 불교가 가톨릭교회를 비방하는 목적은 무엇이며, 가톨릭교회를 비방하고 음해하면 그 반대급부로 불교라는 종교가 더 위대해진다고 믿기 때문일까?

오히려 불교가 가톨릭교회를 모방한 가톨릭교회의 이단 종교인데, 혹시 불교가 가톨릭교회의 이단 종교임을 감추기 위해 반대로 주장하는 것은 아닐까?

또한 『도마복음』은 영지주의자들에 의해 만들어진 그들의 경전으로, 가톨릭교회의 경전이 아니며, 가톨릭교회와 다른 믿음, 다른 사상을 가진 자들이 작성한 문서를 근거로 가톨릭교회를 비방하는 것은 원불교나 남묘호렌게꾜의 경전으로 불교의 사상을 재단하는 것과 무엇이 다르겠는가?

또한, 민희식 박사와 불자들은 불전에 예수님의 말씀, 행적과 유사한 내용이 나온다는 이유로 '기독교 불교 원전 차용'을 했다고 주장한다. 여기서 불자들이 간과한 것은 불전이라고 뭉뚱그려 인용했다고 하는데, 유사한 내용이 나온다는 불전의 제작연도를 조사하면 그 불전들은 예수님이 이 세상에 오신 이후 수백 년이 지나서 만들어진 불전들이며, 그들의 주장과는 달리 오히려 대승불교가 가톨릭교회의 영향을 받아 가톨릭교회의 이단 종교라는 것이다. 왜냐하면, 아래와 같이 빼도 박도 못하는 명명백백한 증거가 있기 때문이다.

- 예수님의 말씀, 행적과 유사한 내용이 기원 전후 작성된 『팔리삼장』에는 전혀 나오지 않는다.
- 예수님의 말씀, 행적과 유사한 내용이 서기 2세기경 처음으로 불전에 등장하기 시작한다.

- 대승불교는 석가모니를 삼위일체의 법신으로 믿는다.
- 가톨릭교회의 이단인 마니교의 교주 마니와 그들의 성자를 부처로 믿는다.
- 가톨릭교회의 이단인 마니교, 경교의 경전이 불전에 수록되어 있다.
- 산스크리트어의 불전은 서기 2세기 제4차 결집 이후부터 만들기 시작한다.
- 불교 내부에서도 가톨릭교회의 이단인 마니교, 경교의 영향을 받았음을 인정하고 있다.

▒ 불전에 나오는 예수님의 흔적

불교는 제2차 결집에서 상좌부와 대중부로 분파되자 그 계율 문제를 해결하기 위하여 B.C. 247년경 마우리아 왕조 아소카왕은 제3차 결집을 위해 상좌부만 소집하고 논장을 결집하여 상좌부불교의 경전으로 확정하며, 제3차 결집까지 석가모니가 설했다는 것을 모두 결집했다고 주장하기 때문에 그 이후의 결집은 인정하지 않는다. 이때까지 결집한 경장, 율장, 논장을 팔리삼장[41]이라고 하며, 기원 전후 1세기경에 '싱할리어'로 최초로 문자로 기록하게 된다.

그리고 A.D. 155년경 쿠샨 왕조의 제3대 왕 카니슈카 1세의 후원으로 제4차 결집을 소집하여 카니슈카 1세가 석가모니를 신격화하도록 지시하고, 산스크리트어로 불전을 새로이 작성할 것을 결의한다.

제4차 결집 이후 상좌부불교는 석가모니를 부처와 신으로 추대하기 위한 목적으로, 팔리어의 『본생경(本生經)』과 서기 2~5세기 산스크리트어의 『아함경(阿含經)』 등을 만들며, 대승불교는 석가모니를 신격화한 『법화경(法華經)』 등 산스크리트어 경전들을 다양하게 만들기 시작한다.

따라서 기원 전후 1세기경 만들어진 『팔리삼장』에는 예수님의 말씀, 행적과 유사한 내용이 전혀 나타나지 않으며, 서기 2세기 이후 새롭게 만들어진 『아함경』을 포함한 각종 불전에는 예수님의 말씀, 행적과 유사한 내용이 수없이 등장하기 시작한다.

그러나 예수의 제자인 사도 토마스가 서기 50년경 파르티아인들에게 복음을 전하기 위해 페르시아 만과 카스피해 중간지역(현재의 이란 서부지역)으로부터 동인도에까지 복음을 전하고 교회를 세웠으며, 남인도의 마일나푸르에서 순교했다는 가톨릭교회의 기록(에우세비오의 『교회사』 3권 1장, 예로니모의 『사도들의 생애』 5장, 암브로시우스의 『시편 주해서』 45장, 예로니모의 『서간』 59장, 나지안주의 『그레고리오 설교집』 33장)이 있으며, 실제로 인도의 서남부 해안지역인 케랄라주에는 '말라바르 전례[42]'를 따르는 고대 가톨릭교회가 존재하고 '말라바르 전례'를 따르는 인도의 가톨릭교회에는 사도 토마스가 서기 50년경 인도에 복음을 전했다는 전승이 전해지고 있으며, 스리랑카에는 서기 52년경 사도 토마스가 스리랑카에 복음을 전했다는 전승이 전해지고 있으며, 인도 동부 해안지역의 첸나이에는 사도 토마스의 무덤 위에 세웠다는 대성당이 있다.

『아함경』은 사도 토마스가 인도에 교회를 세우고 100여 년이 지난 이후 만들어졌으며, 『아함경』이 만들어지기 이전에 영지주의자들과 상인들을 통해 "유다라는 나라에 예수라는 사람이 있었다."라는 얘기가 이미 인도 지역에 전해졌을 것이다.

■ 아함경에는 신약성경과 유사한 내용이 나온다

- "죄를 짓는 것보다는 타는 불을 꺼안는 것이 낫다."는 성경의 "죄를 지으면 손발을 잘라 버려라."라는 내용과 흡사
- "석가모니와 그 제자들이 물 위를 걸음."은 성경의 "제자들과 물 위를 걸음."과 동일
- "쭉정이가 되지 말고 알곡이 되어라."는 성경의 "죄인으로 살지 말고 회개하여 하느님의 자녀로 살라."라는 내용과 흡사

- "부모를 죽인 원수도 갚지 말아야 한다."는 성경의 "원수를 사랑하라."라는
  것과 동일
- 성경의 오병이어와 유사한 칠병이어의 기적이 나옴

■ 본생경(本生經)은 스리랑카에서 구전으로 내려온 민간설화의 주인공을
  석가모니로 대체한 불전으로, 『팔리삼장』에 전혀 나타나지 않는 석가모
  니의 전생과 탄생, 기적, 행적 등이 기록된 불전이다.

    불교 측은 기원 전후 1세기경에 작성된 것으로 추정하지만, 그 구전을 다시
팔리어로 옮긴 것이란 설이 유력(현대불교, http://www.hyunbulnews.com/news/
articleView.html?idxno=406267)하고, 석가모니를 우주 만물을 창조한 신으로
묘사하고 있기 때문에 석가모니의 신격화를 위한 서기 2세기 제4차 결집 이후
제작된 것이 분명하며, 본생경에도 신약성경과 유사한 내용이 나온다.

- "석가모니가 도솔천에서 내려온다."는 성경의 "하느님의 아들이 이 세상에
  온다."라는 것과 흡사
- "석가모니는 남자 없이 잉태"는 성경의 "예수님은 성령으로 잉태"와 동일
- 석가모니가 태어나자 왕궁에 선인(仙人)이 서광을 보고 찾아와 "장차 부처
  가 되리라."는 성경의 "장차 하느님의 아들로 불릴 것이다."와 흡사
- "석가모니가 고향에서 존경받지 못한다."는 성경의 "선지자는 고향에선 존
  경받지 못한다."라는 것과 동일
- "가난한 여자 걸인의 작은 헌금은 액수가 많고 적음이 문제가 아니라 마음
  과 정성이 중요하다."는 성경의 "가난한 자가 바치는 헌금은 크다."라는 내
  용과 동일
- "석가모니와 그 제자들이 물 위를 걸음"은 예수님의 기적과 동일
- "폭풍을 잠재움"은 예수님의 기적과 동일
- 성경의 오병이어의 기적과 유사한 칠병이어의 기적이 나옴

▨ 법화경(法華經)의 원문은 네팔에서 산스크리트어로 작성된 것으로 추정하나 축법호(竺法護)가 서기 286년에 『정법화경(正法華經)』이란 제목으로 한역하고, 그 한역본을 5세기 초에 구마라집이 한문으로 다시 번역하고 해석한 『묘법연화경(妙法蓮華經)』을 말한다.

『법화경』은 석가모니가 자신이 실제로는 젊어서 성불한 것이 아니라 무한한 시간 이전에 성불한 구원실성(久遠實成)을 표현한 것으로, 이는 석가모니가 인간과 같은 수행자이기 이전에 이미 우주 전체의 지존임을 밝힌 불전이다.

그러나 석가모니는 자신은 인간인 아라한이니 신으로 섬기지 말라며 당부했음에도 스스로 그 말을 번복하며 신으로 등극하는 충격적 내용이기 때문에 석가모니를 신격화하고 산스크리트어로 불전을 제작할 것을 결의한 서기 2세기 제4차 결집 이후 작성한 것이 분명하며, 법화경에도 신약성경의 내용과 유사한 내용이 나온다.

- "관세음보살을 믿으면 어떤 태풍이나 환난에서도 구원받음"은 성경의 "하느님을 믿으면 어떠한 고난과 환난에서 구원된다."라는 것과 동일
- "장자와 궁자의 얘기, 잘못을 저질렀다가 반성하고 돌아오면 용서해 줘라."는 성경의 "집 나간 탕자가 회개하고 돌아오면 용서하라."라는 것과 동일
- "재물에 집착하면 열반에 들 수 없으니 재물을 버리고 법을 따르라."는 성경의 "재물을 하늘에 쌓으라."라는 것과 동일

▨ 유마경(維摩經)은 석가모니의 설이 아니라 재가자인 유마힐과 승만부인을 주인공으로 왜곡된 불교를 비판하고, 불가사의한 종교적 체험의 경지를 서술한 불전으로, 티베트에서 작성한 산스크리트어 원문과는 다른 내용이기 때문에 그 제작연대는 서기 1~2세기로 추정하며, 유마경에도 신약성경의 내용과 유사한 내용이 나온다.

- 신약성경의 오병이어의 기적과 유사한 칠병이어의 기적이 나옴

따라서 위의 불전들 이외에 서기 5세기, 심지어 중세기에 제작된 불전을 그 근거로 제시하는데, 이는 예수님 사후 수백 년이 지난 뒤에 작성된 불전들이다.

그러나 기원전에 작성된 불전에는 예수님의 말씀과 행적이 전혀 나타나지 않고, 서기 2세기 이후 작성된 불전에 예수님의 말씀과 행적이 수없이 등장한다는 것은 곧 대승불교가 가톨릭교회를 모방했다는 명백한 증거임에 따라 대승불교는 가톨릭교회의 이단 종교라 아니할 수 없다.

---

39) **이사전**: '이사(ISSA)의 일대기'로, 러시아의 유대계 저술가 니콜라스 노토비치가 1887년 인도와 티베트지방을 여행하다가 인도 북부의 라다크 지방의 히미스 사원에서 발견한 티베트어로 기록된 '이사'에 관한 문서. 니콜라스 노토비치는 '이사'를 '예수'라고 주장

40) **요세푸스**: 서기 1세기의 유대인 역사가로, 『유대 전쟁사』에서 예수의 형제인 야고보를 돌로 치는 형벌에 처했음을 기록

41) **팔리삼장**: 구전으로 전해져 내려오던 경장, 율장, 논장을 미얀마어, 태국어, 라오스어, 버마어, 크메르어 등으로 기록한 상좌부불교의 경전

42) **말라바르 전례**: 인도 가톨릭교회 사제, 수도자들의 육십 퍼센트가 따르는 전례로, 두 개의 제대를 사용하고, 토마스 사도가 순교한 동굴에서 나온 토마스 십자가를 사용하며, 사제들의 제의는 시기에 따라 색을 바꾸지 않고 황금색 한 가지만 사용하며, 재의 수요일을 재의 월요일로 지내는 인도 교회의 고유 미사 방식을 말한다.

'삼위일체' 사상은 가톨릭교회의 독창적인 사상이며, 고대종교나 여러 종교에서도 '삼신' 사상이 나타나지만, 그들 삼신은 개별적으로 각기 존재하는 신인데 반해 가톨릭교회는 '3신은 한 본체이며 한 분의 신'이라는 관계를 정립한 것이 삼위일체의 사상이니, 대승불교의 삼위일체 사상은 가톨릭교회를 모방한 것이며, 불전에는 가톨릭교회의 삼위일체의 사상과 동일한 '삼신즉일 본각여래(三身卽一 本覺如來)' 사상이 기록되어 있다.

참고로, 힌두교의 원형인 브라만교는 창조의 신 '브라흐마' 이외에 수많은 신을 믿는 다신(多神) 사상으로 삼위일체 사상이 나타나지 않지만, 힌두교는 서기 4~6세기경 교리가 확정된 이후 6~7세기경 각 지역의 구전설화의 신들인 브라흐마, 비슈누, 시바를 창조, 유지, 파괴와 재생하는 신으로 받아들이며, 가톨릭교회의 삼위일체 사상과 유사하게 정립되나, 힌두교의 3대 종파인 비슈누파, 시바파, 샥티파는 창조의 신이 누구인지에 대해 서로 다르게 해석한다.

비슈누파는 창조의 신은 브라흐마가 아니라 '비슈누'이며, 시바파 역시 창조의 신은 브라흐마가 아니라 '시바'이며, 샥티파는 최고의 여신인 '아디 파라샥티'가 창조 이전부터 존재한 신으로 믿고 있어, 힌두교는 명확하게 삼위일체 사상이 정립되었다고 볼 수 없다.

▣ 가톨릭교회의 성부, 성자, 성령은 한 분의 신이라는 삼위일체 교리는 서
　기 325년 니케아 공의회에서 공표

▣ 대승불교의 삼위일체 변천 과정은 다음과 같다

　서기 2세기 1신(법신) ⇒ 서기 2~3세기 2신(법신+생신) ⇒ 서기 3세기
이후 2신(법신+색신) ⇒ 서기 4~5세기 3신(자성신+식신+화신) ⇒ 서기 5
세기 2신(법신+화신)과 3신(자성신+식신+화신, 법신+화신+응신, 법신+보신+응
신)이 혼재 ⇒ 서기 6~7세기 3신(법신+보신+화신) ⇒ 서기 7세기 삼위일
체(법신+보신+화신/응신) 정착 ⇒ 서기 7세기 4신(법신+보신+응신+화신) ⇒
이후 종파에 따라 10신까지 발전

- 초기불교는 신은 존재하지 않는다는 무신(無神) 사상
- 서기 2세기 중엽 안세고의『가섭결경(迦葉結經)』에 석가모니 법신(法身)[43] 주장
- 서기 2~3세기 용수의『대지도론(大智度論)』에서 법신(法身)과 생신(生身)[44] 2신 주장
- 서기 4~5세기 미륵, 세친, 무착이 공동 작성한『대승장엄경론(大乘藏嚴經論)』에 자성신(自性身)[45], 식신(食身)[46], 화신(化身)[47] 3신 주장
- 서기 5세기 불타발타라의『대방불광불화엄경(大方廣佛華嚴經)』에서 법신(法身), 화신(化身), 응신(應身)[48] 3신 주장
- 서기 5세기 천친의『금강반야바라밀경론(剛般若波羅蜜經論)』에서 법신(法身), 보신(報身)[49], 응신(應身) 3신 주장
- 서기 7세기 도선의『광홍명집(廣弘明集)』에서 법신(法身), 보신(報身), 화신(化身) 3신 주장
- 서기 7세기 원효의『금강삼매경론(金剛三昧經論)』에서 법신(法身), 보신(報身), 응신(應身)/화신(化身) 3신이 하나의 몸이라는 삼위일체 이론 정립
- 서기 7세기 당나라 지엄이 작성한『대방광불화엄경수현분제통지방궤(大

方廣佛華嚴經搜玄分齊通智方軌)』에서 4신 주장

• 노사나불(盧舍那佛)은 서기 5세기 불타발타라(佛陀跋陀羅)가 번역한 불전 『대방불광화엄경(大方廣佛華嚴經)』에 최초로 등장

• 노사나불(盧舍那佛)과 비로자나불(毘盧遮那佛)이 함께 등장하는 불전은, 서기 7세기 원효가 작성한『범망경보살계본사기(梵網經菩薩戒本私記)』과 의상이 작성한『화엄일승법계도(華嚴一乘法系圖)』에서 최초로 등장

자기의 성품과 법식(法食)과 변화의 지위의 차별은 바로 법계의 청정함으로 말미암은 것이니 모든 부처님께서 말씀하신 것이다. 이미 모든 부처님의 법계가 청정함을 말하였으니 다음에는 모든 부처님의 세 가지 몸에 대해 말하고자 한다. 게송으로 말한다. 자기 성품의 몸과 식신(食身)과 화신(化身)을 합하여 세 가지의 몸이라 한다. 마땅히 제일의 몸은 나머지 두 몸의 의지임을 알아야 한다.

출처: 대승장엄경론(大乘藏嚴經論)

항상 중도(中道)에 처하고 모든 법에서 4마(魔)를 넘어서며, 유(有)도 아니고 무(無)도 아니라서 모든 상이 다하고, 단번에 이해하고 크게 깨달아 변화신을 끝까지 다하고 신령함을 체득하여 2신(身)으로 항상 머물면서 인연 있는 이를 교화한다. 나는 이렇게 생각한다.『영락경』에서 법성신(法性身)과 응화신(應化身) 2신(身)을 세운 이유는, 법신(法身)이 나머지 다른 2신(身)을 합하여 1신(身)으로 하기 때문이다. 그런데 지금 이 경에서는 이것을 둘로 나눠놓았기 때문에 3신(身)을 말한 것이다. 그러므로 3신과 2신이 평등하고 평등하다. 여기까지 해서 도피안(到彼岸)에 대해 개별적으로 설명(別述)하였다.

출처: 금강삼매경론(金剛三昧經論)

우리나라에서는 불교의 여러 가지 불신설 가운데 삼신설을 가장 많이 채택하고 있다. 불교가 대승불교 시대로 접어들자 불(佛)에 대한 고찰이 철학적으로 이루어지게 되었고, 불신을 그 성격에 따라 2종·3종·4종이 있다고 주장하였으며, 이를 이신·삼신·사신설이라 하였다. 그 가운데 대표적인 것이 삼신설이다.

삼신설에도 여러 가지가 있는데, 우리나라에서는 ① 법신(法身), 보신(報身)주1, 화신(化身)주2의 삼신설이 가장 보편적으로 설해지고 있으며, ② 자성신(自性身), 수용신(受用身), 변화신(變化身)의 삼신설도 채용되고 있다. (중략)

관세음보살은 33가지 모습으로 몸을 나타내어 중생을 구제하고, 지장보살은 승형(僧形)을 취한 화신으로서 성문(聲聞)의 모습으로 중생을 제도한다. 이와 같은 삼신설은 신라 시대 원효(元曉) 이후에 깊이 연구되어 우리나라 불교 교학 사상 중요한 위치를 점하게 되었다.

출처: 한국민족문화대백과사전, 삼신(三身)

https://encykorea.aks.ac.kr/Article/E0026699

화엄종의 삼신불관(三身佛觀)에서 유래하였다. 생신(生身) 또는 색신(色身)이라는 성불 이전의 몸과 연기의 법을 깨달은 각자(覺者)로서의 불신(佛身), 즉 법신(法身)의 이신불(二身佛) 사상이 점차 발전되어 대승불교 시대인 세친 때부터 법신(法身), 보신(報身), 화신(化身)의 삼신불(三身佛) 사상으로 변모하게 된 것으로, 삼신불화는 법신 비로자나불, 보신 노사나불, 화신 석가모니의 영산회도 등이다. 삼신불화는 화엄 사상을 상징하는 그림으로서 불교 회화사에서는 중요한 의미를 가지고 있다. 이 삼신불은 진리의 본체인 법신과 인과에 따라 나타나는 정토의 불인(佛因)인 보신과 진리가 변화되어 사바세계에 나타나는 석가불 같은 화신 등인데, 이들은 법(法)으로 하나가 되지만 나누어지면 셋으로 되는, 즉 진리는 하나이면서 셋이요, 셋이면서도 하나인 이른바 삼신즉일불(三身卽一佛)이요 일불즉삼신(一佛卽三身)의 관계에 있다.

출처: https://blog.naver.com/ohyh45/20184271791

출처: https://blog.naver.com/whitelotus_/221478400255

따라서 가톨릭교회는 서기 325년 삼위일체 교리를 선포했지만, 힌두교와 대승불교는 서기 7세기경 삼위일체 사상이 정착된 것으로 보이며, 힌두교는 각 종파에 따라 창조의 신이 서로 다르지만, 대승불교는 창조의 신은 법신이며, 나머지 2신은 법신과 한 몸체를 이룬다는 것이니, 가톨릭교회의 삼위일체 사상과 완전히 일치하는 사상이기에 대승불교는 가톨릭교회를 모방한 이단 종교라 아니 할 수 없다.

43) 법신: 우주 만물의 창조신, 진리 그 자체
44) 생신: 법신이 이 세상에 온 부처
45) 자성신: 진리 그 자체
46) 식신: 진리를 중생들에게 가르치는 부처
47) 화신: '변화신'이라고도 하며, 언제든 육체를 가지고 중생을 가르치는 부처
48) 응신: 특정 시기, 장소에 나타나 중생을 가르치는 육체를 가진 부처
49) 보신: '수용신'이라고도 하며, 과보와 수행으로 해탈한 부처

14화 석가모니의 신격화

『본생경(本生經)』에는 마야부인이 남자 없이 석가모니를 잉태하고, 석가모니가 도솔천에서 내려오고, 물 위를 걷고, 폭풍을 잠재우고, 칠병이어의 기적을 일으키고, 『유마경(維摩經)』과 『아함경(阿含經)』에는 물 위를 걷고, 칠병이어의 기적을 일으켰다고 하며, 『과거현재인과경(過去現在因果經)』에는 석가모니가 태어나자마자 벌떡 일어나 7발짝을 걸어가며 '천상천하유아독존'이라고 외쳤다고 하며, 상좌부불교든 대승불교든 거의 모든 불전에는 석가모니를 신으로 묘사하고 있다.

『대반열반경(大般涅槃經)』에는 제자 춘다가 얻어 온 상한 음식을 석가모니에게 바치자 석가모니는 음식이 심히 상한 것을 알고는 다른 사람들은 먹지 못하도록 "땅에 묻어라." 하고는 자신은 먹게 된다. 석가모니가 '상한 음식을 먹어도 자신은 죽지 않을 것이다.'라고 판단하여 먹고 죽었다면 그 음식을 먹으면 자신이 죽을지 안 죽을지도 몰랐던 하찮은 인간에 불과하며, 만약 '이 음식을 먹으면 죽을 수도 있다.'라고 판단하여 먹고 죽었다면 자신이 죽을지 안 죽을지도 몰랐던 하찮은 인간이거나 혹은 스스로 목숨을 끊을 계획이었던 것이다.

석가모니는 죽기 전, 제자들이 신으로 모시려고 하자 자신은 부처도 신도 아닌 인간인 '아라한'이라고 고백했음에도 대승불교는 석가모니를 삼위일체의 법신으로 추대하고, 불교의 사상은 타인의 도움을 받는 종교가 아니라 스스로 깨달아 해탈하는 종교임에도 석가모니에게 복을 달라며 빌고 절하는 것이 얼마나 황당한 일이지 않은가?

"대승불교 철학은 석가모니를 초월적 실재와 동일시한다. '가우따마(Gautama)'라는 역사적 석가모니는 궁극적 실재 또는 부처의 화신으로 받아들여진다. 석가모니의 수많은 전생의 화신들 역시 믿어져 여러 전생의 삶의 이야기를 담은 유명한 '자따까(Jātaka, 本生譚)'들이 구성되었다." (S.C. Chatterjee, D. M. Datta, 『학파로 보는 인도 사상』, p.170)

"무속성적 브라흐만(Nirguna Brahman)을 주장하는 아드바이타 베단타 철학에서와 마찬가지로 대승불교철학에서도 궁극적 실재 자체는 모든 언어적 표현을 넘어서 있는 것으로 간주된다. 그러나 동시에 이 실재는 스스로를 현실 속에 우주의 조절자인 법신(法身, dharma-kāya)으로 드러내고 있다고 여겨진다.

법신의 면에서 궁극적 실재 또는 석가모니는 모든 존재의 해탈을 간절히 바라면서 스스로를 각기 다른 스승들로 화현시켜 중생들이 고통을 벗어나도록 돕는다. 그렇기 때문에 법신으로서의 석가모니는 나약한 영혼의 소유자들이 자비와 도움 등 모든 실제적인 목적을 위하여 기도할 수 있도록 하는 신(神)의 위치를 차지한다. 이러한 면에서 석가모니는 또한 아미타불(Amitābha Buddha)이라고 불린다. 결국, 불교는 석가모니를 신과 동일시함으로써 불교를 받아들인 사람들의 종교적 열망을 충족시킨다." (S. C. Chatterjee, D. M. Datta, 『학파로 보는 인도 사상』 pp.170-171)

석가모니의 신격화를 한자 문화권에서는 천화(天化), 혹은 범화(梵化)라고 부른다.(呂凱文, 「對比·詮釋與典範轉移(2): 以兩種 「善生經」 探究佛敎倫理的詮釋學轉向問題」, 「正觀」 第35期(2005. 12.), pp.19-23 참조) 석가모니는 자신이 사후에 신격화되는 것을 원하지 않았던 것 같다. 석가모니는 입멸 직전 아난다 존자를 불러서 이렇게 말했다. "아난다여, 내가 가고 난 후에는 내가 그대들에게 가르치고 천명한 법(法)과 율(律)이 그대들의 스승이 될 것이다." (DN Ⅱ, p.154 "yo vo ānanda mayā dhammo ca vinayo ca desito paññatto, so vo mam' accayena satthā")고 말했다. 이것은 석가모니가 자신을 사후에 신격화시키지 말라는 뜻으로 해석할 수 있다. 인간의 종교적 본능은 신적인 존재를 요구하며, 따라서 석가모니의 실천적인 종교에서— 그의 당부에도 불구하고 —그 자신은 신격화되었다. (중략)

그런데도 불구하고 인간의 본성은 억제되어 잠자코 있을 수 없다. 세상의 눈(lokacakṣus)이며, 우리가 본받아야 할 전형이며, 완전에 이르는 길을 우리에게 드러내 보인 사람이며, 자신은 그 길을 발견하여 다른 사람들이 그의 발자취를 따라 걸을 수 있도록 만든 현자에 불과하다고 생각했던 석가모니는 대중들의 유일한 피난처인 신(神)이 된다. (라다크리슈난, 이거룡 옮김, 『인도철학사(I)』(서울: 한길사, 1996), pp.279-280)

이처럼 교주의 신격화는 필연적인 것임을 알 수 있다. 칼루파하나가 지적한 바와 같이, "과거의 여러 종교 지도자들의 경우가 그러하듯이, 석가모니의 생애에 관한 이야기도 온갖 형태의 신화와 전설들로 점철되어 왔다." (D.J.Kalupahana, A History of Buddhist Philosophy: Continuities and Discontinuities, Delhi: Motilal Banarsidass Publishers, 1994, p.22)

이러한 과정을 거쳐 석가모니는 점차 신격화되었다. 최종적으로 대승불교의 『법화경』에서 석가모니불은 '인간 석가모니'가 아닌 구원실성불(久遠實成佛)로 신격화되었다. 법화경에 묘사된 구원실성불은 유일신의 개념과 아무런 차이가 없다. 『법화경』에서 무신론의 종교가 유신론의 종교로 변해 버렸다. 이처럼 석가모니를 신격화시킴으로써 불교의 정체성은 크게 훼손되고 말았다. 참으로 안타까운 일이 아닐 수 없다.

출처: 마성 철학박사, 팔리문헌연구소장, 불교닷컴

https://www.bulkyo21.com/news/articleView.html?idxno=39857

15화 대승불교, 불교가 아니다

불교가 기원전부터 아프리카, 유럽, 서아시아에 전파되었다고 불교 측에선 주장하지만, 그곳에서 불교적 요소를 찾을 수 있는 것이 단 하나도 없을 뿐만 아니라 오히려 그리스 문화가 인도 대륙으로 전파되어 간다라문화가 형성되었다. 어떤 학자들은 심지어 불교의 사상이 외부로부터 인도로 유입되었다고 보는 분들도 있으며, 더 많은 연구가 필요하겠지만, 불교의 사상은 석가모니의 독창적인 사상이 아니라 기존 종교인 조로아스터교, 브라만교, 영지주의를 혼합하여 하나의 사상으로 정립한 것뿐이다.

불교가 대중화와 탄압에서 살아남기 위해 온갖 종교의 사상을 받아들이고 각 나라의 무속신앙과 혼합하며, 서기 2세기부터 산스크리트어로 불전들이 새로이 작성되고, 그러한 불전들은 석가모니의 신격화가 주된 내용이며, 서기 2~5세기에 작성된 『아함경』은 초기 불전의 『니까야』와 70% 정도 일치한다고는 하지만 그 내용이 일치하는 것이 아니라 상황과 조건은 다르지만 비슷한 얘기가 있다는 것이다.

그리고 서기 155년경 쿠샨 왕조의 카니슈카 1세 왕이 제4차 결집을 후원하고 석가모니 신격화와 불전은 산스크리트어로 작성할 것이 결의되고, 이후 본격적으로 석가모니 신격화가 이루어지고, 상좌부불교의 경전 이외에 어디서 들은 얘기인지는 모르겠으나, 석가모니가 설했다는 경전들이 산스크리트어로 만들어지기 시작한다. 따라서 대승불교의 산스크리트어 경전은 서기 2~3세기경부터 만들어지기 시작했으며, 이후부터 '마니'라는 단어가 나오기 시작하고, 예수님의 말씀과 행적이 나타나기 시작하고, 석가모니를 초능력을 가진 신으로 우상화하기 시작한다.

상좌부불교에서는 대승불교 경전을 모조리 부정한다. 왜냐하면, 제3차 결집에서 이미 석가모니가 설한 것들을 모두 결집하였고, 그것을『팔리삼장』이라고 하며『팔리삼장』이외의 경전은 없다는 것이고, 이후 온갖 종교와 혼합되고 온갖 미신이 혼합된 대승불교의 경전은 석가모니가 설한 것이 아니라는 '비불설(非佛說)'을 주장하고 있다.

그리고 중요한 것 중 하나는 석가모니는 살아생전에 자신은 "인간인 아라한이니 신으로 섬기지 말라."라고 제자들에게 당부했음에도 대승불교는 우주 만물의 창조신인 법신으로 숭배하고, 석가모니는 "훔! 훔! 하지 말라." 즉 '옴마니반메훔'과 같은 "주술을 하지 말라."라고 했음에도 대승불교는 마냥 '훔! 훔!' 하고 있으니 대승불교를 어찌 석가모니의 가르침을 따른다고 할 수 있겠는가?

이것 외에도 대승불교는 석가모니가 설하지 않았거나 석가모니의 사상이 아닌 사후세계인 수미산, 상좌부불교에서 '공즉시색'은 석가모니의 사상이 아니라고 부정하는 색즉시공 공즉시색, 49재, 천도재, 영가, 불공, 사주팔자, 부적 등은 석가모니의 사상과 배치되고, 온갖 미신을 믿고 있으니 대승불교는 석가모니의 사상에 한참이나 멀어져 있기 때문에 불교가 아닌 것이다.

16화 불교라는 종교

　인류 역사에서 인간들의 정신세계에 지대한 영향을 끼친 것은 뭐니 뭐니 해도 종교이며, 종교에 사후세계가 없다면 종교로 성립될 수가 없고, 나약한 인간의 본성과 미지의 미래에 대한 불안감, 죽음에 대한 공포를 극복하기 위해 절대자를 찾게 되며, 시대의 변천과 사회발전의 수준에 따라 그에 부합하도록 수많은 종교를 만들어 냈고, 또 그 절대자를 다양하게 만들어 내었다.

　철학, 신학, 과학이 발달하기 전, 인간들의 의식 수준이 떨어진 시대엔 샤머니즘, 토테미즘, 애니미즘이라고 하여 동물, 산, 물, 바위, 고목, 별 등에 존재하는 수많은 신들에게 복을 빌며 자신의 생명을 의탁하였지만, 사회와 과학이 진보하면서 보다 합리적이고 설득력 있는 종교가 새롭게 만들어진 반면 시대에 뒤떨어지는 종교는 도태되어 왔다.

　그러나 철기시대인 기원전 5세기경, 인도 북부지방에서 시작된 불교는 인간의 의식 수준이 높아지고 문명화된 현대사회에서도 아직도 귀신을 믿고, 무생물인 산, 물, 바위, 고목, 별 등에게 복을 빌며, 지적 동물인 인간이 아무런 능력도 없는 무생물과 귀신에게 복을 빌며 영생을 얻으려는 미신적 종교로 전락했다.

　따라서 불교는 물리학 법칙을 초월하여 초능력을 가진 보살과 부처 등 온갖 귀신을 믿고, 석가모니는 천동설을 주장하고, "해와 달이 우리가 보기엔 동그랗게 보이지만 실제로는 네모나게 생겼다.", "지구보다 150배나 더 크고 지구에서 달까지 37번을 왔다 갔다 할 수 있는 높이의 수미산이 지구에 있다.", "지구를 떠받치는 3개의 바퀴가 있다."라는 등 전혀 과학적이지도 않고 사실적이지 않은 허무맹랑한 주장을 하고, "살아생전에 고통과 번뇌를 벗어나 해탈하여 보살이나 부처가 될 수 있다.", "연기법에 의해 무에서 유를 만들 수 있다."라는 등 수많은 거짓말과 석가모니의 사상과는 동떨어진 부적을 팔고, 제사, 49재, 천도재, 영가, 불공 등을 드려주며 돈을 벌고, 인간인 석가모니를 법신 및 삼위일체의 유일신으로 추대하는 등 인류 역사에서 인간의 정신세계를 긍정적 발전으로 이끈 것이 아니라 인간의 정신세계를 더욱더 피폐하게 만든 종교임이 틀림없다.

17화 대승불교의 세속화

승려들은 돈만 주면 부적을 주며, 승려들이 부적을 직접 만드는 것이 아니라 소량 혹은 대량으로 도매상으로부터 구입해 두었다가 부적을 요구하는 불자들이 있으면 돈을 받고 팔거나 혹은 자신이 운영하는 절간에 자주 오는 단골 불자들에겐 선물로 주기도 한다. 몇천 원에 사 와서 몇만 원에 파는 것은 당연하다.

또한, 해탈하여 부처가 되기 위해 승려가 되려는 것이 아니다. 부처가 되려면 절에 들어가지 않고도 얼마든지 신(보살, 부처)이 될 수 있기 때문이며, 어느 동네든 '卍' 표시를 걸어두고 'OO보살'이라는 간판을 볼 수 있고, 예전에 살던 동네의 이웃집 아주머니가 '보살'로 불리기 때문이다.

따라서 승려가 되려는 이유는 다음과 같이 추측된다.

• 석가모니의 가르침이 아닌 제사, 49재, 천도재, 위령재, 불공 등을 드리며 돈을 벌기 위해서

• 석가모니의 가르침이 아닌 부적을 팔고, 사주팔자, 택운 등을 봐주며 돈을 벌기 위해서

• 자신의 노력 없이 불자들의 돈으로 편안하게 먹고살기 위해서

• 승려라고 하면 불자들이 물불 안 가리며 돈도 주고 우러러보기 때문이 아닌가 한다.

따라서 대승불교는 석가모니의 가르침을 따르는 종교가 아니라 완전히 세속화된 미신적 종교로 전락하고 만다.

18화 상좌부불교와 대승불교 차이

▨ **상좌부불교(남방불교, 소승불교)**

- 석가모니의 가르침을 따름
- 석가모니를 먼저 해탈한 인간인 아라한으로 믿음
- 농사를 짓지 않고 현대 문명과 거리를 둠
- 얻어먹음(탁발)
- 돈과는 무관한 삶을 추구
- 무속신앙의 영향이 적음
- 제사, 49재, 천도재, 위령재, 불공 등 없음
- 부적, 사주팔자 등 미신적 요소 없음
- 기원전에 작성된 불전에는 예수님의 말씀, 행적과 유사한 내용이 없음

▨ **대승불교(북방불교)**

- 용수, 세친, 무착의 가르침을 따름
- 석가모니를 신으로 믿음
- 농사도 지을뿐더러 현대 문명을 즐기는 삶
- 식모를 들여놓고 맛있는 것은 다 해 먹음
- 돈 엄청 좋아함
- 온갖 종교와 온갖 미신은 다 믿음
- 제사, 49재, 천도재, 위령재, 불공 등 판매
- 부적, 사주팔자, 택일 등 판매
- 마니라는 단어가 수없이 나오고, 마니와 그들의 성자를 부처로 숭배
- 예수님의 말씀과 행적이 수없이 등장

19화 불교의 사상은 허구다

석가모니는 자신이 새로운 종교를 창시하려는 것이 아니라 브라만교의 신분 계급제도인 카스트제도에 반발하며 "인간은 모두 평등하다."라고 주장하고, 조로아스터교의 주요 사상과 브라만교의 '깨달음을 통한 해탈' 사상 등을 도입하게 된다.

석가모니의 사상을 계승한 상좌부불교는 석가모니를 인간으로 보고, 석가모니는 인간으로서 먼저 해탈한 경험을 토대로 중생들에게 해탈하는 방법을 가르치고, 사람이 살아가는 궁극적 목표를 제시한 선지자적 인물로 믿는다.

그러나 서기 2세기경 만들어진 대승불교는 석가모니를 신으로 추앙하고, 석가모니에게 빌면 "고통을 면해 주고 복을 내려준다."라고 믿고 있어, 대승불교는 석가모니의 사상과 배치되고, 여러 종교와 무속신앙이 혼합된 미신적 종교로 전락하고 말았다.

인간은 물질인 육체와 영적인 영혼으로 구성되어 있어 어느 종교든 육체는 죽어 사라지지만, 영혼은 창조주께 돌아가 영원한 삶을 열망하고 있다. 그러나 불교는 우주 만물의 이치를 깨닫고 지혜가 충만하면 인간도 보살이나 부처와 같은 신이 될 수 있다고 가르친다. 그러나 인간은 아무리 지혜와 지식이 뛰어나더라도 우리의 육체는 물리학 법칙을 초월할 수 없음에도 지식과 지혜가 쌓이면 우리의 육체 또한 물리학 법칙을 초월할 수 있다고 가르친다.

인간은 사회적 동물이기 때문에 이 세상을 나 혼자 살아갈 수는 없다. 나와 생각이 다르고 문화가 다르고 가치관이 다른 사람들과 함께 살아가는 것을 사회라고 하며, 인생이란 그 사회 속에 살아가는 삶을 말한다. 그렇기 때문에 우리가 사회 속에서 살아가며 좋은 일, 나쁜 일 모두를 겪는 과정에서 고통과 번뇌는 자연스레 발생하는 것이니 우리가 고통과 번뇌를 피하고 싶다고 해서 피할 수 있는 것이 아니기 때문에 그 고통과 번뇌와 함께 더불어 살아가야 하며, 고통과 번뇌를 극복할 수 있도록 지혜를 쌓고 부단한 노력이 필요하게 된다.

그러나 석가모니는 고통과 번뇌를 벗어나겠다며 집을 나와 500여 명의 제자들을 데리고 거지생활을 했지만, 고통에서 벗어나지도 못했고, 해탈도 못 했고, 열반도 못 했다. 왜냐하면, 석가모니는 식중독으로 1주일 동안 고통 속에 살다가 죽었고, 자신은 부처도 신도 아닌 하찮은 인간인 아라한에 불과하다고 고백했으니 말이다.

20화 대승불교 귀신에게 빌다

불교는 자신의 고통과 번뇌에서 벗어나 해탈하는 사상이기에 누구에게 기대거나 도움을 받는 종교가 아니기 때문에 염불, 불공, 주문과 같은 기도는 필요 없게 된다. 그런데도 불자들은 보살, 부처, 귀신 등 온갖 신에게 기도하고 빌며 절을 한다.

귀신을 붙잡았다는 얘기를 들어본 적이 있습니까? 당연히 귀신이 없으니 잡을 수 없지 않겠습니까? 없는 귀신 팔아먹는 곳이 무당들이고 대승불교이며, 만약 그들의 말대로 귀신이 있다고 치더라도 보살, 부처, 귀신에게 절하고 빌면 그들이 자신의 소원을 모두 들어준다고 합니까?

불자들은 병원에 안 가나요? 그들은 늘 108배, 염불, 불공을 드리는데 왜 아플까요? 불자들은 전부 명문대에만 다닌답니까? 그들은 늘 108배, 염불, 불공을 드리는데 그들 모두는 왜 명문대를 못 갈까요? 불자들은 전부 부자인가요? 그들은 늘 108배, 염불, 불공을 드리는데 그들은 왜 부자가 못 될까요? 승려들도 병원에 다닙니다. 그렇게 기도하는데 그들은 왜 아플까요?

따라서 108배, 염불, 불공은 석가모니의 사상이 아니라 승려들이 돈벌이 수단으로 악용하고 있기 때문에 아무리 절을 하고, 염불을 하고, 기도를 해도 소용이 없는 것입니다.

▨ 귀신 숭배

많은 미묘한 궁전을 광명(光明)으로 어둠을 밝히는, 불을 주관하는 신(主火神)을 받들어 청하나이다.

견고하고 예리함을 자재(自在)롭게 다루며 조밀한 불꽃이 해를 이기는, 쇠를 주관하는 신(主金神)을 받들어 청하나이다.

껍질을 깨고 광명을 펼쳐서 싹을 틔워 빛을 발하게 하는, 나무를 주관하는 신(主木神)을 받들어 청하나이다.

생성(生成)하여 머물러 유지하게 하고 마음의 자리에 온갖 덕을 지닌 신, 흙을 주관하는 신(主土神)을 받들어 청하나이다.

널리 세간의 업(業)을 살펴보아 미혹함을 영원히 끊어 주시는, 방위를 주관하는 신(主方神)을 받들어 청하나이다.

열두 가지 중생들을 괴로움에서 건져 주고 액난(厄難)에서 건져 주는 토공신(土公神)을 받들어 청하나이다.

4주(洲)를 운행하며 춥고 더움을 펼치는 연직(年直) 방위신(方位神)을 받들어 청하나이다.

어둠을 깨뜨려서 물생에 이익을 주기 위하여 차갑게도 할 수 있고 덥게도 할 수 있는 일직(日直), 월직(月直), 시직(時直)의 신을 받들어 청하나이다.

길러내는 공을 널리 일으켜서 한량없이 많은 부처님을 만난, 넓은 들판을 담당한 신(廣野神)을 받들어 청하나이다.

먼지와 때를 멀리 여의고 온갖 공덕을 모두 포함하고 있는, 바다를 주관하는 신(主海神)을 받들어 청하나이다.

강물을 아래로 흘러내려 가게 하여 만물을 적셔 윤택하게 하고 이익을 주는, 하천을 주관하는 신(主河神)을 받들어 청하나이다.

널리 구름 깃발 일으키어 더러운 때를 여의고 향기를 쌓는, 강을 주관하는 신(主江神)을 받들어 청하나이다.

위엄 있는 광명을 특별하게 통하고 이정표를 나누어서 나열해 둔, 도로를 담당하는 신(道路神)을 받들어 청하나이다.

여래께서 거주하시는 궁전을 장엄하고 깨끗이 하는, 성을 주관하는 신(主城神)을 받들어 청하나이다.

구름처럼 꽃을 피워 미묘한 광명으로 비추게 하는, 풀과 꽃을 담당한 신(草卉神)을 받들어 청하나이다.

미묘한 쌀을 성취하여 정기(精氣)를 증장(增長)시켜 주는, 농사를 주관하는 신(主稼神)을 받들어 청하나이다.

구름 깃발 날려서 가는 곳에 걸림이 없게 하는, 바람을 주관하는 신(主風神)을 받들어 청하나이다.

여러 가지 업보(業報)를 따라 여러 가지 이익을 베풀어 주는, 비를 주관하는 신(主雨神)을 받들어 청하나이다.

낮에 섭화(攝化)하고 그 덕을 실천하여 항상 밝음을 주는, 낮을 주관하는 신(主晝神)을 받들어 청하나이다.

지혜와 밝음으로 인도하여 중생들로 하여금 바른길을 알게 하는, 밤을 주관하는 신(主夜神)을 받들어 청하나이다.

한량없이 많은 위의(威儀)로 최상(最上)으로 장엄(莊嚴)하는, 많은 몸을 지닌 신(身衆神)을 받들어 청하나이다.

여래(如來)를 친근히 하면서 언제나 따라다니며 잠시도 버리지 않는, 족행신(足行神)을 받들어 청하나이다.

오래 살고 요절(夭折)하는 것을 관장하여 판결하는, 수명을 담당한 신(司命神)을 받들어 청하나이다.

은밀하게 자량(資糧)을 정해 주는, 녹(祿)을 맡은 신(司祿神)을 받들어 청하나이다.

왼쪽에서 동자로 따라다니며 선행(善行)만 담당하는 신(掌善神)을 받들어 청하나이다.

오른쪽에서 동자로 따라다니며 악행(惡行)만 담당하는 신(掌惡神)을 받들어 청하나이다.

벌을 주고 병을 주는 두 분의 큰 신(行罰行病二位大神)을 받들어 청하나이다.

전염병과 고질병을 담당하는 두 분의 큰 신(瘟瘟痼療二位大神)을 받들어 청하나이다.

이의(二儀: 陰·陽)와 삼재(三才: 天·地·人)를 주관하는 오행(五行)의 큰 신과 음양(陰陽)을 조화(造化)하는, 이름과 지위를 알 수 없는 불법(佛法)을 보호하는 선신(善神) 영기(靈祇) 등 대중을 받들어 청하나이다.

▨ 잡신 숭배

삼가 불법을 옹호하는 성현 등 대중들께 아뢰나이다. 이미 정성스런 초청을 받으시어 벌써 향기로운 재단(齋壇)에 오셨으니 이제는 흐트러지고 나태한 마음을 없애고 은근한 생각을 일으켜서 천 가지 정성을 다하고 만 가지 간절한 생각을 기울이더라도 삼보님을 만나 뵙는 일은 어렵다는 생각을 하시고 한마음 다 기울여 믿음으로 예를 올리소서. 아래에 널리 예배하는 게송이 있으니 대중들은 말씀을 따라 뒤에 합창하시옵소서.

시방에 위 없이 존귀한 5지(智)와 10신(身)의 모든 부처님께 널리 예 올립니다. 시방에 탐욕을 여의신 5교(敎)와 3승(乘)의 모든 가르침에 널리 예 올립니다.

▨ 산신 숭배

직전(直典)이 높고 우뚝한 여덟 분 큰 산왕과 오온(五蘊)을 금기(禁忌)하는 안제(安濟) 부인, 익성 보덕진군(益聖保德眞君), 35) 이 산의 구획(局內)에 항상 머무시는 큰 성인과 시방 법계에 지극히 영명하고 지극히 거룩하신 모든 큰 산의 왕과 딸린 권속들께 귀명하오니 오직 바라옵건대 삼보의 힘을 받들어 이 도량에 강림하시어 이 공양을 받으옵소서.

▨ 하늘의 별 숭배

북두 제일 양명(陽明) 탐랑성군(貪狼星君)을 받들어 청하나이다.

북두 제이 음정(陰精) 거문성군(巨門星君)을 받들어 청하나이다.

북두 제삼 진인(眞人) 녹존성군(祿存星君)을 받들어 청하나이다.

북두 제사 현명(玄冥) 문곡뉴성군(文曲紐星君)을 받들어 청하나이다.

북두 제오 단원(丹元) 염정강성군(廉貞綱星君)을 받들어 청하나이다.

북두 제육 북극(北極) 무곡기성군(武曲紀星君)을 받들어 청하나이다.

북두 제칠 천관(天關) 파군개성군(破軍開星君)을 받들어 청하나이다.

북두 제팔 통명(洞明) 외보성군(外補星君)을 받들어 청하나이다.

북두 제구 은광(隱光) 내필성군(內弼星君)을 받들어 청하나이다.

상태허정(上台虛精) 개덕진군(開德眞君)을 받들어 청하나이다.

중태육순(中台六淳) 사공성군(司空星君)을 받들어 청하나이다.

하태곡생(下台曲生) 사록성군(司祿星君)을 받들어 청하나이다.

스물여덟의 별자리와 하늘에 두루 퍼져 있으면서 하늘을 빛내는 모든 큰 성군(星君)의 무리를 받들어 청하나이다.

출처: 작법귀감(作法龜鑑)

21화 반야심경, 석가모니 사상 아니다

산스크리트어의 반야심경(般若心經)은 "불전을 산스크리트어로 새로이 제작한다."라고 결의한 제4차 결집 이후 제작된 것으로 추정되며, 상좌부불교는 반야심경의 '색즉시공 공즉시색(色卽是空 空卽是色)'의 공즉시색(空卽是色)은 석가모니의 가르침에 벗어났다고 주장을 하며, 반야심경의 '반야바라밀다(般若波羅蜜多)'는 육자진언으로 주술행위다.

티베트는 서기 7세기경 손첸감포(松贊岡保) 왕에 의해 인도불교를 받아들이기 이전인 기원전 3세기경부터 뵌교(Bün, 티베트 무속신앙)를 믿고 있었지만, 마니교가 티베트에 들어와 귀족계층에서부터 먼저 믿게 되고, 대중들에게도 마니교를 권장하였으나 대중들은 거부하게 된다.

이후 기존의 뵌교와 마니교가 혼합된 신앙으로 발전하게 되며, 이후 불교가 들어오면서 대중들이 또다시 거부하자 뵌교는 탄압받게 되며, 이후 뵌교는 불교와 또다시 혼합되어 독특한 티베트 불교로 발전하게 된다.

따라서 육자진언 '옴마니반메훔(唵麼抳鉢銘吽)'과 광명진언(光明眞言) '옴 아모가 바이로차나 마하 무드라 마니 파드마 즈바라 훔(唵阿謨伽尾盧左曩摩訶母捺囉麼抳鉢納麼入嚩攞鉢囉韈哆野吽)'은 마니교의 영향을 받은 티베트 뵌교의 영향이고, 그 내용은 마니교의 교주인 마니를 남방의 보생불로, 중생의 원을 만족케 하는 부처로 숭배하는 주술이며, 육자진언 형태의 또 다른 주술이 반야바라밀다(般若波羅蜜多)이며, 『반야심경』에도 반야바라밀다는 주문으로 명시하고 있기도 하다.

그러므로 반야바라밀다는 가장 신비한 주문(大神呪)이며, 가장 밝은 주문(大明呪)이며, 가장 높은 주문(無上呪)이며, 무엇과도 견줄 수 없는 주문(無等等呪)이니 온갖 괴로움을 없애고 진실하여 허망하지 않음을 알아라.

출처: 반야바라밀다심경

따라서 불교의 사상이 함축된 것으로 평가받는 반야심경조차도 석가모니의 가르침이 아니라 무속신앙이 혼합된 경전이며, 무속신앙인 육자진언, 광명진언, 반야바라밀다는 석가모니의 사상도 아니며 불교의 사상도 아닌 것이다.

22화 대승불교 사상은 반과학적

석가모니는 해가 지구를 돈다는 천동설을 주장하고, 해와 달이 네모나게 생겼고, 높이가 수천만km, 가로와 세로가 각각 수백만km에 달하는 지구보다 더 큰 네모난 수미산이 지구에 존재한다고 하니 불교를 어찌 과학적인 종교라고 할 수 있겠는가?

그리고 '색즉시공 공즉시색'을 유물론적 관점으로 해석하면 반과학적이기 때문에 불교가 과학적인 종교라고 주장하는 것은 국민을 속이기 위한 대승불교의 기만이며, 아인슈타인의 에너지보존의 법칙과 하이젠베르크의 불확정성의 원리를 불교의 '색즉시공 공즉시색'과 결부하여 "그들이 불교의 사상을 증명했으니 불교의 사상은 과학적이다."라고 주장하고 있으나, 이는 과학을 전혀 모르는 무지렁이 불자들의 헛소리에 불과하며 그 이유는 다음과 같다.

- 물질(색)은 어떠한 경우에도 사라지지(공) 않기 때문에 색즉시공은 반과학적
- 무(공)에서 결코 물질(색)을 만들 수 없기 때문에 공즉시색은 반과학적

▨ 아인슈타인의 에너지 보존의 법칙

- 상대성이론 중 핵심 이론인 에너지보존의 법칙($E=mc^2$)은 모든 에너지는 질량으로부터 나오고, 그 질량이 운동에너지를 받으면 질량이 증가하며, 그 질량의 속도를 아무리 빠르게 하더라도 빛의 속도보다는 작기 때문에 고유의 질량이 가지고 있는 최대 에너지를 계산할 수 있다.
- 물질을 쪼개고 아무리 쪼개도 그것은 물질이며, 그 물질이 다른 물질로 혹은 질량이나 크기가 변하면서 발생하거나 소비하는 에너지는 공간(닫힌계)

내에 보존된다.

- 에너지를 거꾸로 변환하면 물질을 만들 수 있는 것이 아니라 그 에너지에 상응하는 질량을 계산할 수 있다.

　예를 들어 수소와 산소가 있다고 하자. 수소 2개와 산소 1개가 합쳐 지면 물이 되며, 수소도 물질이고 산소도 물질이고 수소와 산소가 결합 한 물도 물질이다. 즉 물질은 사라지는 것이 아니라 다른 형태의 물질로 남게 되고, 물질이 다른 물질로 변환될 때 소비하거나 만들어진 에너지 는 그 공간(우주) 안에 그대로 보존됨에도 물질인 수소와 산소가 사라져 눈에 보이지 않으니 물질도 사라지고(색즉시공), 에너지를 역으로 변환하 면 물질을 만들 수 있다(공즉시색)며 왜곡하고 있다.

▨ 하이젠베르크의 불확정성의 원리

- 광자(빛)가 파동인 것을 전자쌍(음전자와 양전자) 또한 파동이라고 주장한 다.
- 전자(입자, 물질)의 위치를 관측하기 위해 광자를 조사하면 전자의 운동에 너지(진폭과 진동수)가 증가하여 전자의 위치를 특정할 수 없다.
- 특정 공간의 한 위치에서 전자쌍이 광자를 생성 후 순간적으로 전자쌍을 관측할 수 없으나 곧바로 전자쌍이 생성된다.

　예를 들어, 빛이 전혀 없는 밀폐된 공간에 침대가 있다고 가정하자. 빛이 전혀 없어 우리가 관측할 수 없다고 물질이 사라진 것이 아님에도 "우리가 관측할 수 없으니 침대는 없다."라고 불자들은 주장한다. 이처 럼 하이젠베르크의 불확정성의 원리를 왜곡하여 전자의 위치를 관측할 수 없으니 전자는 물질이 아니며, 광자를 발생 후 전자쌍이 순간적으로 소멸하기 때문에 에너지보존의 법칙이 성립하지 않는다고 주장한다. 그러나 전자쌍이 광자를 생성 후 곧바로 전자쌍이 생성됨에도 모든 물질은 소멸한다는 '색즉시공'이 과학적이라며 의도적으로 왜곡하고 있다.

석가모니가 말하는 색즉시공은 물질이라는 것은 있다가도 없어지고 없다가도 있을 수 있는 것이니, 물질에 대한 탐욕은 부질없는 것이다. 그러니 우리가 살아가는 인생의 목표를 물질에 두어서는 안 된다는 것이 색즉시공의 본연의 뜻일 터인데도 대승불교는 "모든 물질은 사라져 어떤 물질도 존재하지 않는다."라고 비약적으로 주장하지만, 물질은 그 형태와 성질을 유지하거나 혹은 다른 형태, 다른 성질로 변화하여 물질로 남는 것이지 결코 사라지는 것이 아님에도 대승불교는 모든 물질이 사라진다(색즉시공)며 허무맹랑한 주장을 한다.

따라서, 완전한 무에서는 물질이 생겨날 수도 없고, 물질은 영원히 그 물질의 형태를 유지하거나 혹은 다른 형태의 물질로 유지되고 보존됨에도 모든 물질은 사라진다는 '색즉시공'과 무에서 물질이 만들어진다는 '공즉시색'은 반과학적이며, 불교의 사상이 과학적이라는 그들의 주장은 허구이자 잠꼬대와 같은 망상이다.

석가모니는 『불설장아함경』에서 "해의 궁전을 해가 다니는 길목에 두었더니 그 길을 따라 해가 천하를 빙빙 돌더라."라고 한다. 그렇다면 해가 다니는 길목에 해를 갖다 놓은 사람이 누구일까? 결국, 이 말은 석가모니가 갖다놨다는 얘기이니 석가모니가 이 세상을 창조했거나 혹은 누가 창조했는지를 알고 있거나 창조하는 것을 봤다는 얘기와 다를 바 없다.

오랜 세월이 지나서 큰 폭풍이 불어 깊이 8만4천 유순이나 되는 바닷물을 양쪽으로 헤치고 해의 궁전(日宮)을 가져다 수미산 중턱에 있는 해가 지나는 길에 두었더니 동쪽에서 떠서 서쪽으로 지면서 천하를 빙빙 돌았다.

출처: 불설장아함경(佛說長阿含經)

만약 불교가 창조론을 믿는다면 무에서 유가 만들어지는 창조를 '연기법'으로 설명할 수 있을까? 왜냐하면, 창조와 연기법은 서로 상충하기 때문에 불교에서 창조론을 믿는다면 연기법이 엉터리 이론이 되고, "연기법이 맞다."라고 한다면 창조가 거짓이 된다. 혹여 대승불교의 창조론은 유에서 유로 창조한 것이라 주장한다면 그것은 '연기법'에 의해 창조된 것이 아니라 '진화'를 의미한다.

따라서 불교는 이렇게 상호모순적인 사상을 가진 종교이며, 상좌부불교에서 대승불교의 경전은 석가모니가 설한 것이 아니라고 부정하는 완전 허구의 창작소설을 진리로 믿는 종교임을 스스로 인정하는 꼴이며,

또한 '색즉시공 공즉시색'을 유물론 관점에서 해석하면 창조론을 인정하는 것이 된다. 왜냐하면 무(공)에서 유(색)가 만들어지는 것은 절대자에 의해 창조되지 않고는 불가능하기 때문이며, 실제로 대승불교는 법신인 '비로자나불'이 무(無)에서 유(有)를 창조한 '창조론'을 믿고 있기도 하다.

▨ 색즉시공(色卽是空)

- 색(물질, 마음, 지식)은 공(아무것도 없는)이 된다.
- 석가모니 曰: 모든 물질과 욕심은 부질없는 것이니 버려야 한다.
- 대승불교 曰: 모든 물질과 모든 존재는 사라진다. 결국 어떠한 것도 존재하지 않는다.

▨ 공즉시색(空卽是色)

- 무(無)에서 물질(존재)이 나타난다. 무에서 물질이 나타난다는 것은 절대신이 아니면 불가능하기 때문에 결국 불교는 창조론을 믿는 꼴.
- 석가모니 曰: 난 그런 주장한 적 없다. 상좌부불교에서도 석가모니 사상이 아니라고 주장
- 대승불교 曰: 석가모니 사상을 연구해 보면 석가모니 사상이 맞다. 결국, 석가모니가 하지도 않은 말을 대승불교는 거꾸로 석가모니의 뜻이라고 우기는 꼴.

▨ 색즉시공 공즉시색(色卽是空 空卽是色)

- 모든 존재는 사라졌다가 다시 나타난다. 대승불교는 승려들이 이 말을 이해하기 위해 죽을 때까지 고민해도 알 수 없는 괴상한 사상으로 변질되었으며, 결국 이 논리를 정당화하기 위해 연기법을 창안했지만, 무(無)에서 어떻게 유(有)가 발생되는지는 여전히 의문.

24화 대승불교는 귀신불교

불교 내부에서도 대승불교를 신랄하게 비판하고 있으며, 주요 내용을 인용하면 다음과 같다.

▨ 미신 불교

우리나라 유명한 승려들의 사상은 힌두교적 유아론과 미신으로 가득하다. 이들의 영향을 받아 신도들 역시 그렇다. 법은 멀고 주먹은 가깝다고, 부처님 가르침은 멀고, 살아 있는 승려들과 그들의 환망공상(幻妄空想, 환상, 망상, 공상, 상상)은 가깝다.

어떤 큰스님의 스승은 달이 지구보다 6배나 크다고 했고, 지구가 달에서 빠져나왔다고 했다. 달의 전면은 원형이지만 뒷면은 고깔 모양이라고 했다. 이런 내용을 모아 그 제자는 『금강심론(金剛心論)』이라는 책으로 펴냈다. (중략) 그러면서 독자들에게, 일지반해(一支半解)[50]한 현대과학 지식으로 스님을 비판하면 방불훼불(彷佛毀佛)이라고 엄포를 놓았다. 기독교식으로 하자면, 신성모독이라는 것이다. 이유는 그 스님이 선정 중에 본 것이기 때문이라는 것이다.

▨ 윤회론

윤회론에는 수많은 문제점이 있다. 윤회론은 '종(種) 쇼비니즘'이고 '생명계의 카스트 제도'이다. 동물을 도덕적으로 더 열등한 존재로 과거에 즉 전생에 더 나쁜 짓을 한 존재로 만드는 만행이다. 한 해에 수백억 마리의 짐승을 살해하면서 벌이는 위선이다. 서로 대량살상을 하고 고문을 하는 생물은 인간뿐이다.

윤회론은 진화론과 위배된다. 1억5천만 년이나 지속된 공룡이었다는 전생담이 없다. '내가 과거 생에 공룡 왕 티라노사우르스였을 때'라고 시작하는 경전이 없다. '내가 식물도 아니고 동물도 아니었을 때'라고 시작하는 경전도 없다. 그래서 필자는 경전을 두 개 만들어 보았다. '티라노사우르스경'과 '마하보타니카 수트라(식물윤회경)'이다.

▨ 중음신[51] 불교

부처님 당시에는 지내지 않은, 중음신(中陰身)을 제도하는 49재를 지내는 것은 귀신불교이다. 부처님은 식이 윤회하는 것이 아니라며 이생에서 저승으로 업을 짊어지고 가는 중음신을 부정하셨기 때문이다.

▨ 지옥과 유물론

지옥은 유물론이다. 이 말에 깜짝 놀랄지 모르지만 사실이다. 지옥 중생의 고통은 육체적 고통이지 정신적 고통이 아니다. 펄펄 끓는 화탕(火湯)과 날카로운 칼을 세운 도산(刀山) 등에서 육체적 고문을 받는 곳이다. 산 채로 항문에서 입까지 꿰임을 당하거나, 산 채로 가죽을 벗김을 당하기도 한다.

정신적 고통을 받는 곳이 아니다. 이는 육체적 고통이 정신적 고통보다 더 견디기 힘들다는 주장이므로 유물론의 일종이다. 정신적 고통인 번뇌는 (축생계, 아귀계, 지옥에는 없고) 인간계에나 있으므로, 만약 정신적 고통이 육체적 고통보다 더 큰 고통이라면, 축생계로 추방하는 대신에 인간으로 환생하게 해 정신적 고통을 겪게 해야 옳을 것 같은데, 그런 일은 없다. 지옥이 유물론의 산물이라는 강력한 증거이다.

출처: 불교평론 http://www.budreview.com

50) 일지반해(一支半解): '하나쯤 알고 반쯤 깨닫는다.'라는 뜻으로, 지식이 완전하지
　　않거나 많이 알지 못함을 이르는 일지반해(一知半解)의 오기로 보임

51) 중음신: 죽은 사람의 영혼이 49일 동안 저승에 머무르며 저승의 일곱 대왕에게
　　7일째 되는 날마다 심판받다가 49일째에 최종 심판을 받고 환생한다는 사상

25화 대승불교의 지옥

불교의 지옥은 영혼이 고통받는 지옥이 아니라 육신이 고통받는 지옥으로 팔열지옥, 팔한지옥, 기타 지옥이 있으나 여기는 기타 지옥에 대해서만 올린다.

석가모니가 자비하다고요? 죄를 지었다고 육체가 찢어지는 고통을 영원히 받게 하나요?

▨ 무저지옥(무저갱)

계속 어딘가로 그 떨어지는 곳에는 바닥인 듯 용암풍이 불어 순식간에 불태워 소멸시키고 재생하고는 다시 온몸을 얼려 조각내어 소멸시키고 재생시키는 그런 한 없이 떨어지는 바닥없는 구멍지옥이라. 그 고통은 가히 상상 이상이며, 5번의 중겁 동안 이곳에 갇혀 지내게 된다. 삼계육도 중에서 수라도, 아귀도, 그리고 지옥에만 갈 수가 있다. 이 지옥에 가는 이들은 믿음을 팔고 사는 자들이 간다.

▨ 무혈지옥

사람은 물론, 모든 생물의 영혼을 사고파는 자들이 가는 곳으로, 9번의 대겁 동안 이곳에 갇히게 된다. 이곳은 몸이 한없이 오그라들어 사라지고 재생되고 또 한없이 커져 풍선 터지듯 소멸되고 또 재생하게 만드는 지옥으로, 그 고통은 영혼의 저 밑바닥까지 오게 된다. 이곳에 오게 된 영혼은 더 이상 윤회를 겪지를 않는데, 이것이 뜻하는 바는 삼계육도 전체, 즉 천상도, 인간도, 축생도, 수라도, 아귀도, 지옥도 그 어디로도 다시는 태어날 수가 없다는 뜻이다. 삼계육도 그 어느 곳에도 태어나지 못하게 된 존재를 무유 영혼이라고 하는데, 방금 서술했다시피 삼계육도 그 어디에도 태어나지 못하게 되는 것은 물론, 실체가 없고 눈에 보이지 않으며, 세계를 유유히 떠돌아다니는 영혼이라. 어떻게 보면 아무것도 아닌 존재가 되는 것과도 같다.

▨ 무간지옥

극악한 살인자들이 가는 곳으로 위의 무간지옥과 이름만 같다. 이곳은 끝없이 연결된 문들의 지옥이다. 기이한 팔각의 방으로, 그곳에는 8개의 문이 있지만 계속 열고 가야 한다. 그 이유는, 무지막지한 영혼을 씹어 먹는 입이 기다란 악어와 같은 모습을 한 마신이 쫓아오면서 죄인들을 씹어 삼키고 재생시켜 또 씹어 삼키고 재생시키고 하면서 끝없이 쫓아오기 때문이다. 거의 1번 정도의 소겁 동안 쫓아오는데, 육도 중에서 천상도를 제외한 나머지 오도에 다시 태어난다.

▨ 무란지옥

무간지옥이 계속 추락하는 지옥이라면, 이 무란지옥은 자신의 몸이 계속 공처럼 불어나서 터지고 다시 재생되는 형벌을 가하는 지옥으로, 자신의 믿음만이 최고이며 가장 최선의 덕이라고 말하는 자들이 가는 곳이다. 그 기간은 1중겁이라.

▨ 무파지옥

지식이 아주 많은 자들이 그 지식을 자랑하여 사람들을 혹하게 하는 자들, 즉 화려한 말과 멋진 제스처로 세상을 감동시키나, 그로 인해 세상을 또 다르게 어지럽히는 이들이 떨어지는 곳이다. 이 무파지옥은 1태겁 동안 계속 춤을 추게 되는 지옥인데, 다만 그 춤을 한번 출 때마다 머리만 남을 때까지 관절 하나가 부러지고 생체조직이 하나씩 소멸되어 계속된다. 그리고 계속되는 관절 꺾임과 신체 일부가 사라지는 고통을 계속 받게 된다.

▨ 무무지옥

앎이 많은 자로서 남을 자신의 앎으로 속박하고 틀에 가두려고 하는 자들이 떨어지는 지옥으로, 1태겁 동안 자신의 모습이 둘이 되어 그 하나가 다른 하나를 문자 그대로 잡아먹는 곳이다. 그동안에는 절대 의식이 사라지지 않고 그 고통은 지속되며, 계속 자신은 둘로 재생된다. 그리고 계속되는 생으로 씹어 먹히고 먹는 고통을 끝없이 받게 된다.

출처: 나무위키, 지옥(불교)

26화 석가모니, 평민 혹은 천민 출신

브라만(브라만교 제사장): 이란 아리아인

크샤트리아(왕족, 군인, 정치인): 인도 아리아인

바이샤(평민): 피부색이 황색인 원주민, 사카족 등

수드라(천민): 피부색이 검은 원주민

불가촉천민: 왕족이었던 드라비다족이 이란 아리아인들과의 전쟁에서
패배 후 불가촉천민으로 신분 강등

브라만교의 카스트제도는 상기와 같이 분류되며, 브라만과 크샤트리
아 계층은 산스크리트어를 사용했지만, 하층 계층은 문자가 없는 전통
언어인 팔리어를 사용했고, 석가모니는 사카족 출신으로 팔리어를 사용
하였기에 바이샤 혹은 수드라 계층이었음이 분명하다.

만약 석가모니가 크샤트리아 계층의 왕족이었다면 신분 계급사회에서
이익을 볼 수 있기 때문에 브라만교의 신분제도에 반발하지 않겠지만
신분 계급제도에 반발했다는 것은 곧 정치적, 경제적, 사회적 권리와 이
익이 침탈된 평민 혹은 천민 계층이었다는 사실을 뒷받침한다.

▨ 불전『구사론』,『장아함경 세기경』에는 해가 지구를 돈다

  • 실제는 지구가 해를 돌고 있음

▨ 불전『장아함경 세기경』에는 해와 달이 네모나게 생겼다

  • 실제는 해와 달은 동그랗게 생겼음

▨ 불전『구사론』,『장아함경』 등에는 수미산을 3개의 바퀴(륜)가 떠받치고 있다

  • 수미산이나 지구를 떠받치는 바퀴가 없음

▨ 불전『구사론』,『장아함경』 등에는 지구보다 큰 네모난 수미산이 지구에 있다

  • 지구보다 크고 네모난 산은 지구에 존재하지 않음

▨ 불전『아비달마구사론』,『장아함경』 등에는 산 아래 땅속에는 지옥이 있고, 땅 위에는 사람이 살고, 산 위 정상에는 제석천이 있고, 산 위의 하늘에는 천상세계인 불국토가 있다는 사후세계인 수미산이 지구에 있다

  • 인간이 사는 곳은 지구밖엔 없기 때문에 지구보다 150배나 더 크고, 지구에서 달까지 37번을 왔다 갔다 할 수 있는 높이의 네모난 수미산은 지구에도 존재하지 않고, 지구에든 우주에든 그 어느 곳에도 수미산이 존재하지 않기 때문에 불교의 사후세계는 존재하지 않음

▨ 불전 『사문과경』에는 해탈하여 보살이나 부처가 되면 초능력을 가진다

- 인간의 육체는 물질이기 때문에 아무리 깨달았다 하더라도 물리학 법칙을 초월하여 초능력을 가질 수 없음

▨ 불전 『아함경』에는 고통과 괴로움에서 벗어나 해탈할 수 있다

- 석가모니 자신도 고통과 괴로움 속에 식중독으로 죽었기 때문에 고통과 번뇌는 죽기 이전엔 벗어날 수 없음

▨ 불전 『아함경』에는 윤회한다

- 윤회는 논리적으로 틀렸음. 해탈하여 극락에 가는 존재는 윤회하지 않으므로 윤회를 하는 존재는 갈수록 작아져 이 세상에서 살아가는 생물체의 수가 점점 작아지다가 언젠가는 단 하나도 없어야 함. 그러나 공룡과 같이 개체의 멸종이 있어서는 안 됨. 왜냐하면, 다른 개체가 업보에 의해 공룡으로 다시 태어나야 하는데 태어나지 못했으니까 윤회는 존재할 수 없는 사상

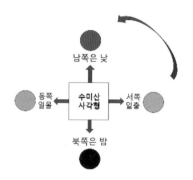

불전『아비달마구사론』,『장아함경』등에서 석가모니는 "해가 지구를 돈다."라는 천동설을 주장한다. 그러나 불자들은 석가모니의 얘기는 우주를 중심으로 봤을 때 그렇다고 하는데, 그러나 지구를 중심으로 보거나 혹은 우주를 중심으로 보거나 어디를 중심으로 보든지 간에 달은 지구를 돌고, 지구가 해를 도는 것은 변함이 없다.

생로병사와 우주 만물의 이치를 깨달았다는 부처이자 신이라는 석가모니가 전혀 과학적이지도 않고 사실과 다른 주장을 하는데, 과연 석가모니가 우주 만물을 창조한 법신이며, 그가 깨달았다는 우주관과 사후관이 진리일까? 혹시 대승불교가 불전이라는 창작소설을 만들어 석가모니를 바보로 만든 것은 아닐까?

그리고 아래의『불설장아함경(佛說長阿含經)』에는 해와 달이 천하를 빙빙 돌고,『경율이상(經律異相)』에서도 해와 달이 수미산을 돈다고 분명히 적시하고 있음에도 불자들은 "석가모니는 천동설을 주장하지 않았다."라고 억지를 부리며 불전조차 부정한다.

참고로, 수미산과 관련된 여러 불전에는 해와 달이 4천하[52]를 오른쪽으로 돈다는 것도 있고, 왼쪽으로 돈다는 것도 있지만, 여하튼 4천하를 빙빙 돈다는 것은 동일하게 표현하고 있다.

달라이 라마는 2011년에 다람살라에서 태국 불자들을 만난 자리에서 공개적으로 "불교 우주론을 믿지 않는다."라고 했다. "수미산을 믿지 않는다." 했다. 오히려 현대 과학이 제시하는 우주론을 믿는다고 했다. '구사론'은 해와 달이 지구를 돌고 지구 한가운데에 수미산이 있다고 하지만, 훨씬 더 발달한 현대 과학적 우주론을 믿지 구사론적 우주론을 믿지 않는다는 것이다.

출처: 불교평론(http://www.budreview.com)

부처님께서 모든 비구들에게 말씀하셨다.

하나의 해와 달이 4천하(天下)를 두루 돌면서 광명을 비추고 있는 것과 같은 그런 세계가 천(千) 개나 있다. 이 천 개의 세계는 천 개의 해와 달이 있고 천 개의 수미산왕(須彌山王: 수미산이 가장 높은 산이라는 의미에서 王자를 붙였음)과 4천 개의 천하(天下)와 4천 개의 대천하(大天下)가 있고, 4천 개의 바닷물과 4천 개의 큰 바다가 있으며, 4천 마리의 용과 4천 마리의 큰 용이 있으며, 4천 마리의 금시조(金翅鳥)와 4천 마리의 큰 금시조가 있고, 4천 개의 악도(惡道)와 4천 개의 큰 악도가 있으며, 4천의 왕과 4천의 대왕이 있고, 7천 그루의 큰 나무, 8천 개의 큰 지옥, 1만 개의 큰 산, 천 명의 염라왕(閻羅王), 천 명의 사천왕(四天王), 천 개의 도리천, 천 개의 염마천(焰摩天), 천 개의 도솔천, 천 개의 화자재천(化自在天), 천 개의 타화자재천(他化自在天), 천 개의 범천(梵天)이 있다. 이것을 소천세계(小千世界)[53]라고 한다.

출처: 불설장아함경(佛說長阿含經)

오랜 세월이 지나서 큰 폭풍이 불어 깊이 8만4천 유순이나 되는 바닷물을 양쪽으로 헤치고 해의 궁전(日宮)을 가져다 수미산 중턱에 있는 해가 지나는 길에 두었더니 동쪽에서 떠서 서쪽으로 지면서 천하를 빙빙 돌았다.

출처: 불설장아함경(佛說長阿含經)

논하여 말하겠다. 해와 달과 뭇 별들은 무엇에 의지하여 머무는 것인가? 바람(風)에 지하여 머문다. 이를테면 온갖 중생들의 업(共業)의 증상력(增上力)[54]은 다 같이 바람을 인기하니 그러한 바람이 묘고산[55]을 돌고 공중을 선회하여 해 등을 운행시키며, 그것들이 멈추어 떨어지지 않게 하는 것이다.

출처: 아비달마구사론(阿毘達磨俱舍論)

북구로주가 한밤중이면 동승신주는 일몰이며, 남섬부주는 바로 한낮이고, 서우화주는 일출이다. 즉 이러한 4시(時)는 같은 시간이니 그 밖의 경우에 대해서도 마땅히 알아보아야 할 것이다.

출처: 아비달마구사론(阿毘達磨俱舍論)

▨ 해(日)

해의 성곽은 사방 2,040리요, 그 높이도 그러하며 빛을 내뿜으므로 사람의 눈으로 보아 둥근 것 같다. 궁성은 순금이요 7보는 곱고 빛나서 흠이 없다. 다섯 가지 바람으로 지탱되는데, 첫째가 지(持)요, 둘째가 양(養)이며, 셋째가 수(受)요, 넷째가 전(轉)이며, 다섯째가 조(調)이다. 일왕(日王)의 자리는 사방 20리요, 몸으로는 광명을 뿜어 궁전을 비추고, 궁전의 광명은 성곽을 비추며, 성곽의 광명은 내려와 아래 땅에 다다른다. 수없는 천신이 앞뒤에 따르고 음악은 절로 즐겨 그침이 없으며, 숲,

대관(臺觀), 목욕하는 못은 도리천[56]과 같다. 하늘의 수명은 5백 살이며, 자손이 물려받으면서 1겁을 마친다. 해의 성은 수미산을 에워쌌다. 동쪽에서 해가 솟으면 남쪽은 한낮이고, 서쪽은 밤중이며 북쪽은 해가 진다. 이렇게 하며 오른편으로 돌면서 다시 낮과 밤이 된다. 다시 길고 짧음이 있는데, 해가 점차 남녘으로 다니게 되면 남쪽은 점점 길어서 60리를 지나가며, 180일 동안 북쪽은 차차 짧아진다. 다시 북녘으로 점차 다니게 되면 북쪽은 점점 길어지며, 180일 동안 남쪽은 차차 짧아진다.『장아함경』제22권에 나오며, 또『누탄경』에도 나온다.

▨ 달(月)

달의 성곽은 너비와 길이가 1,960리요 그 높이 또한 그렇다. 엄연히 네모졌는데도 멀리서 보기 때문에 둥그스름하고, 3분의 2는 하늘 은(天銀)이요, 3분의 1은 유리(琉璃)로, 안팎이 사무치게 맑고 광명은 멀리 비추며, 다섯 가지 바람에 떠받쳐 있다. 월왕(月王)의 자리는 사방 20리요 7보로 된 궁전이며, 한량없는 천신들이 광명과 기악으로 앞뒤에 따른다. 동산과 못 등의 놀이터는 도리천과 같으며, 하늘 수명으로 5백 살이요 자손이 물려받으며 1겁을 마친다.

출처: 경율이상(經律異相)

---

52) 4천하: 수미산은 사각형으로, 수미산을 중심으로 동서남북 4개의 세계를 지칭
53) 소천세계: 4천하가 천 개 쌓이면 소천세계(小天世界), 소천세계를 천 배 하면 중천세계(中千世界), 중천세계를 천 배 하면 대천세계
54) 증상력: 뛰어난 힘 또는 작용력을 가지고 있다는 뜻
55) 묘고산: 수미산
56) 도리천: 수미산 정상에 있으며, 제석천(帝釋天, 인드라신)이 사는 세계

29화 석가모니 해와 달 네모 주장

불전 『불설장아함경 세기경 세본연품』 『경율이상』 등에서 석가모니는 "해와 달이 우리가 보기에는 동그랗게 보이지만 실제론 네모나게 생겼다."라고 주장한다. 그러나 아무리 가까이 다가가 봐도 해와 달은 동그랗게 생겼지 않은가?

해에는 두 가지 뜻이 있다. 첫째는 상도(常道)에 머문다는 뜻이고, 둘째는 궁전이란 뜻이다. 궁전은 네모난 것이지만 멀리서 보기 때문에 둥글게 보인다. 추위와 더위가 서로 조화(調和)를 이루고 천금(天金)으로 만들어졌으며 파리(頗梨)가 사이사이 섞여 있어 두 부분으로 나누어진다. 아무것도 섞이지 않은 순수한 천금으로 된 부분은 안팎이 맑고 투명하여 광명이 멀리까지 비친다. 아무것도 섞이지 않은 순수한 파리로 된 부분도

안팎이 맑고 투명하여 광명이 멀리까지 비친다. 해의 궁전은 가로와 세로가 51 유순이며 궁전의 담장과 바닥에 깐 발(地薄)은 가래나무나 잣나무와 같다. 부처님께서 비구들에게 말씀하셨다. "달의 궁전은 때때로 그 바탕이 가득 찼다가 점점 줄어들어 기울어지면 광명도 따라서 줄어든다. 그러므로 달의 궁전을 손(損)이라고 말한다. 달에는 두 가지 뜻이 있다. 첫째는 상도(常度)에 머문다는 뜻이고, 둘째는 궁전이란 뜻이다. 달의 궁전은 네모난 것이지만 멀리서 보기 때문에 둥글게 보인다.

출처: 불설장아함경 세기경 세본연품

30화 석가모니 수미산 지구에 존재 주장

석가모니는 불전『아비달마구사론』,『장하함경』등에서 "수미산 아래의 육지에는 사람이 산다."라고 주장하기 때문에 중생인 인간이 사는 곳은 지구밖엔 없고, 우주 어느 곳에 생명체가 있다고 하더라도 그것은 인간이 아니기 때문에 수미산은 반드시 인간이 사는 지구에 존재해야 한다.

석가모니는『불설장아함경 세기경 삼재품』,『장아함경 염부제주품』등에서 "수미산의 높이가 수천만km, 가로와 세로가 각각 수백만km인 사각형 산이 지구에 있다."라고 주장한다. 그러나 지구에서 달까지 37번을 왔다 갔다 할 수 있는 높이와 지구 직경보다 150배나 더 크고 네모난 산은 지구에 존재하지 않으며, 우주에서 지구를 들여다봐도 그런 수미산은 보이지 않는다.

- 60만8천 유순[57] = 608,000유순 × 60리/유순 × 0.39km/리 = 14,227,200km

- 8만4천 유순 = 84,000유순 × 60리/유순 × 0.39km/리 = 1,965,600km

- 지구에서 달까지 거리: 383,000km
- 지구 직경: 12,756km

석가모니는 자신이 태어난 네팔 지역을 벗어난 적이 없었으니 지구가 얼마나 큰지, 바다가 얼마나 깊은지, 성층권까지의 높이가 얼마가 되는지를 몰랐을 것이다. 히말라야산맥의 큰 산을 보고 수미산이란 것을 상상했다고 할 수밖엔 없는데 그 허풍이 너무 과도하여 지구보다 더 큰 산이 있다고 주장한다.

어떤 인연으로 수미산이 있는가? 어지러운 바람이 일어나 이 물거품을 불어 수미산을 만든다. 이 산의 높이는 60만8천 유순이고 가로와 세로가 각각 8만4천 유순이며, 금, 은, 유리, 수정 네 가지 보배로 이루어졌다. 무슨 인연으로 네 아수륜의 천궁이 있는가? 그 뒤에 어지러운 바람이 큰 물거품을 불어 수미산 사면에 큰 궁전을 세운다. 이 궁전의 가로와 세로는 각각 8만 유순이며, 저절로 7보[58]의 궁전으로 변화한다. 또 무슨 인연으로 사천왕의 궁전이 생기는가? 그 뒤에 어지러운 바람이 큰 바다의 물거품을 불어 수미산 중턱 4만2천 유순쯤 되는 곳에 저절로 7보 궁전을 변화로 만든다. 그러므로 사천왕의 궁전이라고 한다. 무슨 인연으로 도리천의 궁전이 생기는가? 그 뒤에 어지러운 바람이 큰 물거품을 불어 수미산 위에 저절로 7보의 궁전을 변화로 만든다.

출처: 불설장아함경(佛說長阿含經) 세기경 삼재품

---

57) 유순: 인도에서 거리를 나타내는 단위로, 소가 하루에 걸어갈 수 있는 거리. 소가 하루에 40리~80리를 걸어간다고 함

58) 7보: 불교에서 7가지 보배를 말하며, 경전에 따라 그 종류가 다름

31화 석가모니 3개의 바퀴 주장

　석가모니는 불전 『아비달마구사론』에서 "지구를 떠받치는 세 개의 바퀴가 있다."라고 주장한다. 어마어마한 크기의 풍륜, 수륜, 금륜 3개의 바퀴가 말이다. 그러나 지구 주위를 아무리 둘러봐도 바퀴는 보이지 않는다.

　기세간에 대해 안치 건립해 보면 풍륜(風輪)이 가장 아래 있으니 그 양에 있어 너비는 헤아릴 수 없으며 두께는 16낙차(洛叉)이다. 다음으로 그 위에는 수륜(水輪)이 있어 깊이가 11억 2만이었는데 밑의 8낙차는 수륜이 되었고 나머지는 응결하여 금륜(金輪)이 되었다. 이러한 수륜과 금륜의 너비의 직경은 12낙차와 3천4백과 50이며, 그 둘레는 이것의 세 배이다. 논하여 말하겠다. 금륜 위에는 아홉의 큰 산이 있는데, 묘고산왕(妙高山王)이 그 중앙에 처해 있고, 나머지 여덟 산은 묘고산의 주위를 둘러싸고 있다. 그리고 이 여덟 산 가운데 앞의 일곱 산을 내산(內山)이라고 이름한다. 즉 이 일곱 번째 산 밖에는 대주(大洲) 등이 있고, 그밖에는 다시 철륜위산이 있어 마치 바퀴의 형태로 하나의 세계(즉 4대주)를 에워싸고 있는 것이다.

출처: 아비달마구사론(阿毘達磨俱舍論)

불교의 사후관은 이승의 중생들과 저승의 죽은 자들이 함께 살아가는 곳이 '수미산'으로, 대승불교의 불전에는 수미산을 구체적으로 표현하고 있다.

석가모니는『불설장아함경 세기경 삼재품』,『장아함경 염부제주품』등에서 "수미산의 높이가 수천만km, 가로와 세로가 각각 수백만km인 사각형의 산이 지구에 존재한다."라고 주장하지만, 인공위성과 우주선에서 지구를 바라보며 지구보다 150배나 더 크고 그 높이가 지구에서 달까지 37번을 왔다 갔다 할 수 있는 어마어마한 크기의 수미산이 혹시나 지구에 있지는 않을까 싶어 아무리 찾아봐도 못 찾겠다고 한다. 도대체 지구보다 150배나 더 큰 수미산이 지구 어디에 숨어 있을까?

또한, 불자들은『아비달마구사론』에는 '지구'라는 명칭이 나오지 않고 해와 달이 수미산을 돌고 네모나게 보이는 것은 우주의 창조 시점이라고 주장하지만, 아래의 불전『경율이상(經律異相)』에는 창조 시점의 3가지의 재앙이 지나가고, 4가지의 바람에 의해 해, 달, 수미산 등 4천하가

생긴 이후임을 분명히 적시하고, 『아비달마구사론』 또한 창조 이후의 상태를 말하고 있음에도 불자들은 억지를 부리며 무조건 부정하지만, 진실을 거짓으로 덮을 수는 없다.

따라서, 지구보다 더 크고 네모난 수미산이 지구에든 우주 어느 곳이든 존재하지 않기 때문에 석가모니가 말한 사후세계는 석가모니의 허구이자 망상일 뿐이다.

주(洲)의 각기 다른 곳이란 4대주(大洲)를 말하는데, 첫 번째가 남섬부주(南贍部洲)이며, 두 번째가 동승신주(東勝身洲)이며, 세 번째가 서우화주(西牛貨洲)이며, 네 번째가 북구로주(北俱盧洲)이다.

출처: 아비달마구사론(阿毘達磨俱舍論)

섬부주에 사는 사람의 신장은 3주(肘) 반 내지 4주이며, 동·서·북 주의 사람은 차례대로 각기 두 배씩 증가한다.

출처: 아비달마구사론(阿毘達磨俱舍論)

북쪽의 구로주(俱盧洲)는 그 형태가 네모진 의자(方座)와 같은데, 네 변의 너비는 동등하여 각기 2천 유선나이며, 둘레의 양은 8천 유선나이다. 여기서 '동등하다' 말한 것은 증가하거나 감소하는 일이 없음을 분명히 밝히기 위해서였다. 그리고 각각의 주(洲)의 형상에 따라 그곳 사람들의 얼굴 모습도 역시 그러하다. 다시 여덟 곳의 중주(中洲)가 있으니 이는 대주(大洲)에 딸린 권속이다.

출처: 아비달마구사론(阿毘達磨俱舍論)

수천억만 년을 지나서 물의 거품이 천차(千第)로 제14천궁과 여러 가지 보배로 변화되고, 물이 점차로 줄며 거센 바람에 불려서 차례로 천하의 모든 하늘과 일월 궁전이 되며, 다음에는 천의 수미산이 되고, 차례로 천의 4천하 땅과 산, 하천, 성곽 및 못이 되기에 이르는데, 이때 물이 맑고 깨끗해진다. 거품이 천궁이 되고 뭇 보배로 이루어진 초기에 광명이 가장 훌륭했다가 차츰 덜해지고 점차 흐려져서 모든 하늘 궁전과 7보의 광명이 점차로 낮아지고 떨어진다. 땅이 드러나려 할 적에 물과 모래의 흐름이 급하여 아래로 밀어닥치다가 드디어 하천을 이루고 바다로 흘러드는데, 바다 깊이는 8만4천 유순이요, 그 너비는 그지없다. 『누탄경』에서는 "깊이는 840만 유순이다."라고 하였다.

출처: 경율이상(經律異相)

33화 해탈은 불가한 사상

석가모니는 『불설장아함경』, 『사문과경 육신통』에서 깨달음을 얻어 해탈하면 보살이나 부처가 된다고 주장하며, 우리의 육체 또한 물리학 법칙을 초월할 수 있다고 주장한다.

그러나 고통과 번뇌에서 벗어나고 우주의 이치를 깨달으면 우리의 지식이 충만해졌다는 것이지 그렇다고 그 지식이 우리의 육체까지도 물리학 법칙을 초월하도록 만들 수는 없기 때문에 해탈은 석가모니의 망상에 불과하다.

석가모니는 해탈하여 보살이나 부처가 되면 초능력을 갖는다고 주장하는데 여기서 한 가지 의문이 드는 것은 해탈하여 부처가 되지도 못한 석가모니가 해탈하면 어떻게 6증법[59]을 얻는다는 것을 알았을까?

과연 해탈했다는 사람을 잡아 10층 옥상에서 내던져 버렸을 때 죽지 않고 살아남을 사람이 있을까? 만약 죽는다면 해탈한 사람이 아니다. 왜냐하면, 초능력을 발휘하지 못했으니까.

또 해탈한 사람들은 걸어 다니지 않고 누워있지도 않으며, 중력을 받지 않기 때문에 날아다니게 된다. 날아다닌다고 해서 날개가 있는 것이 아니고 날개가 없이 날아다닌다는 것이다. 날개는 중력을 이기기 위해 필요한 것이니 말이다.

또 우리가 우주선 발사를 왜 할까요? 우주선을 우주로 보내 우주가 어떻게 생겼고 또 별들은 어떻게 만들어졌는지 조사하기 위해서가 아닙니까? 그런데 왜 비싼 돈 들여가며 우주선을 발사하지요? 현재 이 세상에서 해탈했다는 사람들을 잡아 우주로 보내면 돈도 작게 들고, 우주 구석구석을 다 보고 올 수도 있는데도 말입니다.

따라서 석가모니뿐만 아니라 이 세상에서 날개도 없이 날아다니는 사람이 없기 때문에, 또 석가모니가 걸어 다니고 앉아 있었거나 누워 있었기 때문에, 또 과거 해탈했다는 보살과 부처들도 걸어 다니거나 누워 있었기 때문에, 또 그들이 음식을 먹고 소변과 대변이 몸 밖으로 나와 아래로 떨어지기 때문에 해탈은 죽기 전엔 불가한 사상이다.

팔리어 대장경 오사베의 『사문과경』에서는 석가가 마가다 국왕에 불교의 사문(출가 수행자 비구·승려)의 과보가 추궁당해 우선 계율 준수에 의해서 얻을 수 있는 과보, 다음에 지행(사마타, 선나·젠죠우, 4선) 에 의해서 얻을 수 있는 과보를 차례차례로 말한 후에, 그 앞의 관행(위파사나, 사념처)에 의해서 얻을 수 있는 과보를 이하와 같이 말한다.

(그다음에) "여러 가지 신통(초능력)을 체험한다." 일이 생긴다.

- 신족통: 육체가 물리학 법칙을 초월
  - 모습을 나타내거나 숨길 수 있다
  - 담이나, 성벽이나, 산을 빠져나갈 수 있다
  - 대지에 기어들거나 떠오를 수 있다
  - 새와 같이 하늘을 뛰어다닐 수 있다
  - 달이나 태양을 방해하거나 어루만지거나 할 수 있다
- 타심통: 남의 마음속을 아는 능력
- 천안통: 우주 끝을 볼 수 있는 능력
- 천이통: 우주 끝의 개미 소리도 들을 수 있는 능력
- 숙명통: 나와 남의 전생을 아는 능력
- 누진통: 모든 번뇌를 끊는 능력

참고: 사문과경 육신통(naver.com)

그때 세존께서 모든 비구들에게 말씀하셨다. "내가 너희들에게 미묘한 법을 연설해 주겠다. 처음과 중간과 마지막 말이 다 참되고 바르며, 의미도 청정하고 범행(梵行)도 구족했다. 그것은 하나씩 늘어가는 법(一增法)이다. 너희들은 잘 듣고 잘 생각하라. 마땅히 너희들을 위해 설명하겠다." (중략) 어떤 것이 6증법인가? 6신통(神通)이니 첫째는 신족통증(神足通證)이며, 둘째는 천이통증(天耳通證)이며, 셋째는 지타심통증(知他心通證)이며, 넷째는 숙명통증(宿命通證)이며, 다섯째는 천안통증(天眼通證)이며, 여섯째는 누진통증(漏盡通證)이다.

출처: 불설장아함경

---

59) 6증법: '육신통'이라고도 하며, 해탈의 경지에 이르면 6종류의 초능력을 체험한다는 사상

34화 윤회는 비논리적 사상

석가모니는 수십 년간을 고민하고도 "윤회는 맞다."라고 주장하며, 이 세상 모든 것이 중생이며 이들 중생들은 모두 불성(불심, 마음)을 가지고 있다고 주장한다.

그러나 불자들은 식물이든 무생물이든 불성을 가지고는 있지만 사람과 동물만 윤회하고, 식물과 무생물인 돌, 나무, 물, 별, 해, 달 등등은 윤회하지 않는다고 주장한다.

식물과 무생물도 불성을 가지고 있는 중생임에도 윤회하지 않는다고 주장하면서 절간에 무생물인 산을 모신 산신각, 무생물인 백두칠성을 모시는 칠성각에 가거나 혹은 산, 바위, 고목, 물, 별 등에게 두 손을 모아 싹싹 빌며 절을 하고, 윤회하는 지적 동물인 인간이 윤회도 못 하는 보잘것없는 무생물에게 복을 내려달라고 비는 이유는 무엇일까?

무생물이 무슨 힘이 있어 지적 동물인 인간에게 복을 내려줄 수 있으며, 신이 무생물에 기생하는 이유는 또 무엇인가?

살아있는 생명체 + 윤회 대기자 + 윤회를 벗어난 존재 = 일정

윤회가 성립되려면 살아있는 생명체, 윤회 대기자, 윤회를 벗어난 존재의 합이 항상 일정해야 한다. 그러나 공룡과 같이 환경 기후적 변화

로 인해 생명체의 멸종이 있어서는 윤회의 조건이 성립되지 않는다. 왜냐하면, 다른 개체가 업보에 의해 공룡으로 다시 태어나야 하는데 공룡이 멸종되고 없으니 공룡으로 다시 태어날 수가 없기 때문이다. 만약 멸종된 개체만큼 다른 생명체가 더 번식하여 개체 수를 항상 일정하게 조절한다고 하면 이 세상을 살아가는 모든 생명체는 다른 생명체의 수가 줄어드는지 늘어나는지를 항상 계산하여 알고 있어야 하고, 그에 따라 더 번식할 것인지 아닌지를 그 개체가 결정해야 한다는 것으로 연기법에 위배된다. 그렇지 않고 살아있는 모든 생명체가 윤회 대기자 혹은 윤회를 벗어난 존재로 된다면 이 세상 모든 생명체는 멸종되어야 한다.

따라서 "윤회의 사상이 맞다."라고 한다면 윤회는 이 세상 모든 생명체가 멸종된다는 것을 의미하고 윤회는 즉시 중지된다. 윤회가 중지된다면 불교의 사상에 위배되니 윤회는 석가모니의 망상에 지나지 않는다.

35화 불교의 범죄

경찰청 범죄자 통계자료(KOSIS)에 의하면 2005년도 범죄율은 우리나라 3대 종교 중 불교가 1위를 차지했다.

▨ 인구당 범죄자

불자 40명, 개신교인 46명, 천주교인 155명 중 1명은 범죄자

2005년도 통계청 인구총조사 및 범죄자 통계 자료 참조

	불 교	개신교	천주교
종교인구(명)	10,726,463	8,616,438	5,146,147
범죄자(명)	269,068	186,867	33,147
범죄율(%)	2.5%	2.2%	0.6%
1명은 범죄자(명)	40	46	155

참고로, 2005년도의 종교인구조사는 설문조사의 비중을 줄이고, 정부의 자료, 가정 방문 조사까지 병행하여 조사하였기에 매우 정확하게 조사됐지만, 2015년도는 가정 방문 조사를 생략하고 설문조사(인터넷 조사) 비중을 높였기 때문에 정확한 종교인구를 가늠하기 어려워 2005년 통계자료를 인용했다.

▨ 불교 여성범죄

불교는 승려들과 불자들의 범죄율도 문제지만 아래와 같이 여성들의 범죄가 타 종교를 압도하고 있다.

- 여성범죄자 종교(1994~2010) (kosis.kr)
- 범죄안전 〉 경찰청범죄 통계 〉 2010년 이전 〉 범죄자 유형 〉 여성범죄 〉 여성범죄자 종교 참조

불 교	기독교	천주교
⌃ ⌄ −	⌃ ⌄ −	⌃ ⌄ −
31,776	25,105	6,235

▨ 승려들의 범죄행각

승려들의 범죄는 조계종, 법화종, 천태종 등등 종단을 가리지 않고, 또 해인사, 동화사, 조계종 종무원 등등 소속을 가리지 않고, 현재까지 뉴스에 보도된 성범죄, 살인, 강도 등이 이루 헤아릴 수없이 많아, 개신교의 목회자와 불교 승려들의 범죄는 그 자웅을 가리기가 어려울 정도이다.

▨ 종교별 범죄 유형

아래 자료는 네이버 지식인으로 활동하는 '비전문가1'이 조사한 것으로, 범죄인 수를 종교인구 수로 나누어 범죄율을 계산한 결과이며, 1993년부터 2019년까지의 누적 범죄율이다.

- 개신교가 종교인 범죄율 1위인 범죄(38개에서 1위)

절도, 사기, 횡령, 강도, 방화, 성폭력, 공갈, 체포/감금, 약취/유인, 폭력단체 구성, 강요와 주거침입, 각종 위조죄, 신앙 풍속범죄, 음란행위, 공공안녕 침해, 가정폭력, 개인정보 보호, 결혼사기, 공중위생 관리, 공직선거법, 상표법, 아청법(성매수, 음란물), 아동복지법, 약사법, 마약류 관리(대마), 영유아보육법, 병역법, 예비군법, 정보(통신비밀)보호법, 유사수신행위, 주민등록법, 주차장법, 저작권법, 주택법,

뺑소니 학원설립 및 과외교습, 범죄수익 은닉, 화학물질 관리

• 불교가 종교인 범죄율 1위인 범죄(33개에서 1위)

배임, 살인, 상해, 증뢰, 도박과 복표, 업무상 과실치사, 실화, 교통방해, 증거인멸, 감염병 예방, 개발제한구역 위반, 건설기계 관리, 공유수면관리/매립, 국토계획 및 이용, 근로기준법, 퇴직급여보장, 노조관계, 농지법, 환경보전, 대부업, 무면허운전, 음주운전, 음주측정거부, 마약류 관리(마약, 향정), 보조금 관리, 사행행위, 수산자원관리, 식품위생, 의료법, 탈세, 최저임금, 폐기물 관리

• 천주교가 종교인 범죄율 1위인 범죄(10개에서 1위)

위조화폐, 공무원 직권남용, 비밀침해, 무고, 관세, 체육진흥, 주거환경정비, 액화석유가스 안전관리, 금융투자업, 화재예방/소방

2050년 인구 감소를 감안한 종교인구 예측조사에서 불교 인구는 2010년 전 세계 약 5억 명으로 종교인구 비율 7.1%에서 2050년에는 5.2%로 급속한 추락이 예측되고, 2100년에는 존재감도 없는 소규모 종교로 추락하게 될 것으로 예측한다.

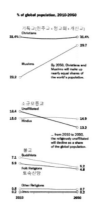

출처: The Future of World Religions: Population Growth Projections, 2010–2050
|Pew Research Center(pewforum.org)

2015년 우리나라 종교인구 조사에서 불교 인구가 급속히 감소했지만, 세계종교인구 또한 급속히 감소하고 있으며, 불교를 믿는 국가의 인구 감소가 주원인이겠지만 불교의 사상이 전혀 과학적이지 않고, 오히려 반과학적 사상임에도 과학적인 종교라며 호도하고, 세속적, 무속적으로 변질된 종교이니 당연히 감소하는 것이 마땅하지 않겠는가?

또한, 불자들은 그리스도교인의 수가 급속히 감소한다고 주장하지만, 개신교인의 수는 감소하는 반면 천주교인 수가 계속 증가하기 때문에 그리스도교인의 종교인구 비율은 현재의 상태를 유지하는 것으로 예측된다고 한다.

37화 불교의 영혼은 유물론

그리스도교의 영적 세계인 영혼은 물리적 개념인 시간과 공간의 영향을 받지 않는다는 사상이니 과학이 아무리 발전해도 물리적 개념을 초월한 영적 세계를 알 수가 없다는 것이다.

그러나 불교의 영혼과 사후세계는 수미산으로 표현되는데 수미산을 해와 달이 빙빙 돌고, 수미산 땅 아래에는 지옥이 있고, 땅 위에는 사람이 살고, 산 중턱에는 사왕천이 있고, 산 정상에는 제석천이 있고, 산 위의 하늘에는 천상의 세계인 불국토가 있다는 것이니 불교의 영혼은 물리적 개념으로 시공의 영향을 받는다는 것이다.

사실 불교의 이러한 사상은 영지주의의 영향이다. 영지주의는 영혼은 선하고 물질을 악으로 보고, 물질 속에 악마가 존재한다는 사상이니 불교의 물질 속에 신이 존재한다는 사상은 영지주의의 영향이다.

초기 가톨릭교회도 영지주의와 마니교의 영향을 받아 물질 속에 악마가 존재한다는 사상을 일부 학자들이 받아들여 교회를 혼란에 빠뜨리자 교회에서 그러한 사상을 배척하고, 그들을 이단으로 단죄하여 교회 밖으로 쳐내었지만, 불교는 영혼은 땅 아래 지옥에 갇혀 있고, 사왕천과 제석천은 산에 갇혀 있고, 불국토의 보살과 부처는 하늘이라는 물리적 공간 내에 갇혀 있고, 각종 신과 귀신은 물질 속에 갇혀 있다는 영지주의 사상을 고수하고 있다.

- 수미산을 해와 달이 돈다는 것은 해와 달, 인간이 사는 수미산이 물리적 공간 내에 존재한다는 것.
- 해탈했다는 신인 석가모니와 각종 보살, 부처가 먹고 마시며 대소변을 봤고, 걸어 다니거나 누워있었다는 것은 곧 해탈하여 초능력을 가진 신적 존재들이 중력 등 물리적 현상에 영향을 받는다는 것.
- 물질인 해, 달, 물, 바위, 나무, 별 등에 신과 귀신이 산다는 것은 곧 신과 귀신이 물리적 공간에 갇혀 있다는 것.
- 절간에 물질인 북두칠성을 모신 칠성각이 있다는 것은 신이 물질인 별에 갇혀 있다는 것.
- 절간에 물질인 산을 모신 산신각이 있다는 것은 신이 물질인 산에 갇혀 있다는 것.

따라서 과학이 발전하면 언젠가는 물리적 개념인 불교의 지옥, 사왕천, 제석천, 불국토, 보살, 부처, 귀신들을 모두 찾을 수 있을 것이다.

그러나 현재의 우주과학은 지구가 해를 돌고 해와 달은 실제로도 동그랗게 생겼고, 지구를 떠받치는 바퀴는 없고, 지구보다 150배나 더 큰 네모난 산이 지구에 없다는 것을 밝혀내었기 때문에 석가모니가 말한 우주관과 사후관은 석가모니의 망상이며, 대승불교의 경전은 허구의 창작소설일 뿐이다.

38화 성철 스님의 고백

　불자들은 아니라고 부정하지만 성철 스님의 고백은 후회와 미안함이 녹아 있는 자기성찰이다. 석가모니도 하지 못한 고통과 번뇌를 끊어버리고 해탈하기 위해 자신은 해 보겠다며 처자식을 버리고, 부모의 가슴에 피멍이 들게 하며 절간으로 도망쳐 왔으나, 고통과 번뇌를 끊지도 못하고, 생로병사의 원인과 우주의 이치를 깨닫지도 못하고, 해탈도 못 했다. 그런데도 깨달은 자로 존경받으며 중생들에게 허구의 불교사상을 진리로 가르치고, "고통과 번뇌를 끊고 깨달음을 얻어 해탈할 수 있다."라며 거짓으로 가르친 것에 대한 미안함과 자기 잘못에 대한 뉘우침이 고스란히 녹아 있기 때문이다.

生平欺誑男女群　일생 동안 남녀의 무리를 속여서
彌天罪業過須彌　하늘 넘치는 죄업은 수미산을 지나친다.
活陷阿鼻恨萬端　산 채로 무간지옥에 떨어져 그 한이 만 갈래나 되는데
一輪吐紅掛碧山　둥근 한 수레바퀴, 붉음을 내뿜으며 푸른 산에 걸렸도다.

출처: 나무위키

[해석]
- "일생 동안 남녀의 무리를 속여서"는 중생들에게 거짓을 가르쳤다는 고백이다.
- "하늘 넘치는 죄업은 수미산을 지나친다."는 그 죄가 너무나 커 수미산을 덮고도 남는다.

- "무간지옥에 떨어져"는 자신이 지은 죄로 인해 무간지옥에 떨어진다.
  - 오역죄에서 성철의 부모는 아내 이덕명 씨의 보살핌 아래 자연사하였기에 부모를 죽인 적이 없으니 무간지옥에 갈 일이 없다.
  - 오역죄에서 아라한을 죽였다는 얘기도 없으니 무간지옥에 갈 일이 없다. 만약 성철 스님이 부모를 죽이고 아라한을 죽였다고 말했다고 하더라도 그 말은 다른 사람들에게 미혹되지 않고, 스스로 깨달음을 얻어 해탈하기 위해선 부모를 만나면 부모를 죽이고, 조사를 만나면 조사를 죽이고, 아라한을 만나면 아라한을 죽이고, 부처를 만나면 부처를 죽이라는 불교의 격언으로 이해해야 한다.
  - 오역죄에서 사탑을 파괴하거나 성중을 비방하고, 재물을 낭비한 것 또한 불교계에서 들리지 않기 때문에 무간지옥에 갈 일이 없다.
  - 그렇다면 성철 스님이 무간지옥에 가야 할 남은 죄는 '승가의 화합을 깨뜨린 것'과 '부처의 몸에 피를 내게 한 것'만 남게 된다.

1987년 부처님 오신 날에 성철 스님은 이런 말을 한다.
"사탄이여 어서 오십시오.", "사탄이나 부처는 모두 허망하다."
- "사탄이여, 어서 오십시오."라며 부처님 오신 날에 이런 말을 했다는 것은 곧 '부처가 사탄'이란 것이며, '사탄'은 불교의 용어가 아니라 그리스도교에서 타락한 천사를 말하며, 이는 곧 부처는 그리스도교의 사악한 사탄이라는 것으로 해석된다.
- "사탄이나 부처는 모두 허망하다."라는 말은 사탄은 그리스도교의 절대자 하느님의 피조물이며, 부처 또한 사탄이니 '절대자가 아닌 피조물을 믿고 따르는 것은 부질없고 허망한 것이다.'로 해석되기 때문에 성철 스님은 부처와 불교의 가르침을 부정한 것이기에 불교종단의 질서와 화합을 깨뜨린 것이고, 부처를 부정하고 사탄으로 격하시켰으니 부처의 몸에 피를 내게

한 것이기 때문에 자신은 무간지옥에 떨어질 수밖엔 없다는 것으로 해석된다.

• "그 한이 만 갈래나 되는데" 이 구절은 성철 스님은 자신의 죄로 인해 무간지옥에 떨어져 벌을 받는 것은 당연하겠지만, 너무 억울하여 그 한이 천 갈래, 만 갈래로 찢어질 만큼 너무나 큰 것으로 해석될 수 있는데 과연 그 한이 무엇일까?

당연히 지옥에 가는 것은 인정하면서도 왜 큰 원한이 남아 있을까? 이는 곧 처자식과 부모를 내팽개치고, 자신은 해탈하겠다며 자신이 책임져야 할 가정을 파괴하고, 불교에 속았다는 그 원한이 아니겠는가?

• "둥근 한 수레바퀴, 붉음을 내뿜으며 푸른 산에 걸렸도다." 이 구절은 무간지옥에서 자기 몸이 갈기갈기 찢어지는 고통을 표현함과 더불어 자신의 육체는 갈기갈기 찢어지지만, 그 한 또한 사라지지 않고 천 갈래, 만 갈래로 찢어져 남아 있다는 뜻이 아니겠는가?

오역죄(五逆罪)는 아버지를 죽인 자, 어머니를 죽인 자, 아라한을 죽인 자, 승가의 화합을 깨뜨린 자, 부처의 몸에 피를 내게 한 자, 사탑(寺塔)을 파괴하거나 성중(聖衆)을 비방한 자, 시주한 재물을 함부로 허비한 자

출처: 오역죄(naver.com)

아비지옥(阿鼻地獄) 또는 무구지옥(無救地獄)이라고도 한다. 사람이 죽은 뒤 그 영혼이 이곳에 떨어지면 그 당하는 괴로움이 끊임없기(無間) 때문에 이 이름이 붙었다. 오역죄(五逆罪)를 범하거나, 사탑(寺塔)을 파괴하거나 성중(聖衆)을 비방하고 시주한 재물을 함부로 허비하는 이가 그곳에 간다고 한다. 옥졸이 죄인의 가죽을 벗기고 그 벗겨낸 가죽으로 죄인의 몸을 묶어 불수레에 실어, 훨훨 타는 불 속에 죄인을 집어넣어

몸을 태우며, 야차들이 큰 쇠창을 달구어 죄인의 몸을 꿰거나 입, 코, 배, 등을 꿰어 공중에 던진다고 한다.

출처: 무간지옥(naver.com)

따라서 성철 스님의 고백은 서기 2세기경 탄생한 대승불교는 누가, 어디에서 들은 얘기인지는 모르겠지만 석가모니가 설했다는 경전들이 마구 쏟아지며, 그 내용은 석가모니를 부처와 법신으로 추대하고, 그것도 부족하여 보신, 화신, 응신을 더 만들어 내고, 온갖 신(보살과 부처)들을 양산하고, 온갖 귀신을 믿고, 온갖 종교와 혼합된 대승불교를 진리로 믿고, 중생들에게 거짓의 불교사상을 진리라며 속인 것에 대한 미안함과 또 상좌부불교에서 '대승경전은 석가모니가 설한 것이 아닌 창작소설'이라며 무시당하는 그 창작소설인 대승경전에 속아 절간으로 들어와 평생 독신으로 살며 인생을 망쳤고, 어린 자식을 내팽개치며 가정을 망쳤으니 가족에 대한 미안함과 대승불교에 속은 자신의 후회가 솔직히 묻어 나온 글이 아닌가 한다.

석가모니는 자신은 해탈하지 못한 인간인 아라한이라고 고백했으며, 성철 스님은 자신의 잘못에 대해 응당한 벌을 받아 속죄하겠다는 심경을 고백했음에도 불교에게 속아 자신의 인생을 망치고 있는 승려들과 그 승려들에게 속아 재산과 시간과 열정을 허비하는 불자들이 안타까울 뿐이다.

39화 불교의 육식

불교의 오계의 첫 번째는 '살생하지 말라'이며, 식물을 죽이는 것은 괜찮은데 동물은 죽여서는 안 된다는 것이다. 식물도 생명이 있고 불성을 가지고 있음에도 죽여도 된다는 것이 얼마나 모순적이며 이율배반적 사상이 아니겠는가?

인간은 송곳니와 어금니를 가지고 있는데 이는 곧 인간은 태생적으로 송곳니로 뜯고, 어금니로 씹어 먹어야 한다는 것이다. 그렇다면 인간은 동물성 고기와 식물성 채소 등 모든 영양소를 골고루 섭취해야만 건강하게 살아갈 수 있다는 것이 아니겠는가?

그런데도 불교는 "송곳니로 뜯어먹지는 말고 어금니로 씹어서만 먹어라."라고 한다. 이는 곧 채소만 먹고 죽으라는 얘기와 다를 바가 없다.

그러나 석가모니는 거지생활을 하며 얻어먹었고, 얻어먹는 음식인데 고기는 걸러내고 채소만 골라서 먹었을까요? 고기에서 우려낸 국물은 어떻게 하고요?

석가모니는 고기로 만든 얻어온 상한 음식을 먹고 식중독으로 1주일가량 고생하다가 죽었는데 석가모니 자신은 육식을 했으면서 "중생들은 왜 고기를 먹지 말라."라고 했을까요? 맛있는 고기는 내가 먹고 너희들은 채소만 먹으라는 심보인가요? 중생들은 채식만 하고 승려들은 자신이 죽이지 않은 동물, 죽이는 것을 보지 않은 동물, 나를 위하여 죽이지 않은 동물 등은 먹어도 된다며 맛있게 먹고 있다. 왜냐하면, 석가모니도 맛있게 고기를 먹었으니까.

석가모니와 승려들은 고기를 먹으면서 중생들은 왜 "고기를 먹지 말라."라고 할까요? 혹시 "너희들은 채소만 먹고 맛있는 고기는 승려들에게 바쳐라."라는 뜻인가요?

40화 불교의 49재와 천주교의 위령미사

대승불교는 석가모니도 부정하고 종파에 따라 인정하지도 않는 '중음신(中陰身)'을 49재와 천도재 등의 근거로 활용한다. '중음신'은 중국의 무속신앙이 불교와 혼합된 것으로, 석가모니의 사상과 맞지도 않지만, 특히 대승불교에선 돈벌이 수단으로 악용하고 있다는 것이며, 불교 내부에서도 49재에 대해 신랄하게 비판한다.

▨ 49재

한편, 인과업보 사상으로 보더라도, 후손이 망자(亡者)의 잘못을 덜어 줄 수는 없다. 그런데도 후손이 절에서 치성을 드리고 많은 돈을 들여서 49재를 하는 것은 일종의 부모를 위하는 마음, 즉 효(孝) 사상일 것이다. 물론, 죄를 많이 지은 어머니를 목련이 지옥으로 가서 구출한다는 '목련경'은 중국에서 만들어진 것이며, 중국적 효사상에 의한 것이다. 부모를 위하는 것이야말로 아름답기 그지없지만, 그러나 불교의 교리로 보면 맞지 않는 것이다. 불교의 교리에는 맞지 않는, 차라리 힌두교적인 내용이다. 돌아가신 부모를 위하는 마음이 지극하여 자식들이 재(齋)를 올리는 것을 탓하지는 못한다. 그러나 그것이 사찰의 주 수입원이 되는 것은 곤란하다. 이렇게 스님들이 불교의 교리에 맞지 않는 개아적 윤회를 법회 때마다 강조하고, 정작 불교의 가르침은 멀리하는 현실이 문제다. 그것이 자꾸 기복불교를 강화하는 것이다.

출처: 불교닷컴(http://www.bulkyo21.com)

그러나 천주교는 사람이 죽으면 그 즉시 심판받아 천국이든 연옥이든 지옥으로 가게 되므로 하느님께 그 영혼의 안식과 용서를 청하는 예식이 '위령미사'이며, 천주교인이든 비신자든 영혼을 위한 천주교식 기도를 신청하면 1주일에 한 번씩 7번의 미사를 봉헌하는 것이 아니라 신청자의 신청 횟수만큼 매일 그 영혼을 위한 미사를 봉헌한다.

▨ 천주교도 불교의 천도재처럼 좋은 곳으로 가시도록 빌어드릴 수 있는 게 있나요?

• 네에, 성당 사무실에 가셔서 '위령미사'를 신청하시면 됩니다. 1회만 하셔도 되고 여러 회를 신청하셔도 됩니다. 1회를 신청하는 경우 미사 봉헌금으로 3~5만 원을 하라는 교구 방침이 있으나, 여러 번을 신청하는 경우는 정해진 금액이 없습니다. 49일 동안 미사 봉헌을 신청하는 경우 보통 100만 원 내외라고 보시면 됩니다.

▨ 영혼도 천주교로 세례받게 해 드릴 수 있나요?

• 그건 살아있는 우리는 모릅니다. 하느님만 알고 계시지요. 우리는 다만 그 영혼의 안식을 청하는 기도와 미사를 올려드리지만, 하느님은 사랑이시기에 살아있는 후손들의 간절한 기도를 뿌리치지 않는다는 것을 우리는 믿고 있습니다.

41화 열반과 해탈은 불가

　인간은 사회적 동물로 자기 혼자는 살아갈 수가 없기 때문에 우리가 살아 있는 한 그 고통과 번뇌를 벗어날 수가 없으며, 고통과 번뇌를 벗어나는 길은 오직 죽어야만 한다. 죽은 자는 욕심도 고통도 번뇌도 말도 없으니까.

　이 세상을 살아가며 고통과 번뇌를 끊는 것을 해탈이라고 하며 열반이라고도 한다. 고통과 번뇌는 나와 생각이 다르고, 문화가 다르고, 가치관이 서로 다른 사람들이 함께 살아가며 저절로 생길 수밖엔 없고, 자신의 본능과 욕구, 욕심까지 더해진다면 고통과 번뇌는 더더욱 많아진다.

　만약 고통과 번뇌를 끊기 위해 가족과 연을 끊고 절간으로 들어갔다고 하자. 승려들도 먹고 입어야 하니 불자들이 부적, 49재, 천도재, 불공 등을 요구하는 경우 돈을 받아야 하는데, 그 값이 싸니 비싸니 실랑이를 벌여야 하고, 최소한 한 달에 1회 이상 49재, 천도재, 불공 등을 해야만 밥을 먹고 산다고 하니 절간 생활하며 돈 걱정까지 해야 하고, 돈을 못 벌면 배가 고프고, 겨울에 따뜻한 승복을 입지 못하는 고통을 겪어야 하는데 어찌 고통과 번뇌를 끊을 수가 있겠는가?

　석가모니도 처자식을 버리면서까지 인연과 본능과 욕심을 버리겠다며 집을 나와 거지생활을 했지만, 거지생활을 한다고 해서 고통과 번뇌가 사라질 수 있었을까? 배가 고프면 먹어야 하고, 비가 오면 비를 피할 장소를 찾아야 하고, 옷이 없으면 거적이라도 구해야 하고, 몸이 아프면 약을 먹어야 하는데, 아무리 거지생활을 해 봐야 고통과 번뇌를 벗어날 수가 없지 않겠는가?

석가모니는 식중독으로 1주 일 가량 고생하다가 고통 속에 살다가 죽었다. 아무것도 먹을 수 없었고, 몸은 한기를 느끼며 내장이 뒤틀어지는 고통을 겪는 과정에서 차라리 죽고 싶다는 생각을 왜 안 해 봤을까? 그러면서 자신이 살아온 여정과 무엇이 문제였는지 고민을 해 보지 않았겠는가? 살아있는 인간은 결코 고통과 번뇌를 벗어날 수 없다는 것을 말이다.

그래서 석가모니가 죽기 전에, 난 부처도 신도 아닌 '인간인 아라한'이라고 고백하지 않으면 안 될 수밖엔 없지 않았겠는가?

모든 인연을 끊고 거지생활을 해 봐야 고통과 번뇌를 끊을 수 없고, 죽는 그 순간까지 하찮은 인간에 지나지 않고, 열반과 해탈은 살아있는 인간은 결코 이룰 수 없는 것이라고 고백할 수밖엔 없지 않았겠는가?

따라서 열반과 해탈은 살아있는 인간은 결코 이룰 수 없는 것이니 열반과 해탈은 죽기 전엔 불가능하며, 부파불교에서도 열반은 죽기 전엔 불가한 것으로 믿었다.

부파불교(部派佛敎)에 이르러서는 석가불의 이상화·신격화에 따라 열반에 대한 생각도 변하여, 수행자가 아무리 노력을 하여도 이 세상에 생존하는 동안에는 완전한 열반을 체득하기란 어려운 것으로 생각하였다. 그래서 이 세상에 생존하는 동안에 얻어진 열반은 불완전한 것(유여열반, 有餘涅槃)이며, 사후에 비로소 완전한 상태에 들어간다(무여열반, 無餘涅槃)고 생각하였다. 그러므로 수행자는 석가불과는 달리 열반의 경지가 아니라 아라한(阿羅漢: 궁극의 깨달음을 얻은 사람)의 경지에 도달하는 것이라고 보았다.

출처: 네이버 지식백과, 열반(涅槃)

42화 불교의 인연과 연기법은 허구

오늘 누군가에게 선업을 했다는 것은 오늘 그 선업을 하도록 이미 인연이 만들어져 있다는 것으로, 사람이 착해서 그 선업을 하는 것이 아니라 선업을 하는 이유(원인)가 있고, 그 이유는 과거에 이미 조건이 만들어졌으니 그 조건에 따라 오늘 그 선업(결과)을 하게 되었다는 것을 인연과 연기법이라고 한다. 인연과 연기법은 이 세상 모든 것들은 그 결과가 나오는 이유가 반드시 있다는 것으로, 물레방아 쳇바퀴 돌아가듯이 원인과 결과가 계속 무한 반복된다.

원인 ⇒ 결과 ⇒ 원인 ⇒ 결과 ------ 원인 ⇒ 결과

예를 들어, 자신이 고속도로 1차선으로 법정속도를 잘 유지하며 안전운전을 하고 있었는데, 반대편 중앙선 너머에서 추돌사고가 났는데 하필이면 그 사고 차량이 중앙선을 넘어와 자신의 차와 또다시 충돌해서 자신이 죽었다고 하자. 불교의 인연과 연기법에 의하면 자신은 타인에 의해 죽임을 당하는 결과가 나오는 것은 이미, 과거에 상대방 차량이 중앙선 건너편으로 넘어와 내 차와 또다시 부딪쳐 자신이 죽을 수밖엔 없는 인연이 만들어져 있다는 것이니 그날, 그 시간에, 그 장소에, 정확하게 그 사고 차량과 충돌하여 자신이 죽게 되었다는 것이다.

따라서 불교의 인연과 연기법은 내가 이 세상을 살아가는 것이 아니라 타인에 의해 조종당하고 있으며, 이미 정해진 운명대로 살아간다는 것으로, 자신이 아무리 노력하더라도 그 노력은 부질없으니 노력할 필요

없이 모두 머리 밀고 절간으로 들어오든지 아니면 노숙자 생활을 하라는 것이다.

가난하게 태어난 사람이 열심히 공부하고 노력하면 부자로 살아갈 수 있고, 또 부자로 태어난 사람이 먹고 놀면 노숙자가 될 수 있음에도 주어진 조건과 운명이 이미 결정되어 있으니 노력할 필요 없이 모두 먹고 놀아도 부자가 될 사람은 부자가 되고, 판검사가 될 사람은 판검사가 된다는 것이 인연, 연기법이다.

따라서 아무리 부자로 태어나고 부자가 될 운명이라고 하더라도 먹고 노는 사람은 결코 부자가 될 수 없으며, 판검사가 될 운명이라고 하더라도 열심히 공부하지 않으면 결코 판검사가 될 수 없음에도 주어진 인연에 의해 운명대로 살아간다는 불교의 인연, 연기법은 허구이자 망상일 뿐이다.

43화 무아론과 윤회는 서로 충돌

　석가모니는 '식(지식, 존재, 마음)과 업'이 윤회하는 것이 아니라고 했는데 대승불교는 석가모니의 사상을 거슬러 '식과 업'이 윤회한다고 주장한다. 윤회와 업은 불교의 사상이 아니라 브라만교의 사상으로 불교에서 슬쩍 가져온 것인데, 이것으로 인해 불교의 사상이 뒤죽박죽되어 버린다. 왜냐하면, 브라만교에서는 '자아(나)'는 실체이며 존재한다는 '유아론'을 주장하기 때문에 식과 업이 윤회한다는 사상이 맞다. 자신이 이 세상에서 쌓은 선업과 악업에 따라 다음 세상에 어디서, 어떻게 태어난다는 것이 결정된다고 하니까. 그러나 불교는 '무아론'을 주장하는데 '무아'란 '자아(나)'는 존재하지 않는다는 것이니 식과 업이 존재하지 않는다. 그런데 존재하지도 않는 식과 업이 어떻게, 무슨 수로 윤회를 한다는 말인가?

　그래서 타 종교의 사상을 베껴오더라도 자신들의 종교 사상과 부합하는지 그렇지 않은지를 따져보고 베껴 와야 하는데, 중생들을 유혹하기에 너무나 좋은 아이템인 '윤회'를 무작정 차용했더니 불교의 사상이 이것도 아니고 저것도 아닌 뒤죽박죽되어 버렸다.

　그런데도 대승불교는 '무아론'을 폐기할 수도 없고, 그렇다고 '윤회'를 포기할 수도 없으니 별별 희한한 말을 덧붙여 윤회도 인정하고 있다. 또한, 윤회는 논리적으로도 틀린 사상이다.

　불교 내부에서도 '무아'와 '윤회'는 서로 상충한 사상으로 인정하고 있으며, 대승불교의 윤회를 신랄하게 비판하고 있다.

▨ 윤회의 부정

(상략) 실상, "사람이 죽고 나서는 어디로 가는가?" 하는 문제는 불교의 중심적인 주제는 아니었다. 부처님은 거기에 대해서 요즘 말로 NCND 하셨다. 긍정도 부정도 하지 않으셨다는 거다. 그런 것들에 대해서 제자 말룽기야뿟다(만동자)가 부처님께 여쭈었을 때, 부처님은 '쓸데없는 질문'이라고 그를 꾸짖으셨다. 화살의 비유라고 해서 전유경이라고도 한다. 또 부처님은 다제경(茶諦經)에서 다제 비구가 "식(識)이 있어서 변함없이 유전하고, 윤회한다."라고 하는 다제비구의 생각이 잘못이라고 다제비구를 꾸짖으셨다(다제경, T:1, 767a).

▨ 잘못된 윤회 이론(개아적 윤회)

반면에 불교에서 윤회를 주장하는 이론을 두 가지만 들자. 우선 첫째는 경전에는 분명히 윤회 이야기가 나온다는 것이다. 가장 뚜렷한 것으로, 중아함의 앵무경이 있는데(T1:704b), 앵무마납의 아버지인 도제는 지나친 교만심 때문에 죽어서 흰 개로 태어나서 자기 집, 즉 아들 집에서 살게 된다는 것이다. 그러나 박경준 교수는 이것을 그저 고대의 단순 소박한 영혼관이 불교 경전에 끼어들었을 뿐이라고 본다. 진정한 불교의 교리와는 매우 어긋난다는 것이다. 실제로 불교의 경전에는 단순한 설화나 소박한 민중 신앙이 많이 끼어들어 와 있다. 둘째는 인과업보 사상인데, 윤회 문제에 있어서는 쉽지 않은 것이 인과업보 사상이다. 왜냐하면, 인과업보 사상을 불교에서는 전생과 후생의 윤회로 설명하기 때문이다. 그렇게 때문에 일견, 무아사상과 인과업보 사상은 정면으로 충돌하는 것으로 보인다. (하략)

▩ 연기적 윤회(부처님의 윤회)

(상략) 그러니 부처님께서 사용하신 윤회 개념을 개아적 윤회와 혼동하면 안 된다. 힌두교가 주장하는 개인, 자아에 대한 집착을 죽어서도 버리지 못하는 그런 저열한 수준의 윤회와 혼동하여서는 안 된다. 그런데도 지금 한국 불교는 개아적 윤회를 자꾸 강조하여 윤회 장사를 하고 있다. 돈벌이가 문제가 아니라, 입으로는 금강경을 말하면서도 '개아윤회'를 강조하여서 죽어서도 버리지 못하는 개아에 대한 집착을 자꾸 강화시켜 주고, 아상을 강화시켜 준다는 것이 잘못이다.

출처: 불교닷컴(http://www.bulkyo21.com)

44화 불교의 마음은 멍청하게 만드는 것

고등학교 '윤리와 사상' 교과목에 아래와 같은 문제가 있다고 한다. 불교의 사상으론 당연히 ①번을 정답이라고 한다.

18. (가) 그림의 중국 사상가 갑의 입장에서 볼 때, (나)의 ㉠에 들어갈 진술로 가장 적절한 것은?

(가) 깃발이 움직이는 것입니까?
바람이 움직이는 것입니까?
너희의 마음이 흔들리는 것이다. 모든 법(法)은 마음에 있다. 어찌하여 진여(眞如)의 성품을 단박에 깨닫지 못하는가.
갑

(나) _____㉠_____. 그것만 한다면 깨달음에 이를 수 있다.

① 본성을 직관(直觀)하라
② 점진적으로 수행[漸修]하라
③ 경전(經典) 공부에 전념하라
④ 교리에 대한 이론적 탐구에 몰두하라
⑤ 마음의 수양을 통해 악한 본성을 제거하라

출처: 2016년 4월 고3 전국연합 학력고사 문제지, 사회탐구영역(윤리와 사상)

바람에 흔들리는 깃발을 두고, 고참 제자와 신참 제자가 스승께 묻는다.

고참 제자: 깃발이 움직이는 것입니까?

신참 제자: 바람이 움직이는 것입니까?

스승: 너희의 마음이 흔들리는 것이다. 모든 법(法)은 마음에 있다. 어찌하여 진여(眞如)의 성품을 단박에 깨닫지 못하는가.

그런데 여기서 웃기는 것은, 깃발이 움직인다는 것은 바람이 불어 움직이는 것인데 "너희들의 마음이 흔들려서 그렇다."라는 괴상한 논리를 펴고 있다. 그렇다면 이 논리가 왜 틀렸는지 반증을 해 보도록 하자.

신참 제자: 그렇다면 스승님의 마음을 흔들어 저 깃발을 세워보시지요.
스승: ….

스승이 아무리 마음을 흔들어도 깃발은 멈추지 않는다. 그래서 신참 제자가 마음속으로 이런 말을 한다.

"스승님, 깃발을 멈추려면 마음을 흔드는 것이 아니라 바람을 막아야 합니다."

위의 예제가 우리에게 암시하는 것은, 우리가 보는 사물은 우리가 어떤 관점으로 보느냐에 따라 즉 우리의 마음을 어떻게 가지느냐에 따라 다른 결과를 가져올 수 있다는 것을 얘기하고 싶었을 것이다. 예를 들어 지금 누군가가 심적 고통과 번민에 싸여 있는데 그것을 어떻게 바라보느냐에 따라 오히려 행복하고 즐거움으로 받아들일 수 있다는 것이 아닌가 한다.

위의 예제와 같이, 불교의 '무아론' 사상은 인간이 가지고 있는 개별적 존재와 마음은 본래부터 존재하지 않는다는 것이며, 단지 현상에 불과하다는 것이다. 마음은 단지 감각을 통해 얻은 직관이 결과로 나타나는 과정인 현상에 불과하다고 하면서 오히려 현상(마음이 흔들려)이 직관(깃발이 흔들리는 것)을 거꾸로 부정하는 괴상한 논리로 발전하게 된다. 현상이 직관을 부정하는 불교의 사상이 진리라고 믿는 불자들의 경우를 예로 들어보자.

정상적인 국민1: 어! 저 사람이 사람을 죽이고 도망치고 있어요.

불자1: 아니다! 저 죽은 사람이 도망치는 저 사람을 죽인 것이다.

정상적인 국민2: 스님이 저 여자와 밭을 매고 있어요.

불자2: 아니다. 저 여자와 스님이 함께 빨래하는 중이다.

따라서 불교라는 종교는 '무아'라는 감옥에 갇혀 사물을 제대로 인식하지 못하고, 물리적 현상조차 부정하면서 불교의 사상을 과학이 증명했으니 불교는 과학적인 종교라며 터무니없는 주장을 하고 있으니, 불교를 믿는 이들이 정상적인 사고를 갖고 이 세상을 올바르게 살아갈 수 있겠는가?

45화 색즉시공 공즉시색은 허황된 사상

불교에선 '색즉시공 공즉시색'은 물질적 현상이란 실체가 없는 것이며, 실체가 없다는 것은 물질적 현상으로 나타나는 실체가 있다는 것으로, 다시 말하면 모든 실체는 존재하지 않으며 존재하지 않는 것 그것이 실체라는 것이다. 이러한 사상은 '색(물질, 지식, 자아, 마음)'과 '공(비존재)'을 정의하고, '무아'와 '연기법'을 결부지어 그 관계를 정립하기 위한 사상으로, '연기법'에 의하면 실체(색)는 항상 변하는 현상에 불과하기 때문에 존재하지 않는다(공)는 것이며, '무아' 역시 '나'라는 자아(색)는 변하기 때문에 실체가 없다(공)는 것이다.

따라서 실체는 존재하지 않는다는 '색즉시공', 실체가 없다는 것은 곧 실체가 있다는 '공즉시색'과 같이, 대승불교는 괴상망측한 사상으로 발전하게 된다. 상좌부불교는 '공즉시색'이 석가모니의 사상이 아니라고 주장하고 있음에도 대승불교는 "석가모니의 사상이 맞다."라고 주장하고 있으며, '색즉시공 공즉시색'은 인간의 존엄성, 개별성, 자아를 부정하는 것이며, 인간과 개돼지는 다를 바 없다는 것으로 심각하게 인간의 존엄성을 부정하고 있다.

여기서 '색즉시공 공즉시색'과 유사한 논리의 '있는 것도 아니고 없는 것도 아닌 것'이란 명제를 보면, 유물론의 관점에서 '있는 것도 아니고 없는 것도 아닌 것'은 있으면 있는 것이고 없으면 없는 것이니, 유물론에서는 결코 일어날 수 없는 현상이다.

그렇다면 A와 B가 친구인 듯 연인인 듯 관계인 비물질인 사람의 '마음'을 예를 들어 보면, A는 연인으로서의 감정을 B에게 가지고 있을까? 만약 가지고 있다면 B는 A의 마음을 어떻게 알 수 있을까? A가 말이나 행동으로 그 마음을 보여주지 않는다면 B는 A의 마음을 결코 알 수 없을 것이다. 이는 비물질인 '마음'은 물질인 육체를 통해 그 존재 여부를 확인할 수 있다는 것으로, 마음, 정신, 영혼과 같은 비물질계는 물질계인 육체와 더불어 존재한다는 것을 의미한다.

그러나 물질은 어떠한 경우에라도 항상 존재하고, 무에서 결코 물질이 생길 수 없기 때문에 물질의 실체가 존재하지 않는다는 '색즉시공 공즉시색'은 비과학적이고 비논리적이며, 비물질인 마음, 정신, 영혼은 물질인 육체를 통해 그 존재를 확인할 수 있음에도 마음, 정신, 영혼의 실체는 존재하지 않는다는 '색즉시공 공즉시색'은 물질계든 비물질계든 어떠한 경우에도 존재할 수 없는 허무맹랑한 사상이 된다.

따라서, 이런 허황한 사상을 가진 것이 불교라는 종교이며, '색즉시공 공즉시색'을 이해하기 위해 승려들이 죽을 때까지 연구해도 알 수 없는 사상에 집착하도록 하여 여러 인생 망치게 하는 종교가 불교라는 종교다.

46화 식물과 무생물의 윤회

불자들은 동물만 윤회하고, 식물과 무생물은 윤회하지 않는다고 한다. 그러나 불전 『금강반야바라밀경(金剛般若波羅蜜經)』, 『대장일람집(大藏一覽集)』, 『불성론(佛性論)』, 『상역과해금강경(詳譯科解金剛經)』에는 모든 동식물과 무생물은 불성을 가지고 있는 일체중생으로, 그들을 제도하여 윤회하지 않는 멸도(열반)에 이르게 해야 하지만 그들이 열반에 이르지 못하면 윤회를 해야 한다는 것이다.

그리고 성불할 가능성이 없는 중생과 깨달음을 구하려는 마음은 없고, 세속적인 쾌락만을 추구하는 중생들인 '일천제(一闡提)'들은 불성을 버렸기 때문에 즉 불심이 없기 때문에 무여열반(無餘涅槃)[60]에 들지 않고 윤회를 벗어나지 못한다고 한다.

그렇다면 이 세상에 존재하는 인간을 포함한 모든 동식물과 무생물들은 불성을 버려 불성이 없기 때문에 이 세상에 다시 태어나는 윤회를 했지만, 이들은 여전히 불성이 없기 때문에 또다시 윤회하게 된다는 것이다. 이것은 곧 인간이 무생물로 다시 태어날 수도 있고, 무생물이 동식물로 다시 태어날 수 있다는 것으로, 인간의 존엄성, 인격, 존재, 개별성을 무시하며, 인간을 하등동물이나 무생물과 동일시하는 사상이다.

식물과 무생물 또한 불성을 가지고 있고 윤회를 한다면 이들을 죽이는 것은 곧 살생하는 것이니, 인간이 살아가기 위해 식물을 먹고, 집을 짓기 위해 돌, 물, 철, 흙과 같은 무생물을 사용해서도 아니 된다는 것이다.

결국, 불교의 사상은 이 세상 모든 인간은 먹지도 말고, 입지도 말고,

집도 짓지 말고, 땅을 밟지도 말고, 눕지도 말고, 태어나자마자 곧바로 죽으라는 얘기와 다를 바 없다. 그래서 불교의 핵심 교리인 '색즉시공'과 같이 이 세상 모든 색(물질, 지식, 마음)은 존재하지 않는다(공)고 한 것이고, 또 이 세상 모든 색이 사라지는 것을 불성이라고 하는가 보다.

이 얘기는 인간이 이 세상에서 살아가는 삶 자체인 태어나서 먹고, 마시고, 농사를 짓고, 집을 짓고, 옷을 만들어 입고, 자동차를 타고, 휴대전화를 만들었다는 것은 곧 살생한다는 것이고, 인간에겐 불성이 없다는 것이니, 이는 태어나자마자 곧바로 또다시 윤회해야 한다는 것을 의미한다.

그런데도 중생들은 왜 석가모니를 믿고 따르려고 할까요? 아무리 믿고 따른다고는 하지만 그들도 먹고 마시며, 집을 짓고 살아가며 살생하고, 어차피 윤회하게 될 터이고, 한낱 버려진 돌멩이로 다시 태어날 수도 있는데도 말입니다.

그리고 승려들은 왜 머리 밀고 절간으로 들어갈까요? 산속으로 들어가 봐야 절간을 짓고, 먹고, 마시며, 땅을 밟고 걸어 다니고, 눕는 모든 승려 또한 고통과 번뇌를 끊는 것은 고사하고, 죽으면 또다시 윤회할 것이고, 다음 세상엔 바퀴벌레로 태어날 수도 있는데도 말입니다.

이런 황당한 사상을 진리로 믿으니 국민들을 상대로 부적, 49재, 천도재, 불공, 영가 등 온갖 귀신을 팔며 돈이라도 벌어보겠다는 심산인가요?

아니면 부적, 49재, 천도재의 미신이 불교의 사상에 부합하고, 불공, 영가는 스스로 깨달아 해탈한다는 불교의 사상에 부합한다고 믿는 것일까요?

부처님께서 수보리에게 말씀하셨다. "보살마하살은 마땅히 이렇게 그 마음을 항복시켜야 되나니 '이른바 세상에 있는 온갖 중생인 난생(卵生),

태생(胎生), 습생(濕生), 화생(化生)과 유색(有色), 무색(無色), 유상(有想), 무상(無想), 비유상(非有想), 비무상(非無想)을 내가 모두 제도하여 무여열반(無餘涅槃)에 들도록 하리라.' 하라."

출처: 금강반야바라밀경(金剛般若波羅蜜經)

『금강경』에서 말하였다. "부처님께서 수보리에게 말씀하셨다. '존재하는 일체 중생의 부류로서 알에서 태어난 것이거나, 태(胎)에서 태어난 것이거나, 습(濕)한 데서 태어난 것이거나, 화(化)해서 태어난 것이거나, 색(色)이 있는 것이거나 색이 없는 것이거나, 상념이 있는 것이거나 상념이 없는 것이거나, 상념 있는 것도 아닌 것이거나, 상념 없는 것도 아닌 것이거나 간에 나는 다 무여열반(無餘涅槃)에 들어가도록 멸도(滅度)시키리라.'"

출처: 대장일람집(大藏一覽集)

[문] 만약에 그렇다면, 무엇 때문에 부처님께서 "중생들이 불성에 머물지 않아 영원히 반열반하지 못한다."라고 말씀하셨는가?

[답] 만약에 대승(大乘)을 혐오하고 등진다면, 이 법은 잇찬티카(一闡提)의 원인으로 중생들로 하여금 이 법을 버리게 하기 때문이니 만약 잇찬티카의 원인을 따른다면, 오랫동안 윤회를 벗어나지 못할 것이다. 이러한 까닭에 경에 말씀하기를, "만약 도리(道理)에 근거한다면, 일체중생은 모두 청정한 불성이 본래 있기 때문에, 영원히 반열반할 수 없다는 말은 성립되지 않는다." 하셨으니 이 때문에 불성이 반드시 본래 있으니 그 유무를 여의었기 때문이다.

출처: 불성론(佛性論)

존재하는 일체중생의 부류로서 알로 낳은 것이든지 태로 낳은 것이든지 습기로 낳은 것이든지 변화해서 낳은 것이든지, 색계에서 낳은 것이든지 무색계에서 낳은 것이든지, 식무변처에서 낳은 것이든지 무소유처에서 낳은 것이든지, 비유상비무상처에서 낳은 것이든지 간에 내가 모두 무여열반에 들어가게 하여 멸도시켰지만, 이와 같이 무량하고 무수하며 무변한 중생을 멸도시켜도 실로 중생은 멸도를 얻은 자가 없다. 왜냐하면, 수보리여, 만약 정사에게 아상, 인상, 중생상, 수자상이 있으면 곧 정사가 아니기 때문이다. 멸도는 중생심을 소멸하고 모든 대각의 청정각성의 언덕에 건너가는 것이다.

출처: 상역과해금강경(詳譯科解金剛經)

47화 갈릴레오 갈릴레이 재판

불자들이 가톨릭교회를 공격하는 주요 소재이며, 많은 사람들이 오해하고 있는 것이 '가톨릭교회에서 지동설을 주장한 갈릴레오 갈릴레이를 죽였다.'라는 것이지만 갈릴레오 갈릴레이가 지동설을 주장하기 이전에 이미 신학자 장 뷔리당에 의해 지동설의 주장이 있었고, 가톨릭교회에서는 그들의 연구에 간섭하지 않았으며, 갈릴레오가 지동설을 주장할 때에도 계속해서 더 많은 연구를 할 수 있도록 장려하였고, 오히려 칼뱅의 위협으로부터 도피처를 제공하였다. 따라서 가톨릭교회와 갈릴레오 간의 마찰은 과학적인 진실 여부가 아니라 과학적으로 아직 증명되지 않은 가설을 가톨릭교회에 주입시키려 시도했다는 데에서 마찰이 일어났다.

▨ 신학자 장 뷔리당(1295-1363)이 지구가 태양 둘레를 공전하고 있을 가능성을 논하는 과정에서 제시했다

"움직이는 배 안에서 정지해 있는 사람이 있다면, 그가 다른 진짜로 정지해 있는 배를 본다면 그에게는 그 다른 배가 움직이고 있다고 보일 것이다. 그래서 우리는 태양은 정지해 있고 우리를 운반하는 지구는 회전할 것이라고 가정한다. 그렇지만, 우리는 우리가 정지해 있다고 상상한다. 태양은 우리에게 그것은 움직이고 우리가 정지해 있는 것처럼 출몰하는 것으로 보일 것이다." (Jean buridan)

▨ 가톨릭 사제인 니콜라스 쿠자누스(1401년~1464년)도 지동설과 천동설을 논하였다.

"그러므로 지구는 중심에 있을 수 없고, 지구가 우주의 중심이 아니듯이, 항성들의 천구는 바깥 경계가 아니다. 지구는 움직이고 있음에 틀림없다, 우리가 지구와 같이 움직이기 때문에 우리는 그것을 지각하지 못한다. 지구는 단지 하나의 별에 불과하고 우주의 다른 곳에서는 외계 생명 형태가 존재할 수도 있다."(쿠자누스, 학습된 무지 De docta ignorantia)

▨ 요한 바오로 2세와 갈릴레오

빅토리아 시대의 생물학자 토머스 헉슬리는 가톨릭을 좋아하지 않았지만 갈릴레오 재판을 연구한 후에 다음과 같이 결론 내렸다.

"그 재판에서 가장 눈에 띄는 점은 갈릴레오가 그 문제를 신학의 영역으로 끌어들이기 전까지는 교회는 새 천문학을 위해 도울 의사가 있는 옴부즈맨(Ombudsman)이었다. 그것은 코페르니쿠스의 연구를 장려했고, 케플러에게 칼뱅파의 박해로부터 피난처를 제공하였다. 그 토론이 천체 역학의 문제를 벗어났을 때 문제가 발생했다."

▨ 천문학자의 호전성

그러나 갈릴레오는 코페르니쿠스 이론을 기독교에 강요하려 하였다. 그가 그의 캠페인을 시작했을 때, 그는 교회의 모든 위계 서열로부터 거의 보편적인 선의를 향유했다는 것은 아이러니하다. 그러나 그는 그의 신랄한 매너와 공격적인 전술 때문에 거의 모든 사람을 멀어지게 하였다. 그의 고집 때문에 교회 당국은 융통성을 발휘할 수 없었다. 그들은 코페르니쿠스 이론을 진리로 받아들이든지(아직 증명되지 않았다.), 아니면 그것을 비난해야 했다. 그는 교회가 제시한 제3의 대안을 거부했다. 추가적인 증명이 더해지기 전까지 코페르니쿠스 이론은 하나의 가설로, 심지어 프톨레마이오스의 가설보다 더 우수한 가설로 간주할 수 있다. 그렇지만, 그러한 증명은 아직 없었다.

갈릴레오의 호전성은 지동설의 직접적인 증명은 없다는 것을 그가 알고 있었다는 것과 많은 관계가 있을 것이다. 그는 아리스토텔레스가 제시한 지동설에 반대되는 강한 논리에 대답할 수 없었다. 만일 지구가 태양 둘레를 공전한다면, 별의 시차(~的視差)가 하늘에서 관측되어야 한다. 이것은 타당한 과학적 반대이고, 1838년이 되어서야 Friedrich Bessel이 백조자리 61(61 Cygni, 白鳥一)의 시차를 증명하였을 때 대답되었다. 갈릴레오의 다른 문제는 케플러의 발견에도 불구하고 그는 행성들이 태양 둘레를 완전한 원(perfect circles)으로 돈다고 주장했다는 것이다. 예수회(Jesuit) 천문학자들은 이것들은 방어될 수 없음을 명백하게 볼 수 있었다. 그런데도 불구하고 갈릴레오는 유럽 전역에 유통된 일련의 팸플릿과 편지들로써 그의 주장을 펼쳤다. 그 과정에서 그는 주변적인 문제들에 대해서 다수의 교회인들과 마찰을 빚었다. 그리고 로마의 그의 친구들의 경고에도 불구하고 그는 고집스럽게도 그 토론을 신학적 문제로 비화시켰다. 만일 지동설 토론이 순전히 과학적인 문제로 남았다면, 교회 당국은 묵과했을 것이라는 데에는 의심의 여지가 없다.

출처: 갈릴레오 재판의 진실 지동설 천동설 장 뷔리당 니콜라스 쿠자누스
중세 가톨릭교회와 과학(작성자 saranmul)

48화 가톨릭교회 지동설과 빅뱅설 지지

불자들은 "가톨릭교회가 지동설을 주장하는 학자를 탄압했다."라고 주장하지만, 가톨릭교회에서는 종교와 과학은 별개의 분야로 인식하고, 과학은 하느님의 창조질서를 규명하는 하나의 학문으로 간주하여 과학이 발전할 수 있도록 물심양면을 아끼지 않았으며, 근현대 과학의 핵심인 지동설과 빅뱅설을 주장한 과학자들도 모두 가톨릭교회의 사제들로 가톨릭교회는 그들의 연구가 더욱 발전될 수 있도록 지원하였음을 밝혀드린다.

▨ 가톨릭교회의 사제인 코페르니쿠스 지동설 지지

사실 의외로 그의 당대에 가톨릭계는 지동설은 별로 탄압하지 않았다. 그의 이론을 규탄한 쪽은 오히려 프톨레마이오스의 천동설을 맹신하고 있던 속세의 교수들이었지, 가톨릭계는 오히려 지동설을 하나의 가설로 받아들였다. 코페르니쿠스는 강단 교수들의 비난이 두려워서 저서 출간을 40년이나 미루었는데, 이 출간도 사실은 그의 새로운 발견이 학계에 알려지게 해 달라는 그의 학설에 매료된 가톨릭계 인사들의 아주 간곡한 부탁에 의해 이루어진 것이다.

조르다노 브루노의 화형이나 갈릴레이의 종교재판 등으로 대표되는 지동설에 대한 탄압은 오히려 그보다 반세기에서 한 세기 뒤, 본격적으로 근대로 들어서며 종교의 권위가 위협받자 종교가 더욱 보수적 색채를 띠게 되었을 때의 일이다. 특히나 대중 인식 때문에 그렇지 갈릴레이 건은 자세히 보면 종교적 탄압이라기엔 이견이 많은 편. 그때 갈릴레이의 오만함 때문에 코페르니쿠스의 저서도 금서목록에 들어가는 수모를 겪었지만, 그나마도 꼴랑 4년(1616~1620) 뒤에는 아홉 문장만 삭제하는 조건하에서 재출판 가능하다는 결정이 나와 큰 의미는 없다. 그나마 6권이나 된 분량 중 아홉 문장을 찾기도 어려워서 검열관이 몇 권 수정하고 다닌 것 외에는 별다른 영향은 없었다.

출처: 나무위키, 니콜라우스 코페르니쿠스

▨ 가톨릭교회의 사제인 조르주 르메트르의 빅뱅설 연구 지원

벨기에의 뢰번 가톨릭 대학에서 물리학을 가르치던 르메트르는 1927년 즈음 아인슈타인의 장 방정식의 해(다양체의 계량)에 관한 연구를 통해 우주의 팽창이 수학적으로 가능함을 보였고, 허블의 법칙을 유도했다. (소련의 프리드만도 비슷한 시기에 독립적으로 오늘날 르메트르-프리드만-로버트슨-워커 계량으로 알려진 해를 연구했다.) 관측을 통해 팽창의 증거를 실제로 확인하고 허블 상수를 계산한 것이 2년 뒤의 허블이며, 후에 르메트르는 이를 발전시켜 빅뱅 이론(더 나아가 우주의 가속 팽창(!))을 제안한다. 조지 가모프 역시 비슷한 아이디어를 제안했다.

르메트르의 회상에 따르면 허블의 관측 전 열린 학회에서 아인슈타인을 만나 이야기했을 때 그는 수학적으로는 가능하나, 물리적으로 옳지 않다고 말했다고 하는데, 프리드만이 비슷한 계량을 얻었다는 소식도 르메트르에게 알려주었다. 그러나 허블의 발견이 알려진 후에 아인슈타인은 르메트르의 결과를 공개적으로 인정했고, 에딩턴과 함께 미국에 그의 연구가 알려지도록 힘썼다. 그러나 당시 우주론의 주류는 정상우주론이었고, 그가 주창한 빅뱅 이론이 창세기의 천지창조 곧 '빛이 있으라'를 연상케 하는 데다 하필 르메트르가 가톨릭 사제였기에, 빅뱅 우주론은 당시 과학계의 심정적 저항을 크게 받았다. 이에 르메트르는 성직자였지만, 과학으로서의 우주론과 신앙으로서의 창조는 전혀 연관이 없으니 선입견을 갖지 말아 달라고 과학계를 설득했고, 교황 비오 12세가 자신을 밀어주는 것도 난감해하면서 빅뱅 우주론과 신앙을 연관 짓지 말아 달라고 교황청에 요청하기도 했다.

출처: 나무위키. 조르주 르메트르

제2편

-

개신교의 실체

49화 천주교와 개신교의 근본적 차이

17세기 천주교는 '서학'이라고 하여 우리 스스로 받아들이게 되며, 20세기 중반까지 탄압받아 많은 순교자가 발생하고, 신자들은 탄압을 피해 깊은 산골짜기의 외진 곳으로 도피하여 그곳에서 터전을 잡고 살아가다가 탄압이 끝난 이후 생존한 천주교인들이 하나둘 모이기 시작하여 오늘날과 같은 교회공동체를 이루게 된다. 다시 말해 한반도에 유입된 천주교는 박해의 역사 속에서 힘들게 살아남은 종교라 할 수 있겠다.

그러나 개신교는 박해가 끝날 무렵인 20세기 중반 이후 외국의 선교사들이 한국에 들어오게 되면서부터 한국의 개신교가 시작되는데, 들어와서 보니 예수님을 '그리스도(구세주)'로 고백하며 삼위일체의 하느님을 믿고 있는 '천주교'라는 종교가 이미 들어와 있었다. 그래서 천주교와 자신들의 종교를 차별화하고, 사람들을 끌어모으기 위해 또 끌어모은 신자들이 천주교로 도망가지 않도록 '천주교는 마리아를 믿는 종교이지만 개신교는 예수님을 믿는 종교'라며 허위 사실을 유포하기 시작하며, 가장 정직하고 양심적이어야 할 종교가 아직도 그 거짓말을 계속하고 있다.

천주교는 오랫동안 박해로 인해 자신이 천주교인임을 밝히기를 꺼리기 때문에 공공장소에서의 전교활동을 기피하지만 가까운 지인들에게 권유하거나 혹은 자신들의 모범적인 삶을 보여줌으로써 그들이 천주 신앙을 갖도록 유도하는 간접적인 전교에 치중하는 반면 개신교는 사람들이 모인 곳이나 길거리에서 적극적인 홍보와 선교를 선호하다 보니 개신교인이 수가 늘어날 수밖엔 없었을 것이다.

천주교인들은 '십계명'에 비추어 자신이 지은 죄에 대해 잘못을 뉘우치고,

사제에게 자신의 죄를 낱낱이 고백하고, 그 죄에 대한 죗값(보속)을 치러야만 그 죄가 용서된다고 하니 큰 죄나 반복된 죄를 지으면 '고백성사' 보기가 힘들어 오히려 신앙을 포기하는 이들이 많은 반면 개신교는 아무리 큰 죄를 지었더라도 "잘못했습니다. 용서해 주세요."라고 직접 하느님께 고백하면 바로 용서가 된다고 하니 아무리 큰 죄를 지었더라도 죄에 대한 부담이 없어 가볍게 신앙생활을 계속할 수 있고, 신앙을 포기하는 경우가 드물게 된다.

천주교는 '하느님의 뜻'을 찾고 그 뜻을 실천한 다음에 또다시 하느님의 은총에 의해 구원된다고 하니 하느님의 뜻을 실천하기 위해 이웃을 사랑하며 봉사하고, 상대방을 배려하는 즉 자신이 손해를 보며 피곤한 신앙생활을 해야 하는 반면, 개신교는 구원받을 자와 그렇지 않을 자들이 이미 예정되어 있으니 주님의 뜻을 실천하는 것과는 상관없이 구원받을 수 있고, 또 구원받은 자들은 죄를 지었더라도 이미 구원을 받았으니 주님의 뜻을 실천할 필요가 없고, 구원이 예정되어 있지 않은 자들은 아무리 주님의 뜻을 실천하더라도 구원받을 수 없으니 실천할 필요가 없게 된다.

따라서 개신교는 "하나님을 믿습니다."라고 고백하면 아주 즐겁게, 손쉽고 편안하게 신앙생활을 할 수 있으니 가벼운 마음으로 신앙생활을 할 수 있게 된다. 이러한 신앙과 교리의 차이로 인해 천주교는 이 사회에서 가난하고 소외된 이들이 없도록 도와주고, 공정한 사회를 이루기 위해 투쟁하기 때문에 보육원, 양로원, 무료 급식센터, 병원, 학교 등 사회복지시설을 전 세계에서 가장 많이 운영하고 독재에 항거하지만, 개신교는 정권에 붙어 그 힘을 교회의 확장에 이용하며, 사회복지시설 운영은 교세 확장이나 돈벌이 수단으로 이용하고 있고, 그들의 범죄율은 천주교인에 비해 4배 이상 높고, 자신들의 교리와 부합하도록 성경을 왜곡하고, 그리스도교의 전통을 부정하니 그들은 교회가 아니라 교회를 흉내 내는 '교회적 공동체'로 지적받고 있다.

50화 기독교는 그리스도교를 지칭

하느님은 전지전능하시고 유일한 하느님이며, 예수님을 우리의 구세주로, 삼위일체의 하느님으로 고백하는 모든 종교를 '그리스도교'라고 한다. 기독교(基督教)는 '그리스도'를 음역으로 표기한 한자어 '기리사독(基利斯督)'에서 가져온 명칭으로, '기리사독'의 한자어를 중국어로 발음하면 '그리스도'가 되는 것이니 기독교는 그리스도교를 지칭하는 것이며, 각 종파에서 사용하는 명칭과 그 분류는 다음과 같다.

그리스도교 = 기독교 = 천주교 + 정교회 + 개신교
천주교 = 단일교파
개신교 = 루터회 + 성공회 + 장로회 + 감리회 + 침례회 + 기타

천주교 = 가톨릭교회 = 천주교회 = 성당 = 하느님
개신교 = 프로테스탄트 = 개신교회 = 예배당 = 하나님

따라서 예수님이 친히 세우신 교회는 '가톨릭교회(천주교)'이며, 개신교는 16세기 천주교에서 떨어져 나온 것이기에, 개신교만을 기독교, 교회로 호칭하는 것은 잘못된 것이며, 천주교는 개신교를 떨어져 나와 찢어진 '열교' 혹은 '이단'이라고 하며, 그들의 교회를 교회로 인정하지 않고 무지에 의해 신앙을 고백하는 '신앙 공동체' 혹은 교회가 아니면서 교회를 흉내 내는 '교회적 공동체'로 인식하고 있다.

51화 하느님과 하나님

'하눌'은 '하늘'의 강원도, 경기도, 전라도, 충청도 지방의 방언으로, 상기 지방에서는 '하늘'을 '하눌'로 발음하고, 그 '하눌'에 '님'을 붙여 '하나님'으로 호칭한다.

하눌

· **하눌** 「001」 「명사」 「방언」 '하늘'의 방언(강원. 경기. 전라. 충청).

출처: 네이버 사전. 국립어학원 표준국어대사전

따라서 하느님이든 하나님이든 모두 하늘나라에 계신 '하느님'을 지칭한다.

52화 개신교는 이단

「이단」을 네이버 국어사전에는 다음과 같이 정의하고 있다.

이단(異端) [이:단] play

[명사]

1. 자기가 믿는 이외의 도(道).

2. 전통이나 권위에 반항하는 주장이나 이론.

3. [같은 말] 이단자(2. 전통이나 권위, 세속적인 상식에 반항하여 자기 개성
   을 강하게 주장하여 ….).

출처: 네이버 사전

한자어 풀이로는 다를 '이', 끝 '단', 즉 시작은 같으나 끝이 다르다는 것으로, '이단'이라 함은 전통이나 권위에 반항하는 주장이나 이론을 펼치는 것을 말한다.

예수님께서 친히 베드로 위에 세우신 교회가 가톨릭교회이고 초기교회 때부터 그 전통을 이어오고 있으니 가톨릭교회의 주장이 정통이고, 가톨릭교회의 전통(전승, 성전)을 부정하며 새로운 주장을 펼친 루터교, 성공회 등 개신교를 가톨릭교회는 이단이라고 한다.

하지만 정교회[1]는 그 전통을 공유하고 있고 떨어져 나간 것이 아니라 분리된 것으로 이단이라 하지 않으며, 또 가톨릭교회와 일치한 정교회, 루터교, 성공회를 '갈라진 형제'로 인식하는 반면 가톨릭교회와의 일치를 거부한 장로회를 포함한 나머지 개신교를 모두 이단이라고 한다.

53화 개신교는 교회가 아님

초기교회에서 '보편되고 공번된 교회'의 뜻을 가진 '가톨릭교회(Ecclesia Catholica)' 하나밖엔 없었고, '가톨릭교회'라는 명칭은 서기 100년경 이냐시오(35?~107년경) 성인이 스미르나 교회에 보낸 아래의 편지글에서 처음 사용한 것으로 추정한다.

"곧 예수 그리스도께서 계시는 곳에 가톨릭교회가 있듯이 주교가 나타나는 곳에 공동체가 있는 것이다."

또한, 초기교회 때 만들어진 사도신경에도 '가톨릭교회'로 명명하고 있으며 각 교회의 영문 표기법은 다음과 같다.

가톨릭교회 Catholic Church
정교회 Orthodox Church
개신교[2] Protestant

가톨릭교회와 정교회는 '교회(Church)'라는 명칭을 사용하고, 개신교는 '교회(Church)'라고 하지 않고 가톨릭교회에 항거했다는 뜻의 'Protestant'로 명명한다. 그 이유는 교회는 하나이어야 하는데 개신교가 가톨릭교회를 박차고 나갔으니 교회라는 명칭을 사용할 수 없기 때문이다.

따라서 개신교는 'OO교'라고 하지 않고 'OO파' 혹은 'OO회'라고 하는 것이 정확한 표현이다.

왜냐하면, 루터의 개혁에 동조한 이들끼리 서로 의견이 대립하여 또다시 뛰쳐나가 새로운 종교를 만들었기 때문에 누구누구를 따른다는 'OO파'라고 하는 것이며, 개신교 종파의 공식적인 명칭은 다음과 같다.

루터파 Lutheranism

성공회[3] The Anglican Domain

칼뱅파 Huguenots, Geussen, Puritan, Presbyterians

장로파 Presbyterians

정교회가 가톨릭교회와 분리되면서 기존에 사용하고 있었던 '가톨릭교회'의 명칭을 사용하고 싶어 했지만, 그들 스스로 사용을 포기했는데 그 이유는 교회는 하나이고, 사도로부터 이어오는 로마가톨릭교회가 존재하고 있기 때문에 '가톨릭교회'의 명칭을 포기하고, '정교회(Orthodox Church)'라는 새로운 이름을 만들었으며, 정교회는 가톨릭교회에서 떨어져 나간 것이 아니고 분리되었기 때문에 '교회(Church)'를 사용한다.

개신교회는 가톨릭교회에서 분리된 것이 아니고 박차고 나갔기 때문에 '교회(Church)'라는 명칭을 사용해서도 안 되고, 또 루터와 그 동조 세력들이 가톨릭교회를 박차고 나간 시기엔 '교회'라는 명칭을 사용하지 않고 OO파라고 했었지만, 후대에 와서 'OO교회'라고 무단으로 붙인 것이다. 그것이 왜 무단인가 하면 예수님은 친히 세우신 교회가 하나이길 바라셨기 때문이고, 개신교가 떨어져 나가면서 'OO교회'라는 이름을 지었다면 교회는 하나이어야 하는데 또 다른 교회가 생겨났으니 성경에 위배되기 때문이다.

〈요한복음서 17장〉

11 저는 더 이상 세상에 있지 않지만 이들은 세상에 있습니다.
저는 아버지께 갑니다. 거룩하신 아버지, 아버지께서 저에게
주신 이름으로 이들을 지키시어, 이들도 우리처럼 하나가
되게 해 주십시오.

21 그들이 모두 하나가 되게 해 주십시오. 아버지, 아버지께서
제 안에 계시고 제가 아버지 안에 있듯이, 그들도 우리 안
에 있게 해 주십시오. 그리하여 아버지께서 저를 보내셨다
는 것을 세상이 믿게 하십시오.

22 아버지께서 저에게 주신 영광을 저도 그들에게 주었습니다.
우리가 하나인 것처럼 그들도 하나가 되게 하려는 것입니다.

23 저는 그들 안에 있고 아버지께서는 제 안에 계십니다. 이는
그들이 완전히 하나가 되게 하려는 것입니다. 그리고 아버지
께서 저를 보내시고, 또 저를 사랑하셨듯이 그들도 사랑하
셨다는 것을 세상이 알게 하려는 것입니다.

02) **개신교**: 서기 16세기 가톨릭교회의 사제였던 루터가 성직수도자들의 부패를
이유로, 가톨릭교회의 개혁을 요구한 것이 분열의 표면적 이유이지만, 그 이전의
십자군 원정, 흑사병으로 인해 교회의 재정이 악화되자, 더 많은 헌금을 요구한
가톨릭 교회에 부담을 느낀 북유럽의 영주, 농민들의 거부감이 더 큰 이유였다.
이후 이들은 루터와 동조하고, 가톨릭교회의 사제였던 쯔빙글리, 칼뱅
등이 동참하고, 북유럽 국가 대부분이 가톨릭교회에 항거하며 서기 1517년
가톨릭교회와 분열한다.

03) **성공회**: 가톨릭교회에 항거하며 분열된 개신교와는 달리 성공회는 헨리 8세가
아라곤의 캐서린과의 이혼을 반대한 교황청과 대립하며, 가톨릭교회로부터
간섭받지 않고 자신이 교회의 수위권을 가지려는 의도에서 서기 1534년
가톨릭교회와 분열한다. 개신교로 분류되기는 하지만 교리, 전승에서 많은 부분
가톨릭교회와 공유한다.

54화 각종 성상은 우상숭배가 아님

개신교는 "남자든 여자든 어떠한 형상도 만들어서는 아니 된다."라고 한다. 그러나 구약성경의 「신명기」, 「레위기」에서 "어떠한 형상도 만들지 말라."라고 한 그 이유는 그것을 만들어 하느님이 아닌 다른 신으로 숭배하지 말라는 것이다. 성경은 하느님을 숭배하기 위해 만든 형상도 만들지 말라는 것이 아니라 오히려 마음을 다하고 목숨을 다하여 하느님을 찾고 만나 뵙도록 노력하라는 것으로, 하느님을 찾기 위한 방법으로 형상을 만들었다면 신명기나 레위기에서 말하는 하느님이 아닌 다른 신을 숭배하기 위한 것이 아니기 때문에 우상숭배에 해당하지 않는다.

민수기에는 이집트에서 탈출하여 이스라엘로 오는 과정에서 많은 사람이 뱀에 물려 죽게 되자 하느님은 "너는 불 뱀을 만들어 기둥 위에 달아 놓아라. 뱀에 물린 자는 누구든지 그것을 보면 살게 될 것이다."라고 하자 모세는 구리 뱀을 만들었고 뱀에 물린 이들이 구리 뱀을 쳐다보면 살았다는 것이다. 그래서 신약에 와서는 구리 뱀은 구원의 상징으로 인식하고 있고, 또한 초기교회 때에는 물고기는 예수님을 상징하는 형상이었고, 교회 공동체나 신자들의 집 문 앞에 물고기 형상을 매달고 자신은 하느님을 믿는다는 것을 알리기도 했다.

따라서 그 형상을 통해 하느님을 숭배하기 위한 형상은 만들어도 된다는 것으로 이해할 수 있으나 개신교는 이것을 몰이해하여 하느님을 숭배하기 위한 형상조차도 만들면 안 된다는 것이다. 이것은 엄마가 어린아이에게 "잠깐 나갔다가 올 테니 차려놓은 밥을 먹어라."라고 하니 아이는 밥만 먹고, 반찬도 안 먹고, 물도 안 마신 것과 똑같은 행동이라 아니할 수 없다. 그만큼 개신교는 성경 말씀이 무엇을 의미하는지 또 하느님의 뜻이 무엇인지조차 분간을 못 하고 있다.

그러나 어떠한 형상도 만들어서는 아니 된다며 십자가에 매달린 예수님상도 빼어버린 개신교에서 아래의 동상은 누가, 왜, 무슨 목적으로 만들었는지 그 이유를 반드시 설명해야 한다.

루터, 칼뱅, 츠빙글리의 동상

개신교 지도자 동상들
사진 출처: Wikipedia

<신명기 4장>

23 너희는 주 너희 하느님께서 너희와 맺으신 계약을 잊지 않도록 조심하고, 주 너희 하느님께서 너희에게 금하신 그 어떤 형상으로도 우상을 만들지 않도록 조심하여라.

24 주 너희 하느님은 태워 버리는 불이시며 질투하시는 하느님이시기 때문이다.

25 너희가 자손들을 낳으며 그 땅에서 오래 살게 될 때, 너희가 어떤 형상으로든 우상을 만들어 타락하거나, 주 너희 하느님의 눈에 거슬리는 악한 짓을 저질러 그분의 분노를 일으키면,

26 내가 오늘 너희를 거슬러 하늘과 땅을 증인으로 세우는데, 너희가 요르단을 건너가 차지하려는 저 땅에서 너희는 반드시 망할 것이다. 너희는 그곳에서 오래 살지 못하고 반드시 멸망할 것이다.

27 주님께서 너희를 다른 민족들 사이에 흩어 버리실 것이며, 주님께서 너희를 쫓아 보내실 그곳 백성들 가운데에서 살아남을 사람이 얼마 되지 않을 것이다.

28 너희는 거기에서 사람의 손이 나무나 돌로 만든 신들, 곧 보지도 못하고 듣지도 못하며 먹지도 못하고 냄새도 맡지 못하는 신들을 섬길 것이다.

29 거기에서 너희는 주 너희 하느님을 찾게 될 것이다. 너희가 마음을 다하고 목숨을 다하여 그분을 찾으면 만나 뵐 것이다.

<민수기 21장>

구리 뱀

4 그들은 에돔 땅을 돌아서 가려고, 호르산을 떠나 갈대 바다

로 가는 길에 들어섰다. 길을 가는 동안에 백성은 마음이 조급해졌다.

5 그래서 백성은 하느님과 모세에게 불평하였다. "당신들은 어쩌자고 우리를 이집트에서 올라오게 하여, 이 광야에서 죽게 하시오? 양식도 없고 물도 없소. 이 보잘것없는 양식은 이제 진저리가 나오."

6 그러자 주님께서 백성에게 불 뱀들을 보내셨다. 그것들이 백성을 물어, 많은 이스라엘 백성이 죽었다.

7 백성이 모세에게 와서 간청하였다. "우리가 주님과 당신께 불평하여 죄를 지었습니다. 이 뱀을 우리에게서 치워 주시도록 주님께 기도해 주십시오." 그래서 모세가 백성을 위하여 기도하였다.

8 그러자 주님께서 모세에게 말씀하셨다. "너는 불 뱀을 만들어 기둥 위에 달아 놓아라. 물린 자는 누구든지 그것을 보면 살게 될 것이다."

9 그리하여 모세는 구리 뱀을 만들어 그것을 기둥 위에 달아 놓았다. 뱀이 사람을 물었을 때, 그 사람이 구리 뱀을 쳐다보면 살아났다.

55화 십일조 낼 필요가 없음

종교와 정치가 분리되지 않은, 즉 정교일치 사회나 국가에서 종교단체에 내는 돈은 세금 개념이다.

구약시대의 이스라엘은 레위 지파가 종교와 사회(국가)를 통치하는 정교일치 사회였기 때문에 유대인들의 각 지파에서 레위 지파에게 바치는 돈은 그들이 먹고사는 것뿐만 아니라 유대 사회를 통솔하기 위한 통치자금으로 사용하기 위해서다.

만약 구약시대의 유대인들이 십일조[4] 이외에 그 사회(국가)에 별도의 세금을 내었다면 십일조는 온전히 하느님께 봉헌하는 것이지만, 만약 십일조 이외에 기타 세금과 같은 유형의 것들을 내지 않았다면 그것은 국가의 세금이다. 따라서 정치와 종교가 분리된 사회에서는 십일조를 낼 필요가 없다.

---

04) **십일조**: 고대의 유대교인이 수입의 1/10을 야훼께 바친 것에 유래. 프랑스는 1789~1790년 대혁명의 과정에서 폐지하였고, 영국은 1648년과 1688년에, 독일은 1807년에 각각 폐지하였다.

56화 개신교는 안티를 양산

개신교가 예수님을 믿는 종교라면 예수님의 "사랑과 자비를 실천하라."라는 말씀을 실천하여야 함에도 '오직 믿음', '오직 성경', '오직 예수'라며, "믿는 자들은 천국에 가고 믿지 않는 자들은 지옥에 간다."라는 '예수 천국 불신 지옥'이라 호도하고, 불교의 불상과 천주교의 성모상을 훼손하고, 목사나 교역자들의 성범죄율이 타 종교보다 월등히 높고, 온갖 비리, 불륜, 성추행이 난무하고, 자신의 종교 확장을 위해 "천주교는 마리아를 믿는다."라며 수십 년간의 거짓말로 천주교를 폄훼하니 그 반대급부로 안티들이 생겨났고, 그 안티들은 개신교가 믿는 그 하나님마저 부정하며, 결국 하느님의 말씀에 순종하고 실천하는 천주교와 천주교에서 믿는 하느님마저 덩달아 욕을 얻어먹게 되었다.

믿는 이든 그렇지 않든 모두 하느님이 사랑하는 백성들이고 자녀들이기 때문에 하느님은 이들 모두가 구원되기를 원하시고, 이들 모두가 서로 사랑하고 선을 실천하여 이 사회가 공평하고, 가난하고, 소외당하는 이들이 없는 평화로운 사회가 실현되기를 원하신다.

따라서 그리스도교를 욕하는 안티들을 욕할 것이 아니라 개신교를 욕해야 하며, 개신교회가 국민으로부터 존경받는 교회였다면 안티들이 생겨나지 않았을 것이며, 문제는 안티가 아니라 개신교회가 수천수만 개로 쪼개지고 분열됨으로써 사이비와 이단들이 속출하고, 그 사이비와 이단들이 가정과 사회를 파괴하고 있으니 우리 사회에서도 큰 부담이며 그들로 인해 안티들이 더 양산되고 있다. 이를 근본적으로 해결하기 위해선 개신교회가 개혁되어야 하며, 예수님의 말씀에 순종하는 참교회로 거듭나야만 한다.

개신교의 저명한 목사들도 하느님의 뜻이 무엇인지를 모르는데 하물며 무지몽매한 신자들이 어찌 그 뜻을 알 수 있겠는가?

　예수님은 "하느님의 뜻을 실천하는 자만이 천국에 들 수 있다."라고 하셨으니 하느님의 뜻을 찾지 않고 그 뜻이 무엇인지 모르는 개신교는 천국에 갈 수 있는 사람이 단 한 명도 없을 것이다.

　하느님은 자연을 통해서, 교회의 전승을 통해서, 성경을 통해서 하느님의 실존을 느낄 수 있고, 하느님의 뜻을 알 수가 있음에도 개신교는 오직 성경을 통해서만 하느님을 알 수 있다고 한다. 하느님은 전지전능하시고 그 끝이 어디인지 크고 무한하지만, 개신교는 하느님을 성경의 문자 안에 가두어 두었기 때문에 그 문자를 통해서만 아주 작은 하느님의 뜻을 찾을 수밖엔 없고, 목사들은 하느님의 뜻을 찾는 것은 고사하고, 여신도 팬츠를 내리게 할 수도 있고, 집문서를 가지고 오게 할 수도 있고, 개신교 교리를 만드는 등 하느님보다 더 큰 전지전능한 능력과 권력을 휘두르고 있다. 왜냐하면, 하느님은 여신도 팬츠를 내리게 할 수도 없고 집문서를 가지고 오게 할 수도 없으니 그렇지 않겠는가?

　또한, 하느님은 '선'이시며 '사랑'으로, 예수님은 이 세상에 오시어 죄인들조차 구원하기 위해 자신의 목숨까지 바쳤는데, 자신이 창조하고 자신을 닮은 인간들을 어찌 벌하거나 죽일 수 있겠는가?

▨ 금란교회 김홍도 목사는 아이티의 쓰나미 피해에 대해 다음과 같은 말을
  했다

"하나님으로부터 심판받았다." 남아시아 지진해일 희생자에 대해 "예
수를 제대로 믿지 않은 사람(재앙)."

출처: 2005. 01. 17. 오마이뉴스
https://www.ohmynews.com/NWS_Web/View/
at_pg.aspx?CNTN_CD=A0000232508

▨ 순복음 조용기 목사는 일본의 쓰나미 피해에 대해 다음과 같은 말을 했다

"우상을 숭배하면 쓰나미를 만난다."

출처: 2011. 03. 14. 매일경제
https://www.mk.co.kr/news/culture/view/2011/03/161118/

▨ 명성교회 김삼환 목사는 세월호 사고에 대해 다음과 같은 말을 했다

"하나님이 공연히 이렇게 (세월호를) 침몰시킨 게 아니다. 나라를 침몰하
려고 하니 하나님께서 대한민국 그래도 안 되니 이 어린 학생들, 이 꽃다운
애들을 침몰시키면서 국민들에게 기회를 주는 것이다."

출처: 2018. 10. 10. 경기일보
http://www.kyeonggi.com/news/articleView.html?mod=news&act
=articleView&idxno=1527961

▨ 김준곤 목사는 제5공화국 시절 다음과 같은 말을 했다

"외람되지만, 각하의 치하에서 일어나고 있는 전군신자화운동이 종교
계에서는 이미 세계적 자랑이 되고 있다. 그것이 만일 전민족신자화운
동으로까지 확대될 수만 있다면 10월 유신은 실로 세계 정신사적 새 물

결을 만들고 신명기 28장에 약속된 성서적 축복을 받을 것이다. 우리 나라엔 예측 못 했던 경제계의 호황이 찾아오고 있다고 들었다. 축복의 서곡일 것이다. 민족의 운명을 걸고 세계의 주시 속에서 벌어지고 있는 10월 유신은 하나님의 축복을 받아 기어이 성공시켜야 하겠다."(<경향신 문> 1973년 5월 1일)

출처: 2012. 10. 18. 뉴스앤조이

www.newsnjoy.or.kr/news/articleView.html?idxno=192343

따라서 하느님은 인간을 죽이는 것이 아니라 아무리 죄인이더라도 그 들이 회개하여 구원받기를 원함에도 자연을 이용해 인간을 죽인다는 개 신교는 완전한 하느님의 뜻이 아니라 성경 안에 계시는 일부, 작은 하느 님의 뜻밖엔 알지 못하기 때문에 "하느님의 뜻을 안다."라고는 하지만 실 상 그 뜻이 무엇인지 모르는데 어찌 하느님의 뜻을 실천할 수 있겠는가?

58화 개신교의 친정권 행각

▨ 일제치하에서 예배당을 팔아 '장로호' 비행기 상납하고, 그 보답으로 '천리교' 재산을 불하

출처: 일본교단 조선장로회,

일본군 '비행기 헌납'에 나서- 거제타임즈(geojetimes.co.kr)

출처: 2021. 01. 18. 법보신문

www.beopbo.com/news/articleView.html?idxno=214035

▨ 미군정 및 이승만 정권에서 서북청년단 결성하고, 장택상, 조병옥, 미군이 이들을 행동대원으로 활용하고, 그 보답으로 일본이 남긴 재산을 불하받음

출처: 2018. 03. 19. 에큐메니안

www.ecumenian.com/news/articleView.html?idxno=17043

출처: 2021. 01. 18. 법보신문

www.beopbo.com/news/articleView.html?idxno=214035

■ 박정희 등의 정권에서 김준곤, 조용기, 김장환 목사 등 친정부를 위한 국가조찬기도회 개최하고, 김윤찬, 박형룡, 조용기, 김준곤, 김장환 목사 등 목회자 242명은 '개헌 문제와 양심 자유 선언'을 발표하며 공개적으로 3선 개헌을 지지했다

출처: 2015. 12. 08. 뉴스앤조이

http://www.newsnjoy.or.kr/news/articleView.html?idxno=201000

59화 개신교의 범죄

하느님을 믿는 이들은 하느님의 선한 모상을 닮아 선하게 살아가야 하고, 믿음이 깊어질수록 죄에서 멀어지는 선한 삶을 살아가게 된다. 그러나 개신교인들의 범죄율은 종교를 가지지 않은 무종교인과 비슷하고, 불교를 믿는 이들과 별반 차이가 없다는 것은 곧 개신교의 교리가 잘못되었든지 아니면 신앙이 무엇인지를 모르거나 혹은 목회자를 비롯한 신도들은 평균 이하의 인성을 가졌다고 볼 수밖엔 없다. 왜냐하면, 구원의 첫째 조건은 죄에서 해방되는 것임에도 여전히 죄의 구렁텅이에서 헤어나지 못하고 있으니 그들의 구원은 요원할 것이며, 그들의 구원을 담보할 수가 없기 때문이다.

▨ 개신교 목회자의 성범죄율이 단일직종 중 1위

12일 경찰청 통계에 따르면 지난 2010년부터 2016년 11월까지 성범죄로 검거된 전문직 5,261명 중 종교인이 681명으로 1위의 불명예를 안았다.

또, 1년 평균 610건의 전문직 성범죄가 발생했으며, 직종별로는 성직자가 442건으로 가장 많았으며, 목회자가 1위인 것으로 알려졌다.

출처: 2018. 03. 09. 헤럴드경제

http://news.heraldcorp.com/view.php?ud=20180309000332

▧ 개신교 미성년자들의 범죄율은 타의 추종을 불허

통계청 2010년도 기준, 범죄유형별 범죄자 수

· 개신교인 9,938명, 불자 4,601명, 천주교인 1,485명

처종별(3)	2010 계 소계	종교 소계	불교	기독교	천주교
소계	94,862	21,294	4,601	9,938	1,485
소계	74,368	16,787	3,720	8,384	1,239
소계	3,428	679	118	343	46
살인	23	8	-	8	
강도	1,198	229	51	87	13
강간	2,029	394	58	223	27
방화	178	48	9	25	6
소계	37,069	8,741	1,929	4,466	622
소계	24,578	5,504	1,257	2,642	407
소계	7,822	1,592	353	798	146
소계	48	8	2	6	-
소계	1,423	263	61	129	18
장물에 관한죄	487	106	26	58	4

출처: 미성년범죄자 종교(1994~2010) (kosis.kr)

▧ 불자들과 서로 범죄율 1위 하려고 아우성

불자 40명, 개신교인 46명, 천주교인 155명 중 1명은 범죄자

2005년도 통계청 인구총조사 및 범죄자 통계 자료 참조

	불 교	개신교	천주교
종교인구(명)	10,726,463	8,616,438	5,146,147
범죄자(명)	269,068	186,867	33,147
범죄율(%)	2.5%	2.2%	0.6%
1명은 범죄자(명)	40	46	155

60화 개신교는 타락

　중세기 천주교의 성직수도자들이 부패하고 타락했었음은 부인하지 않는다. 그 여파로 개신교가 탄생하였고, 그 이후 천주교는 초기교회로 되돌아가고 하느님의 뜻을 찾아 교회를 되돌리려는 뼈를 깎는 쇄신과 개혁을 통해 교회의 분열을 극복하고, 하느님의 뜻을 찾고 사랑을 실천하는 그리스도교 본연의 자세로 거듭나게 되었다. 그러나 개신교는 천주교의 타락과 부패에 저항하여 하느님의 뜻에 부합하는 교회를 만들겠다고 새로운 종교를 만들었으나 루터와 동조한 칼뱅, 츠빙글리 등이 뛰쳐나가 또 새로운 종교를 만들고, 이후에도 수천수만 개로 교회가 쪼개지고 나누어지게 된다.

　개신교는 중세기 교회 창업의 모토를 잃어버린 채 자신의 종교만 옳고 타 종교를 종교로써 인정하지 않는 반사회적 이기주의, 독선주의 등 하느님의 뜻과는 완전히 멀어져 중세기 가톨릭교회의 타락과 부패보다도 더 심각하게 부패하여 종교로서 가치도 없는 종교로 타락해 버렸음을 부인할 수 없다. 문제는 가톨릭교회는 하나의 단일교회이다 보니 쇄신과 개혁이 가능했지만 개신교는 수천수만 개로 교회가 쪼개져 있으니 근본적으로 쇄신과 개혁을 할 수 없기 때문에 쇄신과 개혁의 열망이 있다고 하더라도 결국은 망하게 될 것이며, 또한 개신교는 '오직 예수', '오직 성경', '오직 믿음'을 강조하며 예수님이 말씀하신 "서로 사랑하라."는 찾아볼 수 없음에도 '오직 예수'라고 호도하는 거짓 종교에 불과하고, 그들의 기복신앙은 하느님의 뜻에 위배된다.

　예수님을 믿는 이들은 하느님께 사랑받기보다는 오히려 하느님을 사랑하도록 힘써야 하며, 우리가 예수님을 믿는 것은 구원받기 위해서가 아니라 하느님의 뜻을 찾고, 하느님의 말씀에 순종하는 삶을 살아가기 위한 것임에도 개신교는 이기주의, 독선주의, 기복신앙이기 때문에 그리스도교의 신앙이 아니며, 자신만 옳고 타 종교는 사이비, 이단으로 배척하는 것은 하느님의 뜻이 아니기 때문이다. 왜냐하면, 하느님은 이 세상의 모든 죄인의 회개를 촉구하고, 가난하고 소외된 이들에게 사랑과 자비를 베풀어 모두가 평화롭고 화목하게 살아가는 이 땅이 곧 하늘나라이기를 원하시기 때문이다.

그러나 개신교는 우리는 예수님을 믿는데 성당은 마리아를 믿는다는 거짓말을 수십 년간 하고 있으며, 종교는 가장 도덕적이고 정직해야 함에도 거짓말을 일삼고, 온갖 부정부패, 교회 세습, 불륜, 성추행 등이 난무하는 개신교가 어떻게 진리의 종교라고 할 수 있겠는가?

따라서 개신교는 하루빨리 사라져야 할 종교이며, 원초적으로 태어나지 말아야 했을 종교로, 미국과 유럽에서 개신교가 망해가고 있다고 하니 곧 한국 개신교도 망할 것이며, 인터넷이 발달하기 전까지는 한국 개신교가 성장했으나 정보 공유가 용이해진 1990년대 말부터 타 종교 배척, 예수 천국 불신 지옥, 이미지 추락으로 매년 신자 수가 감소하고 있으니 머지않아 예배당이 상업시설로 바뀔 날도 머지않았고, 직업을 잃는 목사들도 부지기수로 나올 것이 틀림없다.

▣ 한국개신교는 '저승에 가시어'를 '죽은 자 가운데서'로 조작

라틴어 descendit ad inferos(저승에 가시어)

가톨릭 He descended into hell(저승에 가시어)

개신교 He descended into hell(저승에 가시어)

한국개신교 He descended into hell(죽은 자 가운데서)

▣ 개신교와 한국개신교는 '거룩한 가톨릭교회'를 '거룩한 공회'로 조작

라틴어 sanctam Ecclesiam catholicam(거룩한 가톨릭교회)

가톨릭 The holy catholic Church(거룩한 가톨릭교회)

개신교 The Holy Universal Church(거룩한 공회)

한국개신교 The Holy Universal Church(거룩한 공회)

▣ 한국 개신교는 '성인의 통공'을 '성도가 서로 교통하는 것과'로 조작

라틴어 sanctorum communionem(성인의 통공)

가톨릭 The communion of saints(성인의 통공)

개신교 The Communion of Saints(성인의 통공)

한국개신교 The Communion of Saints(성도가 서로 교통하는 것과)

---

05) 사도신경: '사도신조(使徒信條)', '종도신경(從徒信經)'이라고도 하며, 서기 325년
    니케아 공의회에서 기본적으로 믿어야 할 교리와 신앙 고백문으로 채택한
    '니케아 신경'을 압축한 것이다.

62화 오직 믿음은 개신교의 거짓

성경에는 믿는다고 천국 가는 것이 아니라 '오직 하느님의 뜻'을 실천하여야만 구원받을 수 있다고 하는데도 개신교는 '오직 믿음'으로 구원받을 수 있고, 또 믿음을 가진 자들은 반드시 실천한다고 주장하나 성경에서 믿음과 실천을 구분하고 있다는 것은 믿음과 실천이 반드시 일치하는 것이 아니라는 것을 반증하는 것이기에 개신교는 성경 말씀을 왜곡하며 예수님 말씀조차 부정하고 있다.

〈야고보서 2장〉

믿음과 실천

14 나의 형제 여러분, 누가 믿음이 있다고 말하면서 실천이 없으면 무슨 소용이 있겠습니까? 그러한 믿음이 그 사람을 구원할 수 있겠습니까?

15 어떤 형제나 자매가 헐벗고 그날 먹을 양식조차 없는데,

16 여러분 가운데 누가 그들의 몸에 필요한 것은 주지 않으면서, "평안히 가서 몸을 따뜻이 녹이고 배불리 먹으시오." 하고 말한다면, 무슨 소용이 있겠습니까?

17 이와 마찬가지로 믿음에 실천이 없으면 그러한 믿음은 죽은 것입니다.

18 그러나 어떤 사람은 이렇게 말할 것입니다. "그대에게는 믿음이 있고 나에게는 실천이 있소." 나에게 실천 없는 그대의 믿음을 보여 주십시오. 나는 실천으로 나의 믿음을 보여 주겠습니다.

19 그대는 하느님께서 한 분이심을 믿습니까? 그것은 잘하는 일입니다. 마귀들도 그렇게 믿고 무서워 떱니다.

20 아, 어리석은 사람이여! 실천 없는 믿음은 쓸모가 없다는 사실을 알고 싶습니까?

21 우리 조상 아브라함이 자기 아들 이사악을 제단에 바칠 때에 실천으로 의롭게 된 것이 아닙니까?

〈마태오복음 7장〉

주님의 뜻을 실천하여라 (루카 13, 25-27)

21 "나에게 '주님, 주님!' 한다고 모두 하늘나라에 들어가는 것이 아니다. 하늘에 계신 내 아버지의 뜻을 실행하는 이라야 들어간다.

22 그날에 많은 사람이 나에게, '주님, 주님! 저희가 주님의 이름으로 예언을 하고, 주님의 이름으로 마귀를 쫓아내고, 주님의 이름으로 많은 기적을 일으키지 않았습니까?' 하고 말할 것이다.

23 그때에 나는 그들에게, '나는 너희를 도무지 알지 못한다. 내게서 물러들 가라, 불법을 일삼는 자들아!' 하고 선언할 것이다."

내 말을 실행하여라 (루카 6, 47-49)

24 "그러므로 나의 이 말을 듣고 실행하는 이는 모두 자기 집을 반석 위에 지은 슬기로운 사람과 같을 것이다.

25 비가 내려 강물이 밀려오고 바람이 불어 그 집에 들이쳤지만 무너지지 않았다. 반석 위에 세워졌기 때문이다.

26 그러나 나의 이 말을 듣고 실행하지 않는 자는 모두 자기 집을 모래 위에 지은 어리석은 사람과 같다.

27 비가 내려 강물이 밀려오고 바람이 불어 그 집에 휘몰아치자 무너져 버렸다. 완전히 무너지고 말았다."

63화 오직 성경은 개신교의 거짓

성경 '요한복음 제21장', '2테살 제2장'에는 성경에 기록되지 않은 예수님의 행적과 말씀이 엄청나게 많고, 또 사도들이 구두 혹은 편지로 가르친 것을 굳게 지키라고 한다. 그러나 성경에 기록되지 않은 예수님의 말씀과 행적과 사도들의 가르침인 성전[6]을 부정하면서 성경의 글자 하나하나를 성령께서 불러줘 기록한 것이라고 주장하는 개신교에서 '오직 성경'이라며 호도하며 아래의 성경 말씀을 부정하는 것은 곧 자신들의 사상과 교리에 부합하는 성경 구절만 취사선택하겠다는 것이 아니겠는가?

〈요한복음 제21장〉

25 예수님께서 하신 일은 이 밖에도 많이 있다. 그래서 그것들을 낱낱이 기록하면, 온 세상이라도 그렇게 기록된 책들을 다 담아내지 못하리라고 나는 생각한다.

〈2테살 제2장〉

15 그러므로 이제 형제 여러분, 굳건히 서서 우리의 말이나 편지로 배운 전통을 굳게 지키십시오.

성경에 기록되지 않은 예수님의 행적과 말씀과 사도들의 가르침은 현재 거룩한 가톨릭교회의 성전 안에 남아 있고 현재까지 이어오고 있으며, 가톨릭교회는 성경[7]은 성전을 기준으로 교회의 권위로 확정한 것이기에 성경보다 성전의 권위를 동동 이상으로 두고 있으며, 가톨릭교회는 교회의 권위 〉 성전 ≧ 성경으로 정의하고 있다.

성경이 확정되는 과정을 살펴보면, 서기 393년 히포 공의회에서 "그리스어 70인 역본 구약성경 46권과 신약성경 27권만이 정경이다."라고 선포하고, 서기 397년 카르타고 공의회에서 재선포하고, 서기 419년 카르타고 공의회에서 다시 한 번 못을 박고, 루터가 히브리어 구약성경 39권을 채택하며 가톨릭교회의 구약성경 46권을 무시하자 트리엔트 공의회(1545년~1563년)에서 "가톨릭교회의 정경은 예전부터 구약성경 46권이었다."라고 재선포하게 된다.

즉 예수님을 삼위일체의 하느님, 우리의 구세주로 고백하는 그리스도교의 경전은 구약성경인 그리스어 70인 역본 46권이 경전이었으나 종교분열자인 루터, 츠빙글리, 칼뱅 등은 그리스도교를 이단으로 치부하는 유대교의 경전을 따른다며, 가톨릭교회의 연옥 교리의 근간인 「마카베오서」 등 7권을 빼어버렸고, 결국 연옥 교리를 부정하기에 이르게 된다.

따라서 예수님이 이 세상에 오시고 오늘날의 성경이 있기까지 400여 년의 시간이 걸렸다. 그렇다면 정경이 확정된 서기 400여 년 이전의 즉 성경이란 것이 없었던 그 시기에 예수님을 믿었던 신자들은 천국에 있는지, 지옥에 있는지 '오직 성경'이라 주장하는 개신교는 반드시 답을 해야 한다.

---

06) **성전**: '거룩한 전통'이라는 뜻이며, 성전, 전승, 전통이라고 표현되는 교회적 의미다. 교리, 신앙생활상의 관행, 행동 규범, 예배의식, 종교적 체험 등 초창기부터 전해 내려오는 전통을 말한다.

07) **성경**: 가톨릭교회는 구약성경 46권과 신약성경 27권을 합쳐 73권을 정경으로 한다. 개신교는 신약성경은 가톨릭교회의 27권과 동일하지만 구약성경 46권에서 토빗기, 유딧기, 마카베오 상권, 마카베오 하권, 지혜서, 집회서, 바룩서 7권을 뺀 39권을 정경으로 한다.

64화 개신교의 냄새

　예수님은 아무리 믿는다고 해도 하느님의 뜻을 실천하지 않으면 어떤 자도 하늘나라에 들어갈 수 없다고 하는데도 개신교는 마음으로 믿고, 입으로 고백하면 모두 천국에 간다고 주장한다. 구약성경은 유대교에서 만든 것이지만 신약성경 27권은 가톨릭교회에서 만든 가톨릭교회의 경전이다. 그러나 개신교는 가톨릭교회에서 이탈하며 칠성사[8], 공의회 선포, 연옥, 성모공경, 성인의 통공[9] 등 수많은 핵심 교리와 교회의 역사와 전통이 간직된 '성전'을 부정하며 새로운 교리를 만들었기 때문에 가톨릭교회와는 완전히 다른 종교임에도 가톨릭교회의 허가를 받거나 저작권료도 지불하지 않은 채 신약성경 27권을 무단으로 가져가 자신들의 경전으로 삼고 있는 도둑놈이다.

　따라서 천주교와 개신교의 교리적 차이가 너무나 크기 때문에 네가 맞니 내가 맞니 백날 싸우고, 서로 죽이고 죽이는 전쟁을 해도 그 교리 싸움에 대한 결론을 내릴 수 없기 때문에 교리로 이단성을 판단하기보다는 그들의 교회에서 나오는 냄새를 통해 그들의 교회가 이단인지, 아닌지 판단할 수 있을 것이다. 왜냐하면, 진정 예수님의 말씀을 실천하고 역사하신 성령을 믿는다면 '그리스도의 향기'가 나올 것이고, 그들에게서 나오는 냄새가 '시궁창 냄새'가 난다면 사탄을 믿는 것이기 때문이다.

(08)　**칠성사**: 교회와 인류가 하느님과 일치하도록 예수 그리스도께서 세우신 세례성사, 고백성사, 성체성사, 견진성사, 혼인성사, 병자성사, 신품성사의 7가지의 성사를 지칭한다.

(09)　**성인의 통공**: 이 세상에 살고 있는 신자들과 천국에서 천상의 영광을 누리는 이들과 연옥에서 단련 받고 있는 이들 모두가 하나의 교회를 이루고, 이들의 기도, 희생, 선행으로 서로 도울 수 있게 결합된다는 교회의 가르침. 교회는 전통적으로 이 교의를 믿어왔으며 사도신경에도 그 신앙을 고백하고 있다.

65화 개신교는 문자주의 성경해석

성경은 '연애편지'와 같습니다. 연애편지가 도착했는데도 거들떠보지 않는다면 지식이 없어 읽을 능력이 없던지, 혹은 그 보낸 사람에 대해 사랑이 없는 것입니다. 성경을 읽지 않는 사람도 마찬가지입니다. 그래서 성 예로니모는 "성경을 모르는 것은 그리스도를 모르는 것입니다."라고 했습니다(133항 참조). 그리스도에 대한 '지식'도 없고 '사랑'도 없다는 뜻입니다.

연애편지는 문자가 아니라 속뜻으로 읽어야 합니다. "당신 사진이 있어 참 다행이네요."라고 적혀 있다면 "보고 싶다."란 의미입니다. 성경도 문자만이 아니라 그 상징적인 의미까지 이해할 수 있어야 합니다. 그리고 그 상징적인 의미를 알게 하는 '지식의 힘'은 그리스도의 가르침인 '성전(聖傳)'이고 '사랑의 힘'은 그리스도에 의해 부어진 '성령'입니다. 이 두 힘이 교회에 있기에 교회만이 가장 완전한 성경의 해석자가 됩니다.

성경은 또한 '모자이크'와 같습니다. 모자이크는 조금 떨어져 전체적인 그림을 보아야 합니다. 한 부분의 작은 조각만 보고 그것이 성경의 전체라고 믿어버려서는 안 됩니다. 모든 이단은 성경의 작은 부분에만 집중하여 그것이 마치 전체인 양 이야기를 꾸며댑니다. 교회의 성경 해석을 받아들이지 않으면 그런 이단들의 주장에 끌려가게 됩니다. 성경의 부분들은 모자이크처럼 돼 있기 때문에 그것을 떼어 원하는 모양으로 재조립할 수 있습니다. 그래서 성경 해석을 통해 많은 이단과 많은 분파들이 생겨날 수 있는 것입니다.

초대교회 때부터 이런 잘못된 해석으로 많은 이단이 생겼습니다. 물론 예수님을 직접 눈으로 본 사람들의 증언에 의해 신앙이 전파될 때는 이단이 발생하는 경우가 적었습니다. 그러나 시간이 흐르며 예수님의 증인들이 사라져가자 그 증언이 글로 옮겨졌고 그 이후부터 해석의 차이들이 발생하게 된 것입니다. 당시 복음서라고 주장되는 것만 40여 권이 되었고 사도들이 썼다는 편지는 수천 통에 달했습니다. 그들 중에는 참 진리가 담긴 복음서나 편지도 있었지만, 다른 많은 것들은 이단적인 내용을 담고 있었습니다.

이에 성경해석의 유일한 권위자인 교회는 참된 것과 거짓된 것을 가려내어 교회가 갈라지지 않게 해야 할 의무를 느꼈습니다. 이때부터 '정경화'(正經化)가 시작된 것입니다. 정경은 교회의 권위로 선별된 현재 우리가 보고 있는 성경에 포함된 '목록'을 가리킵니다. 교회는 거의 400년간의 작업 끝에 지금 우리가 보는 정경 목록을 확정하였습니다. 구약 정경 46권은 희랍어 번역본인 칠십인 역(LXX)을 기본으로 합니다. 칠십인 역은 신약성경 저자들이 구약을 인용할 때 썼던 성경입니다.

여기서 중요한 점은 구약과 신약을 하나의 그림으로 보아야 한다는 것입니다. 성 아우구스티노는 "신약은 구약에 감추어져 있으며 구약은 신약 안에서 드러난다."라고 하였습니다(129항 참조). 이를 '예형론(typologia)'이라고 합니다. 예를 들어, "교회는 홍수에서 유일하게 구해 주는 노아의 방주에 비유된다."(845항)라고 할 때, 이는 노아의 방주를 예형론적으로 해석하여 교리에 적용한 것입니다. 교회는 이 예형론에 의거하여 '하느님의 계획안에서 신구약은 하나다.'라고 가르칩니다 (128~130항 참조).

새로운 계약(신약)이 세워졌다고 옛 계약(구약)이 폐기될 수는 없습니다. 구약이 전하는 대로 십계명을 지켜야 천국에 가는 것은 맞지만, 신약은 그리스도를 믿고 성령을 받지 않으면 그 계명을 지킬 수 없다는 것이 주된 내용입니다. 사랑의 십계명은 인간의 힘으로는 지킬 수 없고 그리스도를 통해 오시는 성령의 힘으로만 지킬 수 있기 때문입니다(로마 5, 5 참조). 이렇게 구약은 신약을 보완하고 신약은 구약을 완성합니다.

모자이크는 한 부분만을 보아서는 안 됩니다. 마찬가지로 구약과 신약은 '계약을 통한 구원'이라는 한 그림을 그리고 있습니다. 그리고 그 완성된 그림의 모양은 성전(聖傳)과 성령이 충만한 가톨릭교회만 온전히 알고 있습니다. 교회가 성경의 유일한 해석의 권위를 지니고 있음은 교회가 성경 목록을 정할 수 있었고 적어도 신약 목록은 모든 그리스도인들이 받아들였다는 것에서 증명되었습니다.

출처: 2019. 02. 13. 가톨릭신문. 전삼용 신부

■ 가톨릭교회가 전통을 지키는 것은 비성경적이며 예수님의 가르침과 상반된다

- 개신교 모토인 '오직 성경'이라는 말은 성경에는 없다. 이는 성경과 교회의 '성전'이라는 가톨릭의 가르침에 맞서 마르틴 루터 등 종교 개혁가들이 만들어 낸 신학적 가정일 뿐이다. 사도들과 그 후계자들은 그리스도교 신앙의 원천인 성경과 믿음의 전통을 교회를 통해 성령의 이끄심대로 그리스도의 영광스러운 재림 때까지 모든 세대에 선포하고 있다. 그래서 가톨릭교회는 '계시 헌장' 10항을 통해 "성전(聖傳)과 성경은 교회에 맡겨진 하느님 말씀의 유일한 성스러운 유산을 형성한다."라고 고백한다.

■ 가톨릭은 구원에 대한 확신이 없다

- 개신교에선 '오직 하느님 은총으로만 구원받을 수 있다.'라고 믿으며 가톨릭은 구원에 대한 확신이 없다고 비판한다. 그러나 이는 인간 구원을 향한 하느님 은총의 절대성과 인간의 신앙 실천, 곧 행업 협력에 대한 거부에서 비롯된 오해다. 가톨릭교회는 "인간은 하느님의 은총으로 의화[10]되며, 인간은 자유로이 은총에 협력하도록 불림을 받았다."라고 가르친다.

■ 가톨릭은 성모 마리아를 숭배하는 우상 교회다

- 성모님에 대한 교회의 공경은 오랜 역사를 지니고 있다. 서기 431년에 열린 에페소 공의회는 성모께서 '하느님의 어머니'임을 선언했다. 서기 451년 칼케돈 공의회는 '하느님의 어머니이신 마리아에 대한 신심'을 전 교회의 신

심으로 확인했다. 마리아의 동정성과 원죄 없이 잉태된 자 승천 교리는 믿을 교리로 선포된 것이다.

▨ **가톨릭교회는 외경도 성경으로 사용한다**

- 가톨릭교회 성경은 73권이지만, 개신교 성경은 66권이다. 1546년 트리엔트 공의회는 구약 39권에 외경 7권을 포함했는데, 그 이유는 죽은 이를 위한 기도와 천사들의 전구[11], 연옥설, 공덕 축적설[12] 등 교리를 정당화하기 위해서였다고 개신교는 주장한다. 그러나 가톨릭교회에서 정경을 결정한 것은 서기 382년 로마 교회 회의와 서기 397년 카르타고 교회 회의 때였다. 당시 로마에서 쓰던 성경은 라틴어로 번역한 것이었는데, 서로 내용이 다르고 부정확한 경우도 많았다. 그래서 다마소 1세 교황의 지시로 히에로니무스(예로니모) 성인이 대중 라틴어로 번역해 405년께 완성했다. 이를 '불가타(Vulgata)'라고 한다. 트리엔트 공의회는 종교 개혁자들이 유다교 전통에 따라 7권의 제2경전을 성경 목록에서 빼버렸기에 4세기 교회의 결정을 재확인했을 뿐이다.

▨ **가톨릭교회는 교황의 수위권과 무류성을 인정하고 교황을 비롯한 주교와 사제들에 의해 통치되는 계급 종교다**

- 가톨릭 교계제도에 대한 개신교의 비판이다. 교도권은 복음을 선포하는 임무를 유권적으로 이행하는 권한으로, 결코 하느님 말씀 위에 존재하는 것이 아니다. 교황의 수위권 역시 교회의 신앙 일치의 상징으로 이해해야 한다. 제2차 바티칸 공의회에서도 "로마 주교(교황)는 그리스도의 대리자요, 전 교회의 목자로서 교회에 대하여 직책상으로 완전한 최상 전권을 가지며, 언제나 자유로이 이 권한을 행사할 수 있다."(「교회 헌장」 22항)라고 선언한다.

■ 가톨릭은 배타적 구원관을 갖고 있고 교회법으로 운영되는 율법적 교회다

- 가톨릭은 교회 밖의 구원 가능성을 인정하고 있으며, 이웃 종교와의 대화와 교회 일치를 위해 협력하고 있다. 교회법은 또한 제도 교회의 유지를 위한 가장 기본적인 신앙인의 삶의 기준과 척도를 제시하고 있다. 아울러 지역 교회의 자치 구조와 독립성은 교회가 율법적이지 않음을 보여준다.

■ 빵과 포도주가 사제 축성을 통해 예수 그리스도의 몸과 피로 변한다고 믿는데 그건 상징 아닌가?

- 개신교는 세례와 견진[13], 혹은 세례와 성체를 제외하고, 가톨릭의 '성사'를 인정하지 않는다. 가톨릭교회는 성체를 '그리스도의 몸'으로, 성혈을 '그리스도의 피'로 믿는다. 이를 가톨릭에서는 '실체 변화'라고 하는데, 개신교에서는 이를 '화체설'이라고 하며 상징으로만 본다. 트리엔트 공의회는 성사를 '거룩한 것의 표징이며, 보이지 않은 은총의 보이는 형태'라고 정의하면서, "일곱 성사 모두 예수 그리스도께서 제정했다."라고 천명한다.

■ 죄의 용서는 하느님께만 유보된 권한이지 가톨릭 사제가 신자들의 죄를 용서해 줄 권한은 없다

- 사제가 죄를 용서하는 권한, 곧 사죄권에 대한 비판이다. 고해성사는 죄의 용서보다는 화해와 치유라는 의미에서 들여다볼 필요가 있다. 화해의 성사는 제2의 세례성사로서 죄의 상태에서 해방시켜 주고, 다시 생명으로 인도해 주기에 세례 성사의 연장으로 이해됐다. 그리스도께서는 사도들에게 화해 직무를 맡기셨고(요한 20, 23), 그들의 후계자인 주교들과 주교들의 협력자인 사제들이 이 직무를 계속 수행하고 있다.

▨ 교회법을 통해 이혼을 금지하거나 이혼을 합법화하기 위해 혼인무효라는 제도를 뒀다

• 개신교는 '혼인은 사회적 의미를 갖는 것에 지나지 않으며, 그리스도께서 제정한 성사는 아니다.'라고 한다. 하지만 가톨릭은 혼인은 자녀 출산과 부부애를 통한 그리스도와 교회와의 친밀한 일치를 표현해내는 성사적 의미로 혼인을 이해한다.

▨ 교회 분열은 가톨릭교회가 중세에 면죄부를 통해서 그리스도교 신앙을 왜곡했기 때문이다

• 교회 분열의 직접적 원인은 교리 해석 논쟁과 차이가 아니다. 또한, 가톨릭교회에서 죄를 면제해 주는 제도는 없다. 면죄부는 의도적인 오역일 뿐 교회 용어로는 대사(Indulgentia)[14]다. 가톨릭교회는 죄를 면제해 주는 조건으로 면죄부를 발행한 것이 아니라 죄의 용서에 따른 보속 행위의 일부로 대사부[15]를 발행했다.

출처: 2020. 01. 15. 가톨릭평화신문

▨ 마리아 승천설에 대한 성경적 증거가 어디 있나?

• 「성전」과 「요한묵시록」 제12장에 근거를 둔다. 성모님의 승천을 부정하는 개신교는 요한묵시록 5절의 "이윽고 여인이 아들을 낳았습니다. 그 사내아이는 쇠지팡이로 모든 민족을 다스릴 분입니다. 그런데 그 여인의 아이가 하느님께로, 그분의 어좌로 들어 올려졌습니다."에서 모든 민족을 다스리고 그분의 어좌로 들어 올려진 아이가 누구이며, 그 아이를 낳은 여인은 누구이며, 그 여인이 왜 하늘나라에서 왕관을 쓰고 계시는지에 대해 설명을 해야 한다.

〈요한묵시록 제12장〉

여인과 용

1 그리고 하늘에 큰 표징이 나타났습니다. 태양을 입고 발밑에 달을 두고 머리에 열두 개 별로 된 관을 쓴 여인이 나타난 것입니다.

2 그 여인은 아기를 배고 있었는데, 해산의 진통과 괴로움으로 울부짖고 있었습니다.

3 또 다른 표징이 하늘에 나타났습니다. 크고 붉은 용인데, 머리가 일곱이고 뿔이 열이었으며 일곱 머리에는 모두 작은 관을 쓰고 있었습니다.

4 용의 꼬리가 하늘의 별 삼 분의 일을 휩쓸어 땅으로 내던졌습니다. 그 용은 여인이 해산하기만 하면 아이를 삼켜 버리려고, 이제 막 해산하려는 그 여인 앞에 지켜 서 있었습니다.

5 이윽고 여인이 아들을 낳았습니다. 그 사내아이는 쇠지팡이로 모든 민족들을 다스릴 분입니다. 그런데 그 여인의 아이가 하느님께로, 그분의 어좌로 들어 올려졌습니다.

6 여인은 광야로 달아났습니다. 거기에는 여인이 천이백육십 일 동안 보살핌을 받도록 하느님께서 마련해 주신 처소가 있었습니다.

7 그때 하늘에서 전쟁이 벌어졌습니다. 미카엘과 그의 천사들이 용과 싸운 것입니다. 용과 그의 부하들도 맞서 싸웠지만

8 당해 내지 못하여, 하늘에는 더 이상 그들을 위한 자리가 없었습니다.

9 그리하여 그 큰 용, 그 옛날의 뱀, 악마라고도 하고 사탄이라고도 하는 자 온 세계를 속이던 그자가 떨어졌습니다. 그가 땅

으로 떨어졌습니다. 그의 부하들도 그와 함께 떨어졌습니다.

10 그때에 나는 하늘에서 큰 목소리가 이렇게 말하는 것을 들었습니다. "이제 우리 하느님의 구원과 권능과 나라와 그분께서 세우신 그리스도의 권세가 나타났다. 우리 형제들을 고발하던 자 하느님 앞에서 밤낮으로 그들을 고발하던 그자가 내쫓겼다.

11 우리 형제들은 어린양의 피와 자기들이 증언하는 말씀으로 그자를 이겨 냈다. 그들은 죽기까지 목숨을 아끼지 않았다.

12 그러므로 하늘과 그 안에 사는 이들아, 즐거워하여라. 그러나 너희 땅과 바다는 불행하다. 시간이 얼마 남지 않은 것을 깨달은 악마가 큰 분노를 품고서 너희에게 내려갔기 때문이다."

13 용은 자기가 땅으로 떨어진 것을 알고, 그 사내아이를 낳은 여인을 쫓아갔습니다.

14 그러나 그 여인에게 큰 독수리의 두 날개가 주어졌습니다. 그리하여 그 여인은 광야에 있는 자기 처소로 날아가, 그 뱀을 피하여 그곳에서 일 년과 이 년과 반 년 동안 보살핌을 받았습니다.

15 그 뱀은 여인의 뒤에다 강물 같은 물을 입에서 뿜어내어 여인을 휩쓸어 버리려고 하였습니다.

16 그러나 땅이 여인을 도왔습니다. 땅은 입을 열어 용이 입에서 뿜어낸 강물을 마셔 버렸습니다.

17 그러자 용은 여인 때문에 분개하여, 여인의 나머지 후손들, 곧 하느님의 계명을 지키고 예수님의 증언을 간직하고 있는 이들과 싸우려고 그곳을 떠나갔습니다.

18 그리고 용은 바닷가 모래 위에 자리를 잡았습니다.

- ◼ **마리아 무염시태론(마리아는 원죄가 없다)에 대한 성경적 증거가 있나?**
  - 교회의 가르침으로 성모님이 원죄와 본죄가 있다면 하느님이신 예수님은 성모님의 태중에서 "예수님도 죄에 물들었다."라고 고백하는 불경죄에 해당한다.

- ◼ **마리아 평생 동정녀 마리아는 예수님을 낳을 때는 동정녀라는 것은 인정하는데, 그 이후 야고보를 낳지 않았나? 이것에 대해 어디에 성경적인 근거가 있나?**
  - 교회의 '성전'에 근거를 두며, '성전'에 의하면 예수님이 돌아가시고 성모님은 사도 요한댁에서 혼자 사시며 교회의 어려운 문제가 있을 때 주님의 어머니 자격으로 자문하셨고, 성모님께 '예수님의 어머니'로 존경을 표했다고 한다. 만약 예수님의 형제들이 있었다면 예수님이 십자가에서 사도 요한에게 왜 성모님을 부탁했는지, 또 성모님은 가족들과 떨어져 돌아가시기 전까지 왜 사도 요한댁에서 혼자 사셨는지에 대해 개신교는 설명해야 한다.

- ◼ **마리아는 '하나님의 어머니' 이것에 대한 성경적 근거가 있나?**
  - 교회의 권위에 근거를 둔다. 서기 325년 니케아 공의회에서 "예수님은 하느님이시다."를 선포하게 된다. 그러나 예수님은 하느님이 아니라는 아리우스파 등 온갖 이단들이 속출하고, 그들은 삼위일체의 하느님이신 예수님을 부정하게 된다. 이후 공의회에서 그러한 이단들을 퇴출하고, 서기 431년 에페소 공의회에서 '성모님은 하느님의 어머니'라고 선포하게 된다. 즉 성모님을 하느님의 어머니로 선포하게 된 이유는 예수님은 하느님이심을 드높이기 위한 것으로, "성모님은 하느님의 어머니가 아니다."라고 주장하는 것은

결국 예수님은 하느님이 아닌 인간에 불과하다는 이단들의 주장을 따르는 것이고, 예수님을 인간으로 격하시키는 불경죄에 해당한다.

▨ **고해성사에 대한 성경적인 근거가 있나? 예수 그리스도가 우리의 죄를 전부 사해주셨는데 결국 죄의 담당은 신부가 아니라 예수님 아닌가?**

- '성경'과 '성전'에 근거를 두며, 초대교회에도 공동고백을 했었다는 기록이 있으며, 사도 베드로를 위시한 사도들에게 주신 권한이 온전히 교회에 위임(사도전승)되었다고 가톨릭교회는 가르치고 있기 때문에 사제에게 고백하는 것은 곧 하느님의 이름으로, 하느님이 사해주시는 것이고, 또한 가톨릭교회에서는 하느님 이외에 죄를 사해 줄 수 있는 인간은 없으며 사제가 죄를 사해주는 것이 아니라고 가르치고 있다.

▨ **교황 1대 교황이 왜 베드로이며 마태복음 16:18 죄에 쉽게 빠지는데도 그리스도의 대리인인가?**

- 「마태오복음서」 제16장 18~19절, 「요한복음서」 제21장 15~17절에 근거를 둔다. 예수님은 사도 베드로에게 "내 양들을 잘 돌보아라."라고 세 번이나 당부하였으며, 어마어마한 하느님의 권능인 천국의 열쇠를 맡기셨으며, 매고 푸는 권한을 주셨고, 사도 베드로가 로마에서 20여 년간 거주했었다는 역사적 기록이 있으며, 로마 교회를 개척하고 로마 교회의 주교로서 각 지역 교회의 갈등이나 문제들을 해결했다는 기록이 있다. 또한, 사도 베드로는 신이 아닌 우리와 같은 인간이며, 인간이기에 죄를 지을 수 있고 부족한 면도 있을 수 있다. 그렇지만 예수님은 부족한 인간에게 주님의 양들을 맡기셨다. 만약 그리스도의 대리자가 죄를 지어서는 안 된다고 한다면 개신교에서 '주님의 종'이라는 교역자들이 왜 죄의 구렁텅이에 빠지는지에 대해 설명해야 한다.

〈마태오복음 제16장〉

18 나 또한 너에게 말한다. 너는 베드로이다. 내가 이 반석 위에 내 교회를 세울 터인즉, 저승의 세력도 그것을 이기지 못할 것이다.

19 또 나는 너에게 하늘나라의 열쇠를 주겠다. 그러니 네가 무엇이든지 땅에서 매면 하늘에서도 매일 것이고, 네가 무엇이든지 땅에서 풀면 하늘에서도 풀릴 것이다."

20 그런 다음 제자들에게, 당신이 그리스도라는 것을 아무에게도 말하지 말라고 분부하셨다.

〈요한복음서 제21장〉

예수님과 베드로

15 그들이 아침을 먹은 다음에 예수님께서 시몬 베드로에게 물으셨다. "요한의 아들 시몬아, 너는 이들이 나를 사랑하는 것보다 더 나를 사랑하느냐?" 베드로가 "예, 주님! 제가 주님을 사랑하는 줄을 주님께서 아십니다." 하고 대답하자 예수님께서 그에게 말씀하셨다. "내 어린 양들을 돌보아라."

16 예수님께서 다시 두 번째로 베드로에게 물으셨다. "요한의 아들 시몬아, 너는 나를 사랑하느냐?" 베드로가 "예, 주님! 제가 주님을 사랑하는 줄을 주님께서 아십니다." 하고 대답하자 예수님께서 그에게 말씀하셨다. "내 양들을 돌보아라."

17 예수님께서 세 번째로 베드로에게 물으셨다. "요한의 아들 시몬아, 너는 나를 사랑하느냐?" 베드로는 예수님께서 세 번이나 "나를 사랑하느냐?" 하고 물으시므로 슬퍼하며 대답하였다. "주님, 주님께서는 모든 것을 아십니다. 제가 주님을

사랑하는 줄을 주님께서는 알고 계십니다." 그러자 예수님께서 베드로에게 말씀하셨다. "내 양들을 돌보아라."

▨ 천주교는 주 뜻대로 행하는 자만이 들어간다고 하는 것으로 안다. 「야고보서」와 「마태오복음서」는 믿음이 있다고 말하며 행함이 없는 거짓 믿음을 말하는 것이 아닌가? 믿음을 증명하라 이런 말 아닌가? 타 종교의 구원 인정 이것에 대한 성경적 근거는?

• 믿음에도 진짜 믿음이 있고 거짓 믿음이 있는가? 그리고 우리가 예수님을 그리스도로 믿고 입으로 고백한다고 해서 구원이 완성되는 것이 아니라 주님의 뜻을 실천한 이후 하느님의 은총으로 구원이 완성되는 것이기 때문에 아무리 믿는다고 고백해도 하늘나라에 들어갈 수 없고, 오직 주님의 뜻을 실천해야만 들어갈 수 있다면 믿음보다는 실천이 더 중요하다는 것이다.

또한 '타 종교도 구원의 가능성이 있다.'라는 것은 교회의 권위로 선포한 것이며, 아래 성경 말씀에서 'acknowledge'는 '인정하다'의 뜻이니 'who do not acknowledge God'는 '하느님을 알면서도 인정하지 않는 자'로 해석되고, 공동번역 성서에서도 '하느님을 거부하는 자'로 해석하고 있다.

〈테살로니카 둘째 서간 제1장〉

(공동번역) 8 주께서는 불꽃 가운데 나타나셔서 하느님을 거부한 자들과 우리 주 예수의 복음을 받아들이지 않은 자들을 처벌하실 것입니다.

(NAB) 8 in blazing fire, inflicting punishment on those who do not acknowledge God and on those who do not obey the gospel of our Lord Jesus.

그렇다면 복음이 전해지지 않아 하느님과 예수님이 누군지 몰라서 믿지 않은 이들도 존재할 수 있고, 하느님을 믿지는 않았지만 주님의 뜻을 실천한 의인들도 있을 수 있다. 그러나 이런 분들이 구원될지 안 될지는 우리 인간들은 모르고 오직 하느님만 알고 계시지만 "'선'이신 하느님은 이들을 모른다고 하지는 않을 것 같다."라고 가톨릭교회는 가르치고 있다.

---

10) **의화**: 죄로 부패했던 인간의 본성을 회복, 하느님의 말씀에 동의하고 받아들임, 하느님과 일치하는 것

11) **전구**: 다른 사람을 위해 대신 간청하거나 탄원하는 행위

12) **공덕 축적설**: 구원받을 만큼 선행과 공덕을 쌓아야 한다는 주장

13) **견진**: '견진성사'를 말하며, 세례성사를 받은 그리스도인에게 신앙을 성숙시키고 나아가 자신의 신앙을 증언하게 하는 성사

14) **대사**: 교회가 정한 일정한 조건(기도, 희생, 봉사 등)을 충족하는 사람에게 잠벌(일시적으로 잠시 받는 벌. 고백성사로 죄를 용서받았다고 하더라도 잠벌은 남아 있음)을 면해주는 행위

15) **대사부**: 중세기에 팔았다는 '대사부'는 연옥에서 받을 잠벌을 면해주는 증서

67화 개신교의 사회복지비는 뻔뻔한 거짓말

개신교의 각종 언론매체와 개신교인들은 개신교의 사회복지비 지출이 "통계에 잡히지 않는 사회복지비가 엄청나다."라고 주장하며, 2006년 8월 10일 '청어람'에서 개신교 단체인 '건강한 교회 재정확립 네트워크'의 '한국교회 재정 운영 실태조사 결과 발표'에서 박득훈 목사는 "한국 사회의 전체 사회복지기금의 70%를 개신교회가 담당하고 있으며, 개신교의 1년 수입이 8조 6천억 원에 이른다."라고 주장한다.

이번 조사에 대해 교회개혁실천연대 공동대표 박득훈 목사는 "조사결과에 따르면 교회 규모가 커지면서 사례비의 비중은 상당히 줄어든 반면, 사무관리행정비의 비중은 오히려 증가하는 경향이 있고 구제비 비중의 증가는 아주 미미하다."라며 "여기에 개신교회가 한국 사회의 전체 사회복지기금의 70%나 담당하고 있으면서도 시민으로부터 외면당하고 있는 이유를 찾을 수 있다. 교회가 제공하는 사회복지비가 교회 전체 재정에 비하면 껌값에 지나지 않는다는 것을 그들이 알고 있기 때문이다."라고 밝혔다.

출처: 2006. 8. 10. 뉴스파워

http://www.newspower.co.kr/sub_read.html?uid=6545

박 목사는 한국교회가 건강성을 회복하려면 반드시 교회의 재정 문제를 짚고 넘어가야 한다고 했다. 그는 한국교회가 한국 사회의 전체 사회복지기금의 70%를 담당하고 있으면서 시민으로부터 외면당하는 이유를 여기에서 찾고 있다. 교회가 제공하는 사회복지비가 교회 전체 재정에 비하면 극히 미미한 수준에 지나지 않기 때문이다. 실제로 조사 결과에 따르면, 교회가 지출하는 예산 중 가장 많은 부분이 사무관리행정비로 22.28%에 달한다. 그다음이 16.91%가 사례비다. 구제비는 3.1%에 불과. 재정 실태를 조사하고 분석한 최호윤 회계사는 이를 두고 교회가 내부 유지와 확장에 목적으로 두고 있기 때문이라고 해석했다.

출처: 2006. 8. 10. 뉴스앤조이

https://www.newsnjoy.or.kr/news/articleView.html?idxno=18254

과연 한국 사회 전체 사회복지기금의 70%를 개신교에서 부담하고 있다는 이들의 주장이 사실일까요? 정부의 통계자료와 비교해 봅시다.

아래의 2007년 보건복지부의 '한국의 사회복지지출 추계(1990~2005)와 자발적 민간급여 실태조사' p.58에서 공급자 중심 측면으로 계산할 경우 우리나라 공공 및 민간에서 지출하는 순수 총사회복지비는 1997년 기준 약 110조 원, 2000년 기준 약 131조 원, p.69에서 공급자와 수혜자를 절충한 절충법에 의하면 2004년 기준 약 148조 원 정도로 추정되고, p.116에서 2005년 기준 정부 통계에 따르면 공공, 민간 총사회복지비 지출은 약 88조 원으로 추계된다고 한다.

총체적인 사회복지자원 총량을 추계한 신동면(2001)과 김진욱(2005)의 연구는 모두 공급주체를 정부, 기업, 시장, 제3섹터, 공동체(가족)의 5가지 제도영역으로 구분하여 자원 총량을 추계하였다. 하지만 두 연구는 각 영역에 포함시키는 자원항목이 달라 결과적으로 부문과 총량에서 자원 총량이 다르게 추계되었다.

전자는 1997년 기준으로 약 110조 1,620억 원이며, 후자는 2000년 기준으로 약 131조 2,430억 원으로 추계되었다.

출처: 2007년 보건복지부,

한국의 사회복지지출 추계(1990~2005)와 자발적 민간급여 실태조사, p.58

앞서 살펴본 공급자·연결매체 절충법에 의해서 사회복지자원의 총량을 추계한 김교성·김종건(2006) 연구에 따르면, 사회복지자원 가운데 공공부문은 각종 사회보험과 공공부조, 사회복지서비스, 조세지출, 공공요금감면, 지방자치단체의 사회복지예산 등을 포함하여 총 52조 9,563억 원으로 추계되었으며, 이는 2004년 경상 GDP 779조 3,805억 원 대비 6.8% 수준으로 추정된다.

한편, 민간부문의 경우 기업이 44조 3,856억 원, 시장이 54조 9,695억 원, 제3섹터가 3조 360억 원, 공동체가 8조 334억 원으로, 총량이 110조 4,245억 원으로 추계되었으며, 이는 2004년 경상 GDP 대비 약 14% 수준으로 파악되었다. 절충적 접근법에 따른 정부와 민간(기업, 시장, 제3섹터, 공동체)부문의 2004년 기준 사회복지자원 총량은 148조 2,051억 원이며, 정부, 기업 그리고 개인의 기부금 및 자원봉사, 사적이전의 규모를 조사한 공급자 중심의 사회복지자원 총량은 총 105조 6,456억 원으로 나타났다.

출처: 2007년 보건복지부,

한국의 사회복지지출 추계(1990~2005)와 자발적 민간급여 실태조사 p.69

우리나라의 공공부문과 민간부문을 전체 망라한 총사회복지지출은 2005년에 약 88조 5,880억 원으로 요소 GDP의 12.41%를 차지하는 것으로 추계되었다. 참고로 총사회복지비 지출과 순사회복지비 지출이 GDP에서 차지하는 비율을 추계할 때에는 요소 GDP(GDP at factor costs)를 사용하고 있다(Adema, W., 1999)

출처: 2007년 보건복지부,

한국의 사회복지지출 추계(1990~2005)와 자발적 민간급여 실태조사 p.116

위의 자료에서, 민간의 후원금들이 이중으로 반영될 수 있거나 혹은 통계에 잡히지 않는 '자선사업비'를 어떻게 처리하느냐에 따라 그 액수는 조금씩 달라지지만, 여하튼 2005년 기준으로 우리나라 공공 및 민간을 통틀어 지출하는 총사회복지비는 최소 88조 원 이상이라고 한다.

개신교 측의 주장대로 개신교의 연간 총수입 8조 6천억 원을 모두 사회복지비로 지출한다고 하더라도 2005년 기준 우리나라 총사회복지사업비 88조 원과 비교하면 9.8%에 불과하며, 개신교의 연간 총수입을 사회복지비로 모두 지출하면 개신교의 모든 목회자들은 굶어 죽거나 개신교 문을 닫아야 하지 않습니까? 그래서 그들의 연간 구제비를 정부의 사회복지 분야 예산과 비교해 봅시다.

아래의 2009년 사회복지공동모금회의 「정부의 2006~2009년 사회복지예산 추이와 사회복지공동모금회의 모금·배분 방향」 p.15에 의하면, 2006년도 보건복지가족부의 사회복지 분야 예산은 6조 5,301억 원이라고 하며, 「건강한 교회 재정확립네트워크」에서 발표하고 2006년 8월 10일 보도한 「뉴스앤조이」는 개신교의 연간 구제비가 총수입 8조 6천억 원의 3.1%(2,700억 원)로 조사되었다고 한다.

□ 3년간의 사회복지 분야 예산액의 규모 역시 매년 증가하고 있으며, 특히 2007년에서 2008년도의 증가폭이 매우 크게 나타나고 있음(표 1).

- 2007년 사회복지 분야의 예산은 2006년보다 24.9% 증가했으며, 2008년은 12조 1,535억원으로 증가액은 전년 예산 대비 49.0% 증가, 2009년에는 14조 5,615억원으로 2008년보다 19.8% 증가함.

[표 1] 보건복지가족부 예산과 사회복지 분야별 예산

단위: 백만원, (%)

구 분	2006년	2007년	증감 (증감율)	2008년	증감 (증감율)	2009년	증감 (증감율)
보건복지가족부 총예산*	10,414,400	11,936,900	1,522,500 (14.6)	16,303,300	4,366,400 (36.6)	19,707,983	3,404,683 (20.9)
사회복지분야 예산	6,530,109	8,154,431	1,624,322 (24.9)	12,153,549	3,999,118 (49.0)	14,561,544	2,407,995 (19.8)

* 보건복지가족부 세출예산 중 기금을 제외한 예산액임. 예산과 기금의 구성 내역은 <부표 1> 참조.
자료 : 보건복지가족부(2007; 2008; 2009b).

출처: 2009년 사회복지공동모금회. 정부의 2006~2009년 사회복지예산 추이와 사회복지공동모금회의 모금·배분 방향 p.15

<기독교>
건강한교회재정확립네트워크, 교회재정 운용 실태 조사 발표 (2006, 8, 10, 뉴스앤조이)
총수입: 8조 6100억
선교비: 9200 억 (10.67%)
구제비: 2700 억 (3.1%)
* 사무,관리비: 22%/ 목회자 사례비: 16.9%

참고: 2006. 08. 10. 뉴스앤조이
https://www.newsnjoy.or.kr/news/articleView.html?idxno=18254

이상과 같이, 개신교의 연간 구제비 2,700억 원을 모두 사회복지 분야에 지원한다고 하더라도 2006년도 보건복지가족부의 사회복지 분야 예산 6조 5,301억 원과 비교하면 4.1%에 불과하고, 개신교의 연간 총수입 8조 6천억 원 모두를 사회복지비로 지출하더라도 2005년 기준 우리나라 공공 및 민간에서 지출하는 총사회복지비 88조 원과 비교하면 9.8%에 불과함에도 어떻게 자기네들이 우리나라 사회복지비 중 70%를 개신교에서 부담한다는 터무니없는 주장을 하는 것일까요?

그런 거짓말을 통해 그들이 얻고자 하는 것은 무엇일까요? 개신교 단체나 매스컴, 개신교인들이 제정신으로 하는 얘기일까요?

68화 개신교의 복지시설 운영은 돈벌이 수단

　개신교가 우리나라의 사회복지시설을 가장 많이 운영하고 있고, 가난하고 소외된 이들을 위해 헌신하고 있다며 자랑하고 있다. 이들의 주장이 사실이며, 또 그렇게 많은 사회복지시설을 운영하는 그들의 목적은 무엇일까요?

　참고로, 정부에서 운영비를 지원하는 사회복지시설은 크게 두 가지로 분류된다.

　• 정부 혹은 민간단체의 시설을 특정 사회복지단체에서 위탁 운영
　• 특정 사회복지단체에서 시설을 직접 만들어 운영

　또 사회복지시설은 또 이용시설, 생활시설, 이용시설과 생활시설이 혼합된 3가지 형태로 분류된다.

　'이용시설'이란 이용자 부담이 있는 시설을 말한다. 즉 기초생활수급자는 무료로 그 시설을 이용하지만, 일반인들도 그 시설을 이용할 수 있으나, 그 시설을 이용하는 경우 이용료를 지불해야 하는 것으로, 수익이 발생하는 시설을 말하며, 특정 법인에서 위탁 혹은 직접 운영하는 시설에 대해 정부에서 운영비를 지원하고 있으며, 이용시설의 일례로 아래의 '강릉시 홍제동 노인종합복지관'의 경우 매월 수만 명이 이용하는데 물리치료실 500원, 점심 1,000원, 미용 커트 1,500원, 파마 4,000원을 지불하며 저렴하게 이용하고 있다.

| 하루 평균 1000명 방문... 이용료 저렴·31개 강좌 효과

강릉시 홍제동에 건립된 노인종합복지관에 하루평균 1000여명의 노인들이 북적일 정도로 폭발적인 인기를 끌고 있다.

강릉시는 지난 7월 홍제동 주민센터 맞은편 2137㎡ 부지에 지하1층~지상4층 연면적 3454㎡ 규모로 노인종합복지관을 건립, 물리치료실과 진료실, 이·미용실, 상담실, 자원봉사실, 장기·바둑실, 노래방, 정보화실, 탁구장, 당구장, 헬스장 등 다양한 시설을 갖췄다. 또 스포츠댄스와 에어로빅, 생활풍수, 손뜨개, 영어, 중국어, 문화해설 등 31개 건강·취미·교양 강좌를 운영 중이다.

이처럼 다양한 노인관련 프로그램을 마련한 결과 하루 평균 1200여명의 노인들이 복지관을 방문하는 등 만족해 하고 있다.

방문 인원만 봐도 개관 첫째달인 7월 2만3423명을 비롯해 8월 2만4458명, 추석이 긴 9월 1만9572명, 10월 2만2292명, 11월10일 현재 8464명 등 4개월여 만에 무려 9만8209명에 달한다. 특히 대부분 프로그램이 무료이지만, 일부 이용료가 있다 하더라도 500원~4000원 사이로 비교적 저렴해 노인 만족도를 더욱 높이고 있다. 예컨대 물리치료실 이용료가 500원이고, 점심 1000원, 이·미용 관련 커트 1500원, 파마 4000원 등 식이다.

이 때문에 노인들은 개관하는 오전 9시부터 폐관하는 오후 5시까지 복지관을 방문해 여가시간을 보내는 등 즐거워 하고 있다.

윤중기 강릉시 주민생활지원과장은 "노인들의 건전한 노후활동을 지원하는 지역 복지 일번지로 역할을 다하기 위해 노력하겠다"고 말했다. 강릉/구정민

출처: 2010. 11. 12. 강원도민일보

'생활시설'이란 빈민이나 갈 곳이 없거나 보호해 줄 보호자가 없는 이들을 수용, 보호해 주는 시설로, 정부에서 운영비를 지원해 주는 것이 아니라 수용된 그들의 생활비를 그들에게 지원해 주는 시설로, 사업소득이 발생하지 않는 시설을 말하는데, 개신교에서 가장 많이 운영하는 이용시설 중 '노인종합복지관'을 예로 들어 개신교의 주장이 사실인지 판단해 봅시다.

아래의 2009년 보건복지가족부의 '사회복지시설평가' p.159에 따르면, 우리나라 '노인종합복지관' 총 111개 중 개신교가 24개로 21.6%, 불교가 18개소로 16.2%, 천주교가 9개로 8.1%를 운영하고 있다고 한다.

2009 사회복지시설평가

한편, 종교적인 측면에서는 종교적 성향이 없는 시설이 총 57개소(51.35%)로 절반 이상을 차지하고 있었다. 그 다음은 기독교적 성향의 시설이 24개소(21.62%)로 나타났으며, 불교 18개소(16.22%), 천주교 9개소(8.10%), 원불교 2개소(1.80%), 기타 1개소(0.90%)로 조사되었다.

지역별로 살펴보면 대구와 인천은 조사대상이었던 모든 시설이 종교적 성향이 없다고 답하였고, 경기지역에서는 조사대상의 34.48%의 시설인 10개소가 기독교적 성향을 갖고 있는 것으로 나타났다. 전국 단위 조사결과에서 나타난 2개소의 원불교적 성향을 가진 시설은 모두 전북 지역에 소재하고 있는 것으로 파악되었다(〈표 I -1-1-3〉참조).

〈표 I -1-1-3〉 지역별 종교성향

단위: 개(갯수), %

지역	계	종교성향					
		기독교	천주교	불교	원불교	기타	없다
전국	111 (100.00)	24 (21.62)	9 (8.10)	18 (16.22)	2 (1.80)	1 (0.90)	57 (51.35)

출처: 2009년 보건복지가족부, 사회복지시설평가 p.159

또 같은 자료 p.184의 '노인종합복지관 재정 현황'과 p.164의 '노인종합복지관 직원 1인당 관리대상 수'에 따르면, 우리나라 노인종합복지관의 평균 세입(수입) 8억 6,462만 원 중 정부지원금(보조금수입)은 6억 3,847억 원이며, 복지시설을 운영하는 주체인 복지법인에서 복지시설에 지원하는 법인전입금은 평균 4,487만 원으로 총세입의 약 5.2%이며, 평균 세출(지출) 8억 5,821만 원 중 평균 13명 직원들의 인건비로 평균 3억 4,443만 원을 지출하고 있다.

<표 I-3-1-1> 노인종합복지관 재정 현황

단위: 원

재정항목	시설수	최소	최대	평균	표준편차
세입총액	112	366,867	3,184,723,351	864,619,755.30	620,874,880.00
보조금수입	111	0	2,624,586,000	638,469,645.10	460,060,679.00
법인천입금	101	0	390,988,580	44,871,224.90	56,751,763.82
후원금수입	105	0	213,519,391	44,527,840.71	45,052,888.27
기타	106	0	1,288,853,223	156,128,380.70	200,193,389.90
세출총액	112	351,001	3,068,299,486	858,213,644.00	595,167,475.10
인건비	109	0	1,439,360,320	344,434,795.90	220,154,296.10
사무비	110	0	632,884,550	95,490,031.23	77,551,876.81
사업비	112	0	1,424,400,000	341,744,401.10	355,079,328.40
재산조성비	109	0	323,024,629	40,243,496.39	52,502,510.63
기타	92	0	427,156,537	46,915,862.65	74,523,044.00

출처: 2009년 보건복지가족부, 사회복지시설평가 p.184

<표 I-2-1-5> 노인종합복지관 직원 1인당 관리대상자 수

단위: 명

구분	시설수	최소	최대	평균	표준편차
직원 수	111	1	36	13.14	6.25
대상자 수	111	0	535,222	38,583.15	98,485.73
1인당 관리대상자 수	111	0	78,649.80	4,845.29	13,032.45

출처: 2009년 보건복지가족부, 사회복지시설평가 p.164

따라서 운영주체인 복지법인에서 평균 4,487만 원만 부담하면 평균 8억 6,462만 원의 수입이 발생되는 복지시설을 운영할 수 있으며, 평균 13명의 직원을 채용해서 그들의 인건비로 약 3억 4,000만 원을 지출하는 수익사업을 할 수 있게 된다.

또 아래의 같은 자료 p.162의 '노인종합복지관 기초생활수급자 현황'에 의하면, 노인종합복지관을 이용하는 기초생활수급자는 전체 이용자의 0%~0.59%에 불과하고, 이용자의 99% 이상은 이용료를 부담하는 것으로 '이용시설'은 수익이 창출되는 사기업이라고 해도 무방하다.

3) 노인종합복지관 기초생활수급권자 현황

본 평가에서 신설된 현황파악 부분으로 노인종합복지관을 이용하는 기초생활수급노인을 노인종합복지관의 이용자 중 기초생활수급노인의 수는 평균 439.29명으로 나타났다(〈표 I -2-1-3〉 참조).

〈표 I -2-1-3〉 노인종합복지관 기초생활수급권자 현황

단위: 명, %

구분	시설수	최소	최대	평균	표준편차
실인원	112	120	325,035	7,542.03	35,082.48
기초생활수급노인	107	0	19,310	439.29	1,975.84
비율	111	0	0.59	0.10	0.10

출처: 2009년 보건복지가족부, 사회복지시설평가 p.162

또한, 아래의 2006년 보건복지부의 '종교시설의 사회복지시설로의 활용방안 연구' p.52~p.53에 의하면, 종교단체에서 사회복지시설을 운영하는 목적이 가난하고 소외된 이들에게 사랑과 자비를 베풀기 위함이 아니라 '자신들의 종교적 목적을 달성하기 위한 수단', '할 수만 있으면 국가에 기대어 보려는 얄팍한 마음'으로 운영하고 있다며 일갈하고 있기도 하다.

▨ 문제점

이미 살펴본 것처럼 각 종교단체들은 자기들의 교리전파와 교세 확장을 위한 방편으로 사회복지시설들을 운영하고 있는 모습들을 살펴보았다. 물론 사회복지시설을 운영하는 주체들이 나름의 수고와 노력을 아끼지 않고 있다는 점에는 동의한다. 그러나 일관되고 통일된 기준이나 방법이 아닌 복지시설을 운영하는 주체들이 나름의 프로그램에 의존하다 보니 적잖은 문제점들이 드러나고 있다.

예를 들면, 종단별로 그리고 교파별로 각기 다른 형태의 사회복지시설을 운영하고 있었으며, 결국은 종교적인 목적을 성취하기 위한 방법으로 사회복지를 선택하고 있었음을 부인할 수 없는 일이다.

또한, 경제적으로 여유가 있는 시설의 경우에는 풍성한 프로그램과 좋은 시설, 그리고 유능한 봉사자들로 넘치고 있다. 그러나 누군가에게 의존하지 않으면 안 되는 미자립형 시설들의 경우에는 복지라는 의미보다 오히려 보호 차원의 개념에서 이해하는 것이 더 정확한 이해가 될 것이다.

이러한 문제들을 통해서 국가와 사회복지단체들은 좀 더 보편적이고 투명한 복지시설관리와 지원책이 요구된다는 사실을 인식했으면 한다. 따라서 이러한 문제들을 최소화시키고 복지효과는 극대화할 수 있는 대안이 바로 종교시설을 복지시설로 활용하는 방안이라는 점을 강조하고 싶다.

물론 여기에는 적잖은 문제점들과 반대 의견들이 있다는 것도 감수해야 한다. 다만 지금까지 종교기관을 통해 실천되어왔던 여러 가지 모양의 사회복지시설들이 모두에게 긍정적이고 보기 좋은 모습으로 비친 것만은 아니었다는 것이다. 그중에는 너무 심각해서 운영하고 있는 시설을 폐쇄하는 것이 옳다는 모습으로 비친 시설도 있었고, 어떤 시설은 지극히 모범적인 시설도 있었다. 국가의 지원보다는 종교단체에서 자비량으로 일체의 경비를 부담하며 아름다운 모습으로 선을 행하던 기관도 있었다. 그런가 하면, 할 수만 있으면 국가에 기대어 보려는 얄팍한 마음으로 운영되던 시설도 있었다. 따라서 부정적인 시각으로 비쳤던 몇 개의 시설들만을 염두에 두고 계속해서 종교단체에 대해 굴절된 시각으로 바라보는 것도 문제이다.

바라기는 지금까지와는 전혀 다른 시각에서 이미 존재하고 있는 종교

시설을 복지시설로 활용하는 방안에 대해 긍정적인 방향으로 나아갈 수 있도록 협력하자는 것이다. 부족한 부분에 대해서는 바로 잡아주고 지도해주면서 모든 사람이 살기 좋은 세상을 만드는 일에 종교와 국가가 함께 마음과 생각을 모았으면 한다.

어려운 사람을 도와주고 싶은 것은 국가나 종교나 같은 마음일 것이다. 이러한 가장 기본적인 인간의 행복추구를 위해 국가의 손길이 미치지 못하는 부분에 대해 종교가 감당하는 방법이 종교시설을 복지시설로 활용하는 길이 될 것이다.

출처: 2006년 보건복지부,

「종교시설의 사회복지시설로의 활용방안 연구」 p.52~p.53

하기의 2009년 한국보건사회연구원의 「사회복지지출 추계를 위한 자발적 민간지출 수준 연구」 p.169에 따르면, 2007년 기준 개신교와 불교는 사업소득이 발생되는 '이용시설'에 거의 대부분 자금을 투입하지만, 천주교는 사업소득이 발생하지 않는 '생활시설'에 거의 모든 자금을 투입하는 것으로 나타난다.

〈부표 16〉 사회복지시설에 대한 시설형태별 민간지원금 규모(2007)

(단위: 백만원)

계		종교계					일 반 (비종교계)
		계	천주교	기독교	불교	원불교	
계	236,089	68,522	37,253	20,870	8,960	1,439	167,567
이용시설	135,147	28,153	8,136	11,031	8,634	352	106,994
생활시설	100,942	40,369	29,117	9,839	327	1,086	60,573

출처: 2009년 한국보건사회연구원 사회복지지출 추계를 위한 자발적 민간지출 수준 연구 p.169

다음은 연도별 각 종교단체가 사회복지시설에 지원하는 지원금에 관한 2007년 보건복지부의 「한국의 사회복지지출 추계(1990~2005)와 자발적 민간급여 실태조사」 p.167에 의하면, 2004년 기준 개신교는 약 220억 원, 천주교는 약 260억 원, 불교는 약 54억 원, 2005년 기준 개신교는 약 210억 원, 천주교는 약 260억 원, 불교는 약 53억 원, 2006년 기준 개신교는 약 220억 원, 천주교는 약 290억 원, 불교는 약 60억 원을 각 종교단체에서 사회복지기관에 지원하고 있다.

종교계에 대해 종단별로 살펴보면, 천주교가 294억원(22.4%), 기독교가 227억원(17.4%), 불교가 59억원(4.6%), 그리고 원불교가 38억원(3.0%)을 지원하고 있다는 것으로 나타났다(표 Ⅱ-Ⅲ-9 참조).

〈표 Ⅱ-Ⅲ-9〉 사회복지시설에 대한 일반 및 종교계의 지원금 규모:
연도별·종단별

(단위: 백만 원)

	계	종교계					비종교계 (일반)
		계	천주교	기독교	불 교	원불교	
2004	122,201	55,573	25,895	21,967	5,423	2,289	66,628
2005	126,003	55,419	25,990	21,005	5,302	3,121	70,584
2006	131,061	62,032	29,412	22,760	5,976	3,884	69,028
(%)	(100)	(47.3)	(22.4)	(17.4)	(4.6)	(3.0)	(52.7)

출처: 2007년 보건복지부, 한국의 사회복지지출 추계(1990~2005)와 자발적 민간급여 실태조사 p.167

개신교인 수와 신자들이 내는 돈이 천주교보다 월등히 많고, 사회복지비용으로 연간 2,700억 원을 지출한다는 개신교에서 연간 사회복지시설에 지원하는 지원금이 오히려 천주교보다 작은 이유가 무엇이며, 또 수익이 발생하지 않는 생활시설이 아니라 수익이 발생되는 이용시설에 왜 대부분의 자금을 투입하는지 그 이유를 묻지 않을 수 없다.

천주교도 사업소득이 발생하는 '이용시설'을 운영하면 적은 돈을 투입하고도 선교에 활용할 수 있고, 많은 천주교인에게 일자리를 제공해 줄 수도 있을 터인데, 왜 바보같이 사업소득이 발생하지 않는 '생활시설'에 거의 모든 자금을 투입하는 그 이유를 묻지 않을 수 없다.

그리고 빈민구제와 가난하고 소외된 이들에게 사랑과 자선을 해야 할 종교가 사회복지시설을 운영하는 목적과 그 유형이 왜 극명한 차이를 보이고 있을까요?

노인종합복지관의 경우 종교단체에서 세입의 5.2%만 지원하면 평균 8억 원 이상의 돈을 만질 수 있고, 평균 13명의 개신교인을 채용할 수 있기 때문은 아닐까요?

기업의 경우 경영권을 확보하기 위해 수천억 원 혹은 수조 원을 투입하여 50% 이상의 지분을 확보해야만 경영권을 가질 수 있는 데 반해 노인종합복지관은 5.2%만 투입하고도 경영권을 확보할 수 있기 때문일까요?

종교단체에서 사회복지기관을 운영하려는 또 다른 이유를 알아보기 위한 아래의 1999년 한국보건사회연구원의 「종교계의 사회복지활동 현황과 활성화 방안 연구」 p.83~p.84에 의하면, 개신교에서 직접 시설을 가지고 운영하는 복지시설은 평균 10.6%이며, 나머지 89.4%는 교회의 내부 혹은 부대시설을 이용해 운영하고 있으니 큰돈 투자하지 않고도 정부지원 복지시설을 운영할 수 있다는 장점 때문일까요?

▨ 社會福祉活動에 주로 使用하는 施設

교회에서 사회복지활동을 위해서 주로 사용하는 시설은 대부분이 教會 및 附帶施設이었다(표 4-20 참조). 교회가 운영하는 福祉施設은 사용하는 교회는 10.6%에 불과하다. 이는 교회가 운영하는 복지시설이 많지 않기 때문인 것으로 추정된다. 기타의 시설을 사용하는 교회는 전체의 15.2%로 나타났다.

교단별로는 구세군의 경우 다른 교단에 비해 교회 및 부대시설이나 교회가 운영하는 복지시설 이외의 다른 곳을 사용하는 비율이 높았고, 예장 합동 측은 다른 교단에 비하여 교회 및 부대시설을 사용하는 비율이 높았다.

〈표 4-20〉 社會福祉活動에 주로 使用하는 施設[1]

(단위: %, 명)

	예장 (합동)	예장 (통합)	기 장	감리교	침례교	성결교	구세군	전 체
교회 및 부대시설	91.8	69.5	86.7	70.8	70.4	66.7	46.7	74.2
교회운영 복지시설	1.4	12.6	13.3	15.4	11.1	12.8	13.3	10.6
기 타	6.8	17.9	-	13.8	18.5	20.5	40.0	15.2
계	100.0	100.0	100.0	100.0	100.0	100.0	100.0	100.0
(N)	(73)	(95)	(15)	(66)	(27)	(39)	(15)	(329)

註:1) 빈도가 5 이하인 셀이 20% 이상이어서 x^2 검증을 하지 않았음.

출처: 1999년 한국보건사회연구원,
종교계의 사회복지활동 현황과 활성화 방안 연구, p.83~p.84

또 같은 자료인 아래의 p.89~p.90에 의하면, 「사회복지활동에 대한 홍보의 필요성」에 대해 개신교인들의 70% 이상이 필요하다고 답을 했는데, 이는 개신교가 사회복지를 위해 엄청나게 노력하고 있다는 이미지를 개선하기 위함일까요?

사회복지시설 운영이 예수님의 '사랑'을 실천하기 위한 것이 아니라 자신들의 이익을 위해 운영하고 있으면서 예수님의 '사랑'을 실천하고 있다며 자랑하고 싶었을까요? 예수님은 마태오복음 6장 3절에서 "네가 자선을 베풀 때는 오른손이 하는 일을 왼손이 모르게 하여라."라고 하셨는데도 말입니다.

<表 4-25> 社會福祉活動에 대한 弘報의 必要性

(단위: %, 명)

	예장 (통합)	예장 (합동)	기 장	감리교	침례교	성결교	구세군	전 체
전혀없다	4.8	1.9	–	1.6	3.7	–	–	2.2
별로없다	14.3	13.9	13.3	3.1	18.5	8.9	–	11.2
보통이다	13.1	13.0	6.7	17.2	7.4	17.8	13.3	13.7
약간필요	34.5	35.2	40.0	43.7	37.1	40.0	26.7	37.1
매우필요	33.3	36.0	40.0	34.4	33.3	33.3	60.0	35.8
계	100.0	100.0	100.0	100.0	100.0	100.0	100.0	100.0
(N)	(84)	(108)	(15)	(64)	(27)	(46)	(15)	(358)

註:1) 빈도가 5 이하인 셀이 20% 이상이어서 x^2 검증을 하지 않았음.

▨ 弘報의 必要性

교회에서 실시하고 있는 사회복지활동에 대한 홍보가 어느 정도 필요한가에 대하여 〈表 4-26〉에 제시된 것처럼 목회자의 37.1%가 '필요하다', 35.8%가 '매우 필요하다'라고 응답하여 72.9%가 必要性을 절감하고 있는 것으로 나타났다. 반면, '전혀 필요없다'는 2.2%, '필요없다'는 11.2%로 나타나 13.4%가 '필요없다'라고 응답하여, 홍보의 필요성에 대한 인식이 더 높은 것으로 나타났다. 홍보의 필요성에 대한 교단별 유의한 차이는 없었다. 교단별로는 사회복지활동을 비교적 활발하게 하는 구세군의 86.7%가 홍보가 필요하다고 지적하여 다른 교단보다 약간 더 높게 홍보의 필요성을 인식하고 있었다.

교회들은 더욱 다양한 방법으로 교회에서 실시하고 있는 사회복지활동에 대한 弘報戰略을 開發해야 할 것이다. 홍보의 효과를 높이고 비용을 절약하기 위해서 지역 교회들이 연합해서 홍보를 실시하는 방법도 고려해 볼 수 있겠다.

출처: 1999년 한국보건사회연구원, 종교계의 사회복지활동 현황과 활성
화 방안 연구, p.89~p.90

아래는 개신교가 사회복지시설을 왜 많이 운영하려고 하는지 그 의도를 폭로한 기사이다. 「법보신문」에 의하면, 2009년 '지역아동센터' 총 3,013개 중에서 1,601개 53.1%를 개신교가 운영하는 것으로 추산되며, 목사, 목사 부인, 집사 등이 운영하는 시설까지 포함하면 70% 이상을 개신교 측에서 운영하고 있는 것으로 추정된다고 한다.

'지역아동센터'는 저소득층 및 맞벌이 가정의 아이들을 보호하고 교육하여야 함에도 선교의 장으로 활용하고 있으며, 452개 시설 조사에서 55.1%가 아이들에게 종교 교육을 실시하고 있으며, 또 개신교 목회자와 교인들은 '목회활동에 긍정적', '기독교적 이념이 반영된 지역아동센터의 운영방침이 효과적'이라며 흐뭇해한다는 내용이다.

개신교는 사회복지서설에 지원하는 지원금은 아이들 껌값도 안 되는 돈을 지원하면서 아이들에게 종교 교육을 시키고 선교의 장으로 활용할 수 있고, 그들을 향후 개신교 신자로 만들 수 있으니 참으로 좋으시겠다.

[어린이 선교장 전락한 지역아동센터]

지역 내 저소득·맞벌이가정 어린이들을 보호, 교육하는 지역아동센터가 기독교 선교의 장으로 전락하고 있다. 한국교회 봉사단이 2009년 실시한 지역아동센터 실태조사에 따르면 전국 3,013개 지역아동센터 가운데 개신교가 운영하는 곳은 1,601개소로, 절반 이상인 53.1%로 나타났다. 하지만 이 통계 수치는 교회 혹은 교회 운영 법인에서 운영하는 시설만을 집계한 것으로, 현장 관계자들은 목사 또는 목사 부인, 집사 등 교회 관계자들이 개별적으로 운영하는 시설까지 포함하면 70% 이상이 개신교 운영시설일 것이라고 추정했다. 문제는 전국 지역아동센터의 3분의 2에 달하는 개신교 운영 시설이 공공연한 선교의 장으로 전락하고 있다는 점이다.

이태수 꽃동네현도사회복지대학 교수가 2009년 6~7월 실시한 조사에 따르면, 교회가 지역아동센터를 운영하는 첫 번째 목적이 선교와 하나님의 말씀을 실천하는 것이었으며, 아동복지와 아동교육은 그다음인 것으로 나타났다. 실제 조사에 참여한 452개 시설 가운데 종교 교육을 실시하는 비율은 55.1%에 달하는 것으로 드러나 충격을 주고 있다.

개신교 신자들도 이 같은 지역아동센터 운영 방침에 대해 5점 만점에 4.4점으로 응답했으며, 목사들 역시 지역아동센터를 운영하는 것이 목회 활동에 긍정적인 인식을 미친다는 문항에 5점 만점 중 4.2점이라는 높은 점수를 줬다. 기독교적 이념이 반영된 지역아동센터의 운영방침이 효과를 거두고 있으며, 개신교계 내부에서도 이러한 성과를 긍정적으로 평가하고 있다.

그뿐만 아니라 교회의 지역아동센터 운영 장점으로 교회 자원 활용, 교회 부흥·전도 활성화, 선교 사명 달성 등을 꼽음으로써, 저소득·요보호 어린이들의 교육과 복지를 담당해야 할 지역아동센터가 선교의 수단으로 활용하고 있음을 직·간접적으로 표방하고 있다.

실제 본지 조사 결과, 지역아동센터 현장에서 어린이들을 대상으로 한 이 같은 종교 편향적 교육 사례는 아동을 대상으로 한 직접적인 선교 생활과 교육 프로그램 교사 채용 등에서 나타났다.

• 직접적인 선교 사례

광명시의 A 지역 아동센터의 경우 센터 이용 어린이들을 대상으로 '신앙모범상' 수상자를 선정하는 등 마치 교회 어린이부나 다름없이 운영되고 있었다. 신앙모범상 수상 기준은 예배하는 마음과 비기독교 신자에 대한 전도의 노력 등이다.

제주도 B 지역 아동센터는 최근 1박 2일 일정으로 성경암송 캠프를 다녀왔으며, 서울 성동구의 C 지역 아동센터의 경우 지역 교회에서 개최한 성경 고사, 암송, 쓰기 대회에 센터 어린이들을 참가시키는 등 노골적인 종교 교육을 진행하고 있었다.

교육과 복지 지원이 필요해 센터를 찾은 어린이들로서는 이 같은 선교 행위들이 '강요' 아닌 '강요'로 받아들여질 것이라는 점은 쉽게 유추할 수 있는 대목이다.

• 생활·교육 프로그램

교회 혹은 교회 인근 건물에 위치하고 있는 지역아동센터는 교회 식당을 이용해 급식을 하기도 한다. 이러한 경우 '음식을 주신 하나님께 감사한다.'라는 의미로 이용 어린이들에게 식사 전 기도문을 외우거나 '아멘'을 하도록 유도하기도 한다. 노래 교육을 빙자한 찬송가 교육도 빈번하게 일어나는 문제 중 하나다.

개신교계 시설에 자녀를 보내고 있다는 한 학부모는 "지역아동센터가 교회 바로 옆 건물에 위치하고 있어 노래 교육을 할 때는 피아노가 필요하다는 이유로 교회 강당에서 찬송가를 가르친다."라며 "개신교 신자가 아니라 불편하긴 하지만 방과 후 아이를 맡길 곳이 없는 상황이라 어쩔 수 없이 보내고 있다."라고 속내를 털어놨다.

• 교사 채용

기독교 신앙에 근거한 개신교계의 지역아동센터 운영 방침은 교사 채용 시에도 드러난다.

인터넷상에서 지역아동센터 교사 모집 공고를 찾아보면 지원자격 자체를 '진실한 기독교인', '기독교 신앙을 가진 사회복지사', '센터운영 교회에서 신앙생활 가능한 자' 등으로 명시하는 경우도 쉽게 찾을 수 있다.

아예 신앙 간증서나 신앙고백을 자기소개서와 함께 첨부하도록 하는 경우도 적지 않았다.

성광 지역 아동센터의 경우 채용 공고에서 근무형태를 '아동교육'이 아닌 '전임사역'이라고 게재했을 뿐 아니라, 주중에 사회복지사로 활동하는 동시에 파트타임으로 교회학교의 전도사로 활동하는 조건을 추가하기까지 했다.

조계종 복지재단 관계자는 "지역아동센터 자체가 워낙 개신교, 즉 교회가 운영하는 곳이 대부분인 까닭에 선교의 장으로 활용되고 있다는 것은 이미 사회복지계에서 공공연하게 인지하고 있다."라며 "그러나 이 같은 문제는 겉으로 분명하게 드러나지 않는 경우가 대부분이라 시정을 요청하거나 문제를 제기하기가 힘들다."라고 설명했다.

출처: 2010. 11. 30. 법보신문

http://www.beopbo.com/news/articleView.html?idxno=63623

개신교인 여러분!

'노인종합복지관'을 이용하는 기초생활수급자는 최대 0.6%에 지나지 않는데 어떻게 노인종합복지관이 빈민구제, 소외당하고 가난한 이웃들에게 사랑을 실천한다는 헛소리를 할 수 있을까요?

또 '노인종합복지관'의 세입 중 5.2%만 지출하고도 수억 원의 돈을 굴리며 평균 13명의 개신교 직원을 채용하면 솔직히 남는 장사 아닌가요? 사회복지시설을 운영하면 개신교인의 일자리 창출에 많은 보탬이 되나요?

또 '지역아동센터'를 선교의 장으로 활용할 수 있고, 개신교가 사회봉사를 위해 얼마나 많이 노력하고 있는지를 홍보하고 있으니 그렇게 좋으신가요? 아무리 그래도 그렇지, 천주교는 돈도 안 되는 생활시설에 돈을 처박고 있으니 천주교인들 바보가 아닌가요? 개신교에서 볼 때 분명히 천주교인들 바보가 맞죠?

개신교의 단체인 '기독교 윤리실천'의 이름을 빌려 '크리스천 투데이'는 서해안 기름 유출 사고 때 개신교가 자원봉사를 가장 많이 했다고 자랑한다. 과연 이 주장이 사실이며 믿을 수 있는 통계인지 검증하기 위해 보여주기 위한 이벤트성 자원봉사가 아니라 꾸준한 자원봉사 통계자료인 '2008년도 보건복지부, 사회복지자원봉사 통계'를 인용하며, 이 자료에는 무종교인을 포함한 종교인 별로 다양한 통계가 나와 있다.

아래의 '자원봉사자 현황' 표에 따르면 자원봉사자로 등록된 우리나라의 전체 자원봉사자 중 무종교인이 약 70%를 차지하고 있고, 개신교 약 5.5만 명으로 6%, 불교 약 3.3만 명으로 3.6%, 가톨릭 약 2.5만 명으로 2.8%를 차지하고 있다.

표 2-5. 자원봉사자현황(종교별 / 성별 / 시도별)

구분	총계			개신교			불교			카톨릭		
	계	남	여	계	남	여	계	남	여	계	남	여
계	915,122	370,080	545,042	54,826	19,210	35,616	33,033	8,905	24,128	25,281	7,452	17,829
	100%			6.0%			3.6%			2.8%		

	기타종교			종교없음			무응답		
	계	남	여	계	남	여	계	남	여
	2,360	720	1,640	636,756	279,357	357,399	162,866	54,436	108,430
	0.3%			69.6%			17.8%		

출처: 2008년도 보건복지부, 사회복지자원봉사 통계

자원봉사자로 등록된 개신교, 불교, 천주교인 중에서 천주교인의 자원봉사자가 가장 작은 이유는 교인들의 숫자가 가장 작기 때문이 아닌가 한다. 또한, 개신교는 개신교인들이 사회봉사를 가장 많이 하고 있다고 자랑하지만 실상 알고 보니 무종교인이 압도적으로 사회봉사를 많이 하고 있음을 알 수 있다.

아래의 '분기별 봉사활동 횟수'에 따르면 종교단체에서 1분기 동안 봉사를 한 횟수가 개신교 약 41만 회, 불교 약 25만 회, 천주교 약 37만 회로 자원봉사자로 등록된 교인이 가장 작은 천주교와 가장 많은 개신교의 봉사회수가 엇비슷해지는 이런 일이 왜 발생할까요?

즉 자원봉사자로 등록된 개신교인의 수는 많지만, 그들이 실제로 자원봉사를 하는 횟수가 많지 않다는 것이 아닐까요?

표 3-5.   분기별 봉사활동현황 (종교별)

(단위 : 회)

구분	계		1/4분기	2/4분기	3/4분기	4/4분기
계	5,129,977	100.0%	1,162,569	1,370,955	1,374,277	1,222,176
개신교	409,418	8.0%	97,135	111,797	107,999	92,487
불교	244,899	4.8%	60,622	64,903	61,307	58,067
카톨릭	368,880	7.2%	91,145	96,552	94,536	86,647
기타종교	19,594	0.4%	5,037	5,462	4,825	4,270
종교없음	2,740,865	53.4%	558,633	724,324	769,546	688,362
무응답	1,346,321	26.2%	349,997	367,917	336,064	292,343

또 같은 자료인 아래의 '자원봉사자 1인당 연간 평균 봉사 횟수'에 따르면, 개신교인 1인당 연간 평균봉사 횟수가 7.47회, 불자 9.69회, 천주교인 11.17회로 한 사람이 연간 봉사하는 횟수는 개신교인보다 천주교인이 월등히 많게 나타난다.

표 4-10. 자원봉사자 1인당 연간 평균봉사횟수(종교별 / 성별 / 시도별)

(단위 : 회)

구분	총평균			개신교			불교			카톨릭		
	평균	남	여	평균	남	여	평균	남	여	평균	남	여
평균	5.61	4.22	6.54	7.47	6.48	8.00	9.69	5.95	11.25	11.17	8.00	12.33
	100%			133%			173%			199%		

구분	기타종교			종교없음			무응답		
	평균	남	여	평균	남	여	평균	남	여
	8.30	6.61	9.05	4.30	3.53	4.91	8.27	6.12	9.35
	148%			77%			147%		

또 같은 자료인 아래의 '자원봉사자 1인당 연간 평균 봉사 시간'에서, 개신교인 27.55시간, 불자 35.74시간, 천주교인 34.24시간으로 불자와 천주교인의 봉사 시간이 엇비슷하지만, 개신교인의 봉사 시간이 가장 작게 나타난다.

표 4-5. 자원봉사자 1인당 연간 평균봉사시간(종교별 / 성별 / 시도별)

(단위 : 시간)

구분	총평균			개신교			불교			카톨릭		
	평균	남	여	평균	남	여	평균	남	여	평균	남	여
평균	20.08	16.09	22.79	27.55	24.97	28.94	35.74	22.77	41.16	34.24	27.71	36.65
	100%			137%			178%			171%		

구분	기타종교			종교없음			무응답		
	평균	남	여	평균	남	여	평균	남	여
	28.76	23.60	31.03	15.91	13.81	17.56	28.44	21.74	31.80
	143%			79%			142%		

더 기막힌 사실은 다음의 표에서와 같이, 연간 매월 1회 이상 봉사하는 봉사자 수가 개신교인 1,298명, 불자 1,438명, 천주교인 2,654명으로, 개신교인이 매월 1회 이상 자원봉사하는 신자는 가톨릭의 50%에도 지나지 않는다.

표 5-5. 연간 매월 1회이상 활동봉사자현황 (종교별 / 성별 / 시도별)

(단위 : 명)

구분	총평균			개신교			불교			카톨릭		
	평균	남	여	평균	남	여	평균	남	여	평균	남	여
평균	17,390	3,266	14,124	1,298	338	960	1,438	145	1,293	2,654	335	2,319
	100%			7%			8%			15%		

구분	기타종교			종교없음			무응답		
	평균	남	여	평균	남	여	평균	남	여
	108	15	93	5,015	1,278	3,737	6,877	1,155	5,722
	1%			29%			40%		

표 3-10. 봉사시간대별 활동현황 (종교별)

(단위 : 회)

구분	총계	평일(월-금)				주말(토-일)			
		계	오전 0-12시	오후 12-18시	저녁 18-24시	계	오전 0-12시	오후 12-18시	저녁 18-24시
계	5,129,977	3,945,775	971,141	2,690,211	284,423	1,184,202	243,758	874,360	66,084
개신교	409,418	323,872	69,303	222,224	32,345	85,546	14,970	63,632	6,944
불교	244,899	207,764	48,527	151,437	7,800	37,135	6,704	28,650	1,781
카톨릭	368,880	302,565	125,027	165,779	11,759	66,315	25,136	37,800	3,379
기타종교	19,594	15,730	4,029	10,927	774	3,864	836	2,857	171
종교없음	2,740,865	1,994,266	424,180	1,397,680	172,406	746,599	143,903	562,457	40,239
무응답	1,346,321	1,101,578	300,075	742,164	59,339	244,743	52,209	178,964	13,570

더 가관인 것은 상기의 '봉사시간대별 활동현황'에서, 봉사를 하더라도 봉사 시간대를 보면, 천주교인은 자정부터 정오까지 밤을 꼬박 새는 봉사를 마다하지 않지만, 개신교인들과 불자들은 가장 편안한 평일 정오부터 오후 6시에 쫙 몰려 있음을 알 수가 있다.

개신교인 여러분!

종교인들 중 개신교인의 봉사 횟수와 봉사 시간이 가장 작은데도 등록된 자원봉사자가 많다는 것도 자랑인가요? 더구나 가장 편안한 시간에 대충 봉사하고는 봉사했다는 것도 자랑인가요? 아무래도 천주교인들은 바보인 것 같습니다. 밤을 꼬박 새는 봉사를 마다하지 않으니 말입니다.

불교는 사회발전에 기여하겠다는 것보다는 자신의 해탈을 추구하는 사상이니 사회에의 기여는 차치하더라도 예수님의 '사랑'을 실천한다는 그리스도교에서 사회봉사가 천주교에 비하면 턱도 없이 작은데도 불구하고 우리나라 종교 중에서 사회봉사를 가장 많이 하고 있다는 거짓말로 국민들을 현혹해서야 되겠습니까?

개신교에서는 종교단체 중 가장 많은 사회복지시설을 운영하고 있으며, 그만큼 사회공헌을 많이 하고 있다고 자랑한다. 정말로 그럴까요? 개신교의 주장이 맞는지 검증해 봅시다. 개신교의 단체인 '기독교윤리실천'의 이름을 빌려 '크리스천 투데이'에서는 2008년도 기준 종교단체에서 운영하는 사회복지법인 중 개신교가 194개로 52.15%, 불교가 104개로 27.95%, 천주교가 58개로 15.8%를 차지한다고 한다.

〈종교단체 관련 사회복지사업 주요 법인 현황〉

구 분	불 교	개신교	천주교	원불교	그 밖의 종교	계
사 단 법 인	15	5				20
재 단 법 인	3	3	2			8
사회복지법인	86	186	56	14	2	344
계	104	194	58	14	2	372

*문화체육관광부, 2008 한국의 종교현황에서 재인용

출처: 2010. 01. 18. 크리스천 투데이
https://www.christiantoday.co.kr/news/206277

아래의 2009년 한국보건사회연구원의 '사회복지지출 추계를 위한 자발적 민간지출 수준 연구' p.74에서, 정부에서 지원금을 지원해 주는 사회복지시설에 2008년도 종교단체에서 투입하는 지원금은 개신교 약 476억 원, 천주교 약 446억 원, 불교 약 132억 원이다.

<표 3-31> 사회복지시설에 대한 시설형태별 민간지원금 규모(2008)

(단위: 백만원)

계	계	종교계					일 반 (비종교계)
		계	천주교	기독교	불교	원불교	
계	275,579	107,509	44,590	47,601	13,228	2,090	168,070
이용시설	119,874	49,959	14,489	22,419	12,473	577	69,915
생활시설	155,704	57,550	30,101	25,182	755	1,512	98,154

출처: 2009년 한국보건사회연구원.
사회복지지출 추계를 위한 자발적 민간지출 수준 연구 p.74

2008년도 기준 각 종교단체에서 사회복지시설에 투입한 지원금은 개신교가 총 194개 시설에 476억 원, 불교가 총 104개 시설에 132억 원, 천주교가 총 58개 시설에 446억 원을 지원했다고 한다. 그렇다면 사회복지시설 1개에 투입한 평균 지원금을 계산해 보자.

  • 개신교가 운영하는 사회복지법인 194개에 476억 원을 투입했으니 1개의 시설 당 평균 2억 4,500만 원을 투입.

  • 불교가 운영하는 사회복지법인 104개에 132억 원을 투입했으니 시설 1개 당 평균 1억 2,700만 원을 투입.

  • 천주교가 운영하는 사회복지법인 58개에 446억 원을 투입했으니 1개의 시설 당 평균 7억 6,900만 원을 투입.

개신교인 여러분!

종교단체에서 사회복지시설에 지원하는 평균 지원금을 보면 놀라운 결과가 아닙니까? 천주교에서 복지시설에 지원해 주는 평균 지원금은 7억 6,900만 원으로, 개신교에서 지원하는 평균 2억 4,500만 원보다 무려 3배 이상을 지원해 주고 있습니다. 복지시설에 지원해 주는 지원금은 아이들 코딱지만큼 지원해 주면서 정부지원금을 받아 사업소득이 발생하는 이용시설을 많이 운영하고 있다는 것이 그렇게 자랑스러운 일인가요?

71화 개신교 사회봉사의 실체

1980년 이전에는 정부 재정이 취약하여 사회복지라는 개념이 부족한 시기에 정부의 손길이 미치지 않는 곳에 종교계에서 먼저 찾아 나서고 그들에게 도움을 주게 된다. 즉 우리나라 사회복지사업은 정부보다도 종교계에서 먼저 시작하게 되었다는 것이며, 순수 사회복지, 빈민구제를 위해 종교계에서 특히 천주교에서 온몸을 바치게 된다.

정부 재정이 나아지고, 사회복지 개념이 국민들 사이에 인식되면서부터 복지시설에 정부에서 운영비를 지원하게 되자 종교계에서 너도나도 복지시설을 하나라도 더 운영하려고 기를 쓰게 되고, 정부에서 비인가 복지시설을 인가 유도하는 과정에서 시설개선비를 비인가 복지시설에 지원하게 된다. 그러자 정부의 시설개선비를 받기 위해 새로운 비인가 복지시설이 엄청나게 생겨나는데, 특히 개신교의 비인가 시설이 폭증하게 된다.

이것은 무엇을 의미할까요? 개신교라는 종교 자체는 괜찮은데 개신교회라는 간판을 걸고 사업하는 개신교회가 썩었다는 말인가요?

어디 그런 간판 걸고 사업하는 개신교회가 한두 개인가요? 그런 썩은 생각으로 사업하고 있는 것이 그렇게 자랑스러워 '기독교 윤리실천'이라는 단체와 '크리스천 투데이'와 같은 매스컴에서 그렇게 자랑하고 다닌답니까?

요즘 종교계에서 너도나도 정부지원 복지시설을 하나라도 더 위탁 운영하려고 사실 진흙탕과 같은 아우성이다. 개신교 측에서 복지시설에 지원하는 지원금은 아이들 코딱지만큼 지원하면서 더 많이 위탁운영하려는 의도가 이제 분명해지지 않습니까?

그러고도 개신교가 예수님의 사랑을 실천하는 종교라고 호도하고 사회복지시설을 가장 많이 운영하고 있다며 자랑하고 싶습니까?

▨ 시도, 유형, 규모별 미신고시설 현황

지금까지 우리나라 미신고복지시설은 1995년에 293개소, 2001년에 637개소, 2003년 1월에 1,044개소이었다. 최근 2004년 4월 보건복지부 전국 미신고복지시설의 현황을 보면 표 〈I-1〉과 같다. 현재 전국에 1,096개소로 시설생활자는 총 20,245명이다. 시설종류별로는 노인시설이 499개소(45.5%)로 가장 많고, 장애인시설이 392개소(35.7%), 아동시설이 131개소(12.0%) 순이다. 시설 규모로는 10인 미만 시설이 387개소(28.3%), 10인 이상 30인 미만 시설이 533개소(48.6%), 30인 이상 시설이 176개소(16.1%)이다. 지역적으로는 서울 126개소(11.5%), 경기 366(33.4%)개소로 수도권에 집중되어 있다.

출처: 2004년 사회복지정책 심포지움, 대구가톨릭대학교 이재모 교수
「사회복지 민간부문에서 교회 사회복지활동의 역할과 정체성」 p.9

미신고시설 중 시설 운영주체는 종교단체가 295개소(26.9%)이고, 법인이 62개소(5.7%), 개인이 운영하는 시설이 728개소(66.4%)로 가장 많다. 그러나 한국 종교계 대표자 협의회에서 2004년 5~6월에 걸쳐 1,096개의 미신고시설을 대상으로 실태 조사를 실시했는데 그중 주소불명 등 설문지에 답하지 않은 160개소를 제외한 916개소의 분석결과에 따르면, 각 시설이 속한 종교단체는 개신교가 전체의 577개소(62%)로 가장 많고, 천주교가 243개소(27%), 불교가 43개소(5%), 기타 53개(6%)인 것으로 나타났다. 따라서 개신교, 천주교, 불교를 합하면 미신고시설의 94%가 종교적 배경을 가지고 있다는 사실이다.

출처: 2004년 사회복지정책 심포지움, 대구가톨릭대학교 이재모 교수
「사회복지 민간부문에서 교회 사회복지활동의 역할과 정체성」 p.12

위에서 보는 바와 같이 현 정부는 종교계 자원을 체계적으로 사회복지자원으로 활용하고자 하는 방안을 제시하고 있으나 구체적인 시설 지원책은 마련되어 있지 않은 실정이다. 발제자들이 언급한 것처럼 정부는 2002년 5월 22일 미신고복지시설 종합관리 대책을 발표하면서, 미신고복지시설의 양성화 방안으로 조건부라는 신고 유예기간을 두고 3년 안에 신고시설로 전환토록 하며, 이에 따르는 여러 가지 지원을 하겠다고 하였다. 즉, 이 기간 동안 미신고복지시설이 법적 요건을 갖춰 정식 시설로 신고하여 제도권 내에 진입할 수 있도록 하고, 2005년 7월까지 신고시설로 전환하지 않는 시설에 대해서는 폐쇄조치를 하겠다는 것이다.

　따라서 신고시설로 전환되지 못하는 시설의 문제가 심각한 사회문제로 제기될 전망이다. 현실적으로 미신고 시설에 대한 수요가 존재하고 있는 상황에서 구체적인 대안 없이 모든 미신고 시설을 폐쇄하겠다는 시도는 상당한 저항에 부딪힐 전망이다. 그러나 현실적으로 열악한 시설과 상황에 입소자들을 방치하고 있는 것도 사회적 문제가 아닐 수 없다. 이에 정부에서는 로또복권 기금에서 마련된 재원으로 조건부 신고시설의 신축을 포함한 대대적인 지원사업에 들어갔다. 부족한 재원을 보충하기 위해 10인 미만의 조건부신고시설의 신축은 삼성의 지원을 받기로 하고 올해 안에 신축 사업에 들어갈 예정이다. 아래 표에서 보는 바와 같이 대상 시설 수에 비해 1차 신청한 시설 수는 1/3도 안 되는 수준이며, 2차 접수가 끝난 현재 약 100개 시설이 신축을 지원했으나 몇 개가 실제로 지원이 될 수 있을지는 최종 심사가 되어야 알 수 있는 상황이다.

출처: 2004년 사회복지정책 심포지움, 숭실대학교 정무성 교수
「종교계 미신고시설의 지원과제」 p.88~p.89

제3편

-

천주교의 실체

72화 정구사는 반사회적 이적단체

1970년대 중반부터 남한에서 공산주의 체제를 추구하는 좌파세력이 반정부 투쟁을 주도하였으나 1980년대 중반 김일성의 지도이념을 추종하는 '주체사상파(이하 '주사파[1]')'가 남한에 등장하고, 김영환의 '강철서신[2]'을 통해 그들의 존재가 확인되었다. 그들은 1980~1990년대 학생운동, 노동운동, 반정부 투쟁, 반미투쟁을 주도한 것은 물론 그 세력을 더욱 확대하여 현재는 사회 전반 곳곳에 그들이 침투하여 남한 사회를 분열시키고 파괴하려는 반사회적 활동을 지속하고 있음은 부인할 수 없는 사실이다.

천주교의 '정의구현전국사제단(이하 '정구사')'은 마르크스, 레닌주의 사상이 근간인 '해방신학'을 공부한 사제들이 1980년대 민주화운동이라는 미명 아래 시위에 가담하거나 그들을 보호해 주었고, 군부의 장기 집권을 종식하겠다는 그들의 주장은 일견 일리가 있었지만, 1990년대 문민정부인 김영삼 정부가 들어서면서부터 군부에 의한 장기 집권이 종식되었기 때문에 사실상 그들의 주장과 역할은 끝났다고 봐야 한다. 그러나 그들은 사회, 정치문제에 적극적으로 개입하며 공산주의와 사회주의를 추구하는 좌파의 정치 성향을 뛰어넘어 김일성을 추종하고, 북한을 두둔하는 주사파의 성향을 보이며, 반북한 정책을 유지한 우파정권의 퇴진까지 요구하는 이적단체로 활동하고 있다.

정구사는 천주교의 비인가 단체라고는 하지만 천주교는 물심양면으로 그들을 도와주고, 그들의 교회법 위반에 대해서 묵인하는 협력관계에 있음은 물론 정구사를 지지하는 주교들이 천주교의 대표기구인 '천주교주교회의'(이하 '주교회의')에 포진하고 있고, 정구사에 협력하는 주교회의의 산하 위원회인 '정의평화위원회'와 그 산하단체인 '가톨릭농민회'의 '우리농촌살리기운동본부'도 정구사에 적극 협력하고 있어, 정구사는 천주교를 대변하는 단체이며, 한 몸체라고 해도 과언이 아닐 것이다.

아래는 정구사의 활동에 적극 가담하는 '가톨릭농민회' 홈페이지의 '가톨릭농민회 강령'을 인용한다. 그들의 강령을 보면, 가톨릭농민회가 자유민주주의와 시장, 자본주의 국가의 농민을 위한 단체인지, 농민운동을 가장한 정치활동을 위한 단체인지 또 북한의 농민회 강령인지조차 분간이 안 된다. 참고로 아래 홈피의 강령에서 오탈자와 띄어쓰기 등을 수정했다.

▨ 가톨릭 농민회 강령

1. 민족 자주화의 실현과 통일은 우리 모두가 살기 위한 지상과제이다.
   → 모든 고통과 질곡은 분단에서 비롯된 것이다. 우리 농민은 민족의 실체로써 민족, 자주, 통일 운동에 앞장선다.
   → 통일 운동의 자유를 확보하고, 모든 사고방식과 생활을 자주 통일의 방향으로 변혁한다.
2. 정치의 주체는 민중이며, 민주화는 민중의 각성, 단결, 참여로써 이룩된다.
   → 농촌사회는 민주화와 농민 권익을 관철하기 위해, 농민의 단결권과 단체행동권을 획득하고, 모든 농민 단체를 민주화한다.
   → 주민의 삶과 행복을 스스로 결정하기 위해, 권위주의적 관료 지배를 배제하고, 주민 자치를 철저히 실현한다.
3. 농업은 민족 자립 경제를 이룩하기 위한 토대이다.
   → 농업의 기본 생산 수단인 토지의 농민적 소유를 확보하기 위해서, 모든 형태의 소작과 반농민적 토지 소유를 철폐하고, 자영농과 협업농을 육성한다.

→ 노동의 결과인 농축산물에 대한 정당한 사회적 대가를 실현하며, 외국 농축산물 수입을 엄격히 제한하여 식량 자급을 달성한다.

→ 독점 자본의 구체적 농업 지배 형태인 대토지 소유, 기업 축산, 부당한 독점이윤을 배제하며, 농업과 공업의 상호 보완적 발전을 이룩한다.

→ 농촌 공동체의 전통을 창조적으로 발전시키고 식량 주권을 수호하기 위한 민족 농업과의 통일 농업, 지역에 토대한 생명 농업을 실현한다.

4. 모든 사회적 불평등과 봉건적 잔재는 청산되어야 한다.

→ 생명의 어머니이자 농업 생산자로서 여성 농민의 권리 신장과 인간적 존엄을 구현한다.

→ 지역 간, 계층 간, 산업간 불평등과 차별을 극복하며, 인간을 비인간화시키고 소외와 불평등을 조장하는 모든 제도, 관습, 의식을 척결한다.

5. 참된 문화는 삶에 활력을 주며 생산력을 증대시키고, 인간의 존엄을 드높여 인간성을 풍부하게 하는 것이다.

→ 소비 지향적, 이기주의적 지배문화를 거부하고, 인간답게 생산적인 공동체 문화를 창달한다.

→ 외국의 무절제한 물질문화와 사대주의적 문화를 배격하고 민족문화를 드높인다.

6. 민족의 자주와 민중의 주체적 힘을 키워, 전인적인 인간 완성을 이룩하는 참교육과 민중적 의료체계가 확립되어야 한다.

→ 교육의 자치를 철저히 보장하고, 12년제 무상교육을 실현한다.

→ 의료의 독점을 타파하고, 민중의 정신적, 육체적 건강에 봉사하는 체제로 혁신한다.

7. 생명을 거역하는 잘못된 삶의 양식은 시급히, 근본적으로 청산되어야 한다.
   → 생명 중심의 가치관에 따라 산업을 재편성하고, 하느님 창조 질서 보전을 위한 생활 실천 운동을 끊임없이 전개한다.
   → 지역 생태계를 살리고 공동체적으로 협동하는 생명 농업 실천과 형제적 연대와 나눔을 실천하는 도농공동체 운도의 확산에 앞장선다.
8. 인간과 사회의 해방과 구원은 삶과 믿음의 일치를 통해 이루어진다.
   → 하느님의 모습인 인간의 존엄성을 해치는 안팎의 죄와 대결함으로써, 우리의 믿음을 고백하고 증거한다.
   → 이 땅에 민족의 수난과 민중의 고통에 응답하는 민족, 민중교회 건설에 앞장서며, 삶의 현장을 복음화한다.
   → 생명 존중과 공동체적 삶의 실천은 하느님 창조 질서 보전과 사랑과 정의가 넘치는 인류 공동체 건설을 향한 신앙인의 당연한 고백이다.
9. 본회는 전체 운동에서 부문으로서의 위치와 역할을 수행하는 대중적 농민조직이다.
   → 삶의 현장에서 운동과 생활의 작은 공동체를 무수히 건설하는 토대 위에, 강력한 실천 역량을 갖춘 지역 농민 운동을 강화해 나간다.
   → 높은 정치의식과 책임성을 갖춘 헌신적 활동가들을 배출하고, 농민 운동 내부의 연대를 발전시켜, 우리 농업, 농촌의 유지 발전과 전체 농민의 지위 향상에 기여하고, 전체 운동 발전에 일익을 담당한다.
10. 본회는 민족 통일과 참된 민주화, 생명과 평화를 위해 애쓰는 국내외 모든 민족, 민중, 양심과 긴밀히 연대한다.
   → 특히 노동운동과의 굳건한 연대를 통해, 전체 민족 통일 민주화

운동의 중심 역량을 확고히 한다.

→ 농민 운동을 지역 민족 민주 운동의 중심 역량으로 발전시킨다.

→ 도시 생활자들과 굳건한 연대를 통해 도농 공동체 운동을 확산, 발전시켜 하느님 창조 질서 보존과 우리 농촌을 살리기 위한 범국민적 공감대를 형성한다.

출처: 가톨릭농민회 홈페이지

https://ccfm.modoo.at/?link=eigd57ta

그동안 정구사는 "KAL기 폭파범 김현희는 북한 공작원이 아니다.", "미국 소고기를 먹으면 광우병에 걸린다."라며 호도하고, 그 진실을 밝히겠다며 수십 년간 우리 사회를 혼란에 빠뜨리고 국가 분열에 앞장서 선동했으며, 김대중, 노무현 정권에서 김현희에 대해 원점에서부터 두 번이나 재조사를 했지만, '김현희는 북한 공작원이 아니다.'라는 근거를 찾지 못했고, 그동안 미국에서 광우병에 걸린 소가 두 번 발견되었으나 전염성이 없는 광우병으로 밝혀졌고, 미국 소고기를 먹고 광우병에 걸렸다는 사람은 단 한 명도 나타나지 않았고, 정구사에 의해 선동되거나 혹은 스스로 촛불집회에 가담한 자들도 현재 미국 소고기를 맛있게 먹고 있겠지만, 광우병에 걸렸다는 소식은 나오지 않고 있다.

결국, 이들의 주장은 허위였으며, 그들의 허위 주장에 현혹되어 국론 분열에 앞장선 이들은 아직도 자신들의 잘못에 대해 뉘우치거나 사과하지 않고 있으며, 정구사의 이러한 행동은 세대, 계층, 남녀, 가족, 지역을 서로 이간질하고 분열시켜 우리 사회를 파탄에 이르게 하려는 그들의 전략, 전술이 아님을 부정할 수 없다.

그리고 이들은 한, 미, 일의 경제, 군사협력을 강화하여 북한 김정은의 도발에 대응하여 국민의 생명과 재산을 보호하려는 윤석열 대통령의 퇴진을 요구하고, 범법자를 수사하고 기소하는 것은 당연한 검찰, 경찰의 본연의 임무임에도 불법 노조를 수사하고, 간첩을 색출한다고 하여 검찰 독재라고 주장하는 저자들 모두를 수사하여, 그들의 여적 행위가 밝혀질 경우 이 사회와 격리하기 위해 북한으로 강제 북송시켜야만 이 나라가 올바르게 설 수 있음은 당연하다.

'운동권의 대모', '주사파의 대모'로 불리는 한명숙은 약 9억 원의 불법 정치자금을 받아 징역 2년 형과 약 8억 원을 추징한다는 대법원의 판결을 받고 수형 생활을 했음에도 한명숙과 그녀를 추종하는 자들은 아직도 무죄를 주장하고, 김경수는 여론조작으로 대법원에서 징역 2년 형을 받고 수형 생활을 했음에도 자신과 그 추종자들은 아직도 무죄라고 주장하고 있으며, 조국 또한 사과 한마디 없이 자신들은 떳떳하다고 주장하며, 정구사는 죄도 없는 조국 가족을 위해 신자들에게 기도를 바치라고 권유하며, 정구사에 동조하는 사제와 수도자들은 매일 기도를 바친다고 한다.

이렇듯, 좌파들과 그들을 지지하는 지지자들은 탈법, 불법의 기준을 정해진 법률의 위반으로 판단하는 것이 아니라 자신들의 정치적 목적에 따라 자신들의 기준을 적용한다. 또 정치적 동지의 범죄는 정치적 목적을 달성하기 위해 얼마든지 용인될 수 있다는 신념으로 반국가적, 반사회적, 반인류적 행태를 보이고 있기 때문에 후대의 행복과 건전한 사회 구축을 위해 반드시 이들을 우리 사회와 격리해야만 한다.

거짓을 진실인 양 선동하는 정구사와 그들을 대변하는 평화방송과 또 그들을 지지하는 사제, 수도자, 신자들은 진실을 말아먹고 거짓을 토해내는 사악한 사탄 마귀들이며, 정구사는 북한의 주장과 동일하게 국가보안법 철폐, 주한미군 철수, 고려연방제를 주장할 뿐만 아니라 문정현은 북한 만경대 방명록에 "김일성 장군님, 조금만 오래 사시지 아쉽습니다."라고 기록했다고 하며, 정구사의 핵심 인사들은 연평도 포격에 대해 북한을 옹호하고,

국가전복을 모의한 이석기를 양심수로 석방해야 한다고 주장한다.

사제는 사제 이외의 직업을 가질 수도 없고, 사회, 정치문제에 직접적으로 개입할 수도 없고, 미사 강론 때 정치적 발언을 할 수도 없다. 그러나 함세웅은 정치단체인 '정치개혁연합'의 창당 발기인, '민주주의 국민행동'의 상임대표로 활동한 적이 있고, 송기인은 노무현 정부에서 공직(장관급)인 '진실·화해를 위한 과거사 정리 위원회'의 위원장, 이낙연 대선 캠프의 후원회장, 이재명 대선후보지지 선언, 변성완 부산시장 후보의 후원회장 등 현실 정치에 적극적으로 참여했으며, 정구사를 지지하는 사제들은 강론 때 정치적 발언을 수없이 해 왔다. 모두 교회법 위반이다. 그런데도 이들을 통제, 감시, 관리해야 할 주교회의는 오히려 이들을 두둔하거나 이들에 동조하고, 이들을 교회법 위반으로 처벌해야 함에도 그들을 징계하지 않고 있다

"수도자는 세속으로부터의 격리를 수반한다."라는 교회법이 있다. 사회, 정치 문제에 수도자가 직접 개입하는 것은 교회법을 위반한 것임에도 정구사에 협력하며 온갖 시위에 동참하는 수도자들을 징계는커녕 묵인하고 있는 천주교는 자신들의 교회법을 장식용으로 여기고 있음은 분명하다.

또한, 교회법에는 뭣이 똥인지 된장인지 구분을 못 하는 사제에게는 학식과 능력과 덕망을 갖춘 똑똑한 평신도들이 가르쳐 주어야 하고, 그래도 알아먹지 못하면 바깥에 알려야 하며, 그렇게 하지 않으면 오히려 평신도의 권리와 의무를 기피한 것이라고 한다.

천주교인은 사제가 교회 안에 있을 때 존경을 표시하고 순명해야 할 의무가 있으나 교회를 뛰쳐나와 주사파와 같은 행동을 하며, 사회, 정치 문제에 개입하는 순간 교회법이 아니라 사회법을 적용받기 때문에 존경할 필요도 없고 순명할 필요도 없다. 왜냐하면, 어떤 사람이 천주교 사제를 존경하지 않고 순명하지 않았다고 해서 잡아가는 사회법은 이 세

상에 존재하지 않기 때문이다.

따라서 교회법을 어기며 우리 국민 450만 명에게 피해를 입힌 김일성 일가를 찬양하고, 시대가 어느 시대인데 아직까지 주체사상에 빠져있는 정구사는 당연히 해체되어야 하고, 이들을 교회법으로 다스려야 함에도 이들을 징계하지 않는 주교회의 또한 해체되어야 한다.

〈교회법〉

제278조

③ 성직자들은 성직자 신분의 고유한 의무와 조화될 수 없거나 교회 관할권자에 의하여 그들에게 맡겨진 임무의 성실한 수행을 방해할 수 있는 목적이나 활동을 하는 단체들을 결성하거나 가입하기를 삼가야 한다.

제283조

① 성직자들은 상주하는 직무를 가지지 아니하더라도 소속 직권자의 허가가 적어도 추정되지 아니하는 한 개별법으로 규정될 꽤 긴 기간 동안 자기 교구를 떠나지 말아야 한다.

제285조

① 성직자들은 개별법의 규정에 따라 자기 신분에 부적합한 모든 것을 전적으로 삼가야 한다.

② 성직자들은 불미한 것이 아니라도 성직자 신분에 안 맞는 것은 피하여야 한다.

③ 성직자들은 국가 권력의 행사에 참여하는 공직을 맡는 것이 금지된다.

제287조

① 성직자들은 사람들 사이에 보전되어야 할 정의에 근거한 평

화와 화합을 항상 최선을 다하여 조성하여야 한다.

② 그들은 정당이나 노동조합 지도층에서 능동적 역할을 맡지 말아야 한다. 다만 교회의 관할권자의 판단에 따라 교회의 권리 수호나 공동선 증진을 위하여 요구되면 그러하지 아니하다.

제767조

① 강론은 설교의 여러 형식 중에서 탁월한 것으로 전례의 한 부분이며 사제나 부제에게 유보된다. 전례 주기를 따라 강론 중에 신앙의 신비와 그리스도교인 생활의 규범이 성경 구절로 해설되어야 한다.

제607조

③ 수도자들이 그리스도와 교회에게 드려야 할 공적 증거에는 각 (수도)회의 성격과 목적에 고유한 형식의 세속으로부터의 격리도 수반된다.

제212조

③ 신자들은 그들이 가지고 있는 학식과 능력과 덕망에 따라 교회의 선익에 관련된 문제에 대하여 자기의 견해를 거룩한 목자들에게 표시하며 또한 이것을 그 밖의 그리스도교 신자들에게도 알릴 권리와 때로는 의무까지도 있다. 다만 신앙과 도덕의 보전과 목자들에게 대한 존경 및 공익과 인간 품위에 유의하여야 한다.

■ 『가톨릭 교회 교리서』(2,442항)

정치 구조나 사회생활의 조직에 직접 개입하는 것은 교회 사목자들이 할 일이 아니다. 이 임무는 동료 시민들과 더불어 주도적으로 행동해야 하는 평신도들 소명이다. 사회 활동에는 여러 가지 구체적인 방법이 있을 수 있다. 사회 활동은 항상 복음의 메시지와 교회의 가르침에 부합하며, 공동선을 목표로 해야 할 것이다. '그리스도인다운 열정으로 현세적인 일들을 활성화하고, 이를 위해 평화와 정의의 일꾼으로 행동하는 것'은 평신도의 의무이다.

▨ 교황청 성직자성 「사제의 직무와 생활 지침」(33항, 정치와 사회적인 의무)

사제는 보편교회의 종으로서, 한 역사적 우연성에 자기 자신을 얽어맬 수 없으며, 따라서 온갖 정치적 분파를 초월해야 한다. 만일 교회 장상의 판단에 따라 교회의 권리와 공동선의 보호가 그것을 요구하지 않는다면 사제는 정당이나 노동조합 안에서 능동적 역할을 맡을 수 없다. 사실 정당이나 노동조합이 그 자체로 좋은 것일지라도 그것들은 교회적 친교 안에서 분열의 심각한 위험이 될 수도 있으므로 성직자 신분에 맞지 않다.

예수님처럼(요한 6, 15 이하 참조) 사제는 "영적 형제애의 중심점이 되기 위하여 정치에 능동적으로 참가하는 일을 삼가야 할 것이다." 따라서 모든 신자는 어떠한 이유에서든 제지당한다는 느낌을 갖지 않으면서 사제에게 언제든지 접근할 수 있어야 한다. "정치 활동과 사회 조직체들에 직접 개입하는 일을 교회는 사목자들의 어깨에 떠넘길 수 없다."라는 것을 사제는 명심해야 한다. "사실 이 과제는 평신도 성소의 일부를 이루는 것으로서 평신도들은 이 성소 안에서 자기 동료 시민들과 더불어 그 자신의 능력으로 수고하는 것이다." 그런데도 사제는 '평신도들의 올바른 양심을 형성시키는 노력'을 소홀히 해서는 아니 된다. 사제의 사명을 순전히 사회적이거나 정치적인 성격의 현세적 과업으로 축소시키는 것은 그의 직무에 맞지 않는 것이며, 또한 그것은 교회의 복음적 결과에 이득을 가져다주지 않고 오히려 중대한 손실을 초래하는 것이 된다.

출처: 2013. 11. 26. 가톨릭평화신문

또한, 프란치스코 교황은 그리스도인들이 정치에 참여하되 '공동선을 위하여', '사랑을 실천하기 위한 방법'으로 참여하라고 하셨습니다만, 그동안 정구사와 그에 가담하는 사제, 수도자, 신자들은 과연 교황님이 말씀하신 그 목적을 위하여 정치에 참여했는지 묻지 않을 수 없다.

[외신 종합] "내 연설이 자그마치 5장이나 되는군요! 조금 지루할 것 같으니 이렇게 합시다. 핵심만 짧게 얘기하고 여러분이 궁금해하는 질문을 받을게요. 그래도 되겠죠?" (중략) 한 교사는 마지막으로 가톨릭 교회가 정치에 참여해야 하는지를 물었다. 교황은 '공동선을 위해 일하는 것은 그리스도인의 의무'라고 단호히 말했다. 교황은 "우리는 사랑을 실천하는 한 방법으로 정치에 참여해야 한다."라면서 "정치가 혼탁하다고 해서 그리스도인들이 참여하지 않는다면 정치는 계속 혼탁하게 될 것"이라고 말했다.

출처: 2013. 06. 15. 가톨릭평화신문

따라서 사제가 사회, 정치문제에 직접적으로 참여하는 것과 정당이나 노동단체에서의 능동적인 역할은 '교회법', '가톨릭교회 교리서'를 위반한 것으로, 그동안 정구사가 개입한 사회, 정치적 사건은 모두 위법한 것이며, 만약 그리스도인들이 참여하더라도 '공동선을 위하여', '사랑을 실천하기 위한 방법'으로 참여해야 한다. 그러나 아래와 같은 그들의 주장은 공동선을 위한 것도 아니고, 사랑을 실천하는 방법으로 참여한 것이 아니라 모조리 집단이기주의를 부추기거나 사회를 분열시키기 위한 것임이 분명하다. 만약 아니라고 주장한다면 어느 것이 공동선을 위한 것이고 어느 것이 사랑을 실천하기 위한 방법이었는지, 정구사와 정구사를 지지하는 사제, 수도자, 신자들은 반드시 답변해야 한다.

- 평택 미군기지 이전 반대
- 부안군 방폐창 건설 반대
- 제주 강정마을 해군기지 건설 반대
- 밀양 송전탑 건설 반대
- 한미 FTA 철폐
- 미국 쇠고기 수입 반대(광화문 촛불집회 주도)
- 국가보안법 철폐
- 주한미군 철수
- 고려연방제 주장
- KAL기 폭파사건 김현희 가짜 주장
- 미국 부시 대통령 방한 반대
- 박근혜 대통령 당선 불복 및 탄핵에 앞장
- 북한의 연평도 포격 옹호
- 문정현 신부, 북한 만경대 방명록에 "김일성 장군님, 조금만 오래 사시지 아쉽습니다."라고 기록
- 국가 전복모의 통진당 이석기 석방 주장
- 정구사 소속 한만삼 신부 강간 시도
- 이용훈 주교, 사제, 수녀에게 '시국선언' 동참 압박
- 김인국 신부, 김건희 씨를 두고 '콜걸이란다.' 설마.
- 박주환 신부, '비나이다~ 윤 대통령 비행기에서 추락했으면 ….'
- 이태원 사고 유족들이 정보공개를 거부했음에도 정구사는 공개

출처: 2022. 08. 03. 뉴데일리

https://www.newdaily.co.kr/svc/article_print.html?no=2022080200204

출처: 2010. 12. 30. 미래한국

http://www.futurekorea.co.kr/news/articleView.html?idxno=20107

출처: 2008.07.01. 조갑제닷컴

https://www.chogabje.com/board/view.asp?C_IDX=23479&C_CC=BA

그리고 정구사를 지지하는 천주교인이나 평화방송 등에서는 "정치가 올바르지 않으면 잘못된 것을 얘기할 수 있어야 한다."라고 주장하는데, 그렇다면 아래에 대해선 정구사와 그들을 지지하는 천주교인들은 왜 침묵하고 있는지 그 이유를 반드시 설명해야 한다.

- 건강보험공단 적자(외국인 피부양자 치료비 지급)

- 북한 불법 물자공급 의혹

- 원전보고서 조작 의혹

- 부산저축은행 금감원 압력 의혹

- 부산저축은행 변호사비 59억 원 수임 의혹

- 울산시장 부정선거 의혹

- 댓글 조작(드루킹) 사건 사전인지 의혹

- 양산 사저 농지법 위반 의혹

- 인권 박탈(공무원 피살 및 정보공개 거부)

- 환경파괴(서산, 아산 갯벌 태양광 패널 설치)

- 청와대 의전비 내역 공개 거부

- 탈북어민 강제 북송(헌법 및 국제법 위반)

01) **주사파**: 김일성의 통치이념인 주체사상을 추종하며 종북 성향의 NL 세력을 지칭. 민족해방, 자주통일, 사회주의 체제를 목표로 학생운동, 노동운동, 시장자본주의 타파, 반미투쟁을 주도. 김대중 정부에서 제도정치권(制度政治圈)에 진입

02) **강철서신**: '강철'이라는 이름으로, '우리는 미제(미국) 간첩 박헌영으로부터 무엇을 배울 것인가'와 같이 학생 층에게 주체사상을 주입하기 위해 유포한 팸플릿 형태의 유인물

73화 천주교의 인권운동은 국민 기만

　　1960년 전후 세대들은 가난하고 살아가기 힘든 시대를 보냈던 세대들이다. 하루 세끼 밥을 먹을 수가 없어 하루 두 끼 먹는 세대들이 절반을 넘었고, 그 두 끼도 한 끼는 보리밥이고 또 한 끼는 국수, 고구마, 옥수수, 나무껍질로 만든 죽 등을 먹으며 하루하루를 힘들게 살았지만, 그래도 내일은 쌀밥을 먹을 수 있을 것이라는 희망으로 버텨왔었던 것 같다.

　　머리는 좋지만 가정형편이 어려웠던 자식들은 상업, 공업고등학교로 진학했고, 어쩔 수 없이 상업, 공업고등학교로 진학했었던 어찌 보면 우리나라의 인재들이 산업현장에서 힘들게 살아가고 있었고, 이들을 위해 멀리서나마, 마음이나마 그들을 응원했고, 그 당시 노동운동은 당연하다고 생각했다.

사진 출처: 2022. 12. 05. 팬앤드마이크
http://www.pennmike.com/news/articleView.html?idxno=59013

그러나 아무리 노동운동이라고 하지만 이것은 아니지 않느냐? 시위에 동참하지 않는 같은 단체의 동료들에게 저주를 퍼붓는 이런 자들의 노동운동 현장에서 시국미사를 집전하는 정구사는 제정신인가?

저런 싹수없는 단체를 욕하고 싶은 생각은 추호도 없다. 원래 저런 자들은 함께 살아가는 사회공동체의 발전을 도모하는 것이 아니라 자신들의 이익만을 추구하는 집단이기주의자들이며, 저런 자들을 위해 시국미사를 집전하는 정구사가 제정신인지 모르겠다.

정구사! 당신들은 집단이기주의자들을 대변하고, 그들의 이익만 달성된다면 서로 양보하고 협력하여 모두의 행복을 추구하는 사회공동체가 파괴되어도 상관없다는 것이 당신네들의 정의인가?

74화 천주교의 이중성

그동안 정구사에 협력하며 그들을 교회법으로 처벌하지 않고, 천주교의 비인가 단체라고 주장하면서 사제, 수도자, 산하단체가 시위에 가담하더라도 묵인하는 천주교의 이중성은 수도 없지만, 그 중 주요한 몇 가지는 다음과 같다.

- 제주 해양기지 건설 반대
- 성주군 사드 배치 반대
- 부안군 방폐창 건설 반대
- 밀양 송전탑 건설 반대
- 금정산 터널 공사 반대

천주교의 묵인 아래, 정구사가 이러한 국가 정책에 반대했는데 이런 정책이 가톨릭교회의 핵심가치인 '공동선'에 부합하는지 아닌지를 판단하는 데 있어, 먼저 가톨릭교회의 '공동선'이 무엇인지 간략하게 살펴보면 다음과 같다.

▨ 공동선

공동선은 사회구성원들이 공동으로 사용할 수 있는 사회의 재산이다. 즉 공원과 같은 공동의 재산이 공동선이란 것이다. 공원이 개인소유의 정원과는 규모나 질에 있어서 비슷하다 해도, 개인소유의 정원은 사회구성원 누구나 사용할 수 없기 때문에 공동선이 아니라는 것이다. 공동사용의 가능성이 어떤 물질적 재산을 공동선으로 만든다는 것이다. 그리고 물질적 재산만이 공동선이 될 수 있다고 보는 해석과는 달리, 가톨릭 사회 교의의 공동선은 훨씬 포괄적인 개념이다. (중략)

종교자유 선언문(6항)에서는 공동선 대신에 공동이익, 혹은 공동복지가 사용된다. '인간이 보다 완전히, 보다 용이하게 자기완성에 도달할 수 있는 사회의 생활조건의 총화가 사회의 공동이익'이라고 하였다. 회칙 '민족들의 발전'에서는 인간 전체와 인류 전체의 발전향상을 가져오는 것들을 진보라고 규정함으로써 진보와 공동선은 거의 동일한 사회조건들을 지칭한다고 보인다. "진보는 경제성장만을 뜻하는 것이 아니라, 진보가 올바른 것이 되기 위해서는 인간 전체와 인류 전체의 발전 향상인 전체적인 것이라야 한다."(p.14) 이렇게 보면, 교회 문헌은 인간의 완성을 위해서 필요한 조건들을 지칭하는 데에 공동선이란 용어뿐 아니라 공동복지, 공동이익, 진보, 발전과 같은 용어도 병용한다는 것을 알 수 있다.

출처: 가톨릭대사전

'공동선'은 하느님의 뜻을 이 세상에 실현하기 위해 모든 인간은 소외되거나 차별받지 아니하고 동동한 인격과 권리가 보장되어야 한다는 것으로, 개인이나 집단의 이익이 아니라 모두의 이익(공동의 이익)이 보장되어야 하고, 모두가 서로 사랑하며 행복한 사회를 구축하여 이 세상에 하느님의 뜻이 실현되도록 사회를 발전시켜야 하며, 그 발전 방향의 기준을 정한 것으로 이해하면 된다.

따라서 천주교 특히 정구사에 적극 협력한 김해성당 이균태 신부는 정부 정책에 반대한 자신들의 행위를 아직도 정당화하고 있으니, 아래의 주장이 '공동선'에 해당하는지 혹은 사랑을 실천하기 위한 방법이었는지에 대해 이균태 신부는 물론 정구사와 천주교는 분명히 답을 해야 한다.

▨ 구럼비 바위가 중요하냐? 국민의 생명과 안전이 중요하냐?

환경은 하느님이 창조하신 것이기에 훼손해서는 아니 되니 그대로 보존해야 한다는 논리로, 구럼비 바위를 보호해야 한다며 국민의 생명과 재산을 보호하기 위한 제주 해양군사기지 건설을 반대하고 있다.

정치 사상이 다르고 침략 제국주의를 추구하는 인접한 국가와 대치하는 지역의 소국은 그들의 침략을 억제하기 위해선 경제력, 군사력을 반드시 키워나가야만 한다. 만약 전쟁은 하느님의 뜻이 아니기에 전쟁을 피하기 위해 자신들의 군사력 증강을 반대한다면 인접한 국가의 군사력 증강에 대해서도 반대하여야 한다. 그러나 인접국의 군사력 증강에 대해선 침묵하며, 오로지 자신들의 군사력 증강만을 반대한다면 그 나라의 미래는 보장받을 수 없다. 역사가 이를 증명하고 있으니 말이다.

그럼에도 이들은 왜 자신들의 군사력 증강을 반대하는 것일까?

이들은 '팍스 로마나(Pax Romana)'의 'Pax'가 무슨 의미인지를 알고도 반대한 것일까? 천주교에서 사용하는 '평화(Pax)'가 '힘에 의한 평화'를 의미한다는 것을 알았다면 자신들의 군사력 증강을 위한 군사시설 건설을 반대한 자신들의 행동이 얼마나 부끄러운 일인지를 알았을 것이다.

또한, 하느님은 이 우주 만물을 창조하신 다음, 인간들에게 그 관리를 맡기셨지 온전히 보존하라고는 하지 않으셨고, 오히려 "이 세상의 모래알보다 더 많은 자식을 낳아 번창하라."라고 하셨으니 더더욱 살기 좋은 환경을 만들어 더 많은 자식을 생산하는 것이 곧 하느님의 뜻일 것이다. 그렇기 때문에 제주 주민들뿐만 아니라 우리나라 국민들의 공동이익인 생명과 재산을 보호하기 위한 군사시설 건설은 '공동선'에 부합하며, 자연환경을 이용하거나 개발하여 모두가 행복한 사회를 구축하는 것 또한 하느님의 뜻에 부합한다.

그러나 정구사와 천주교는 이를 반대했고, 아직도 반대 시위를 계속하고 있다. 그렇다면 자연을 훼손하며 집단의 이익을 위한 방파제, 간척지, 태양광 패널의 건설로 수많은 동식물이 살아가는 해변, 갯벌, 바위와 같은 자연이 파괴되는데 왜 공사를 반대하지 않았으며, 산림을 훼손하며 자신들의 수도원, 성당을 짓는 것은 왜 반대하지 않았는지 묻지 않을 수 없다.

태양광 패널 설치를 위한 갯벌 파괴 및 패널 오염

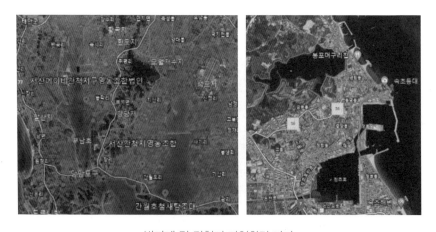

방파제 및 간척지 자연환경 파괴

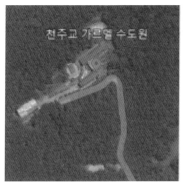

천주교 수도원 산림 파괴

천주교 수도원과 성당 산림 파괴
사진 출처: 네이버 이미지, 네이버 지도, 구글 어스

■ 성주 참외가 중요하냐? 국민의 생명과 안전이 중요하냐?

정구사는 "박근혜 정부가 군사적 효용성 자체가 의심되는 사드 배치를 강행함으로써 불필요한 군사적 대립과 긴장감을 초래할 것이며, 중국의 경제제재 조치와 연 1조 5천억 원에 육박하는 사드 운용비 등으로 한국경제에 심각한 피해가 예상", "분단역사의 경험을 통해서 우리는 미국식 군사동맹으로는 평화도 통일도 이룰 수 없음을 확신하게 됐다. 사드 배치를 압박하는 미국의 조치는 그런 사실을 다시 한 번 보여준다.",

"우리의 생명과 국가 운명을 미국 손에 맡겨 둘 수는 없다. 평화를 깨뜨리는 군사동맹을 구걸하는 짓은 이제 그만 두어야 한다." 좌파들은 "참외와 농산물이 전자파로 녹아난다.", "주민들과 동물들이 암에 걸린다."라고 호도하며 사드 배치를 반대하고 있다.

사드의 레이더파는 라디오, TV, 휴대전화, 산업용 무선기기 등 통신에 사용하는 모든 신호와 동일한 전자파다. 전자파는 장치의 기능과 종류에 따라 파장과 진폭, 주파수는 다르지만 인체나 식물에 축적되지 않으며, 동식물에 유해하다는 증거도 없고, 유해하다는 연구결과도 없다.

사드에 사용되는 레이더파의 주파수는 40GHz 내외로 5G 이동통신 주파수 28GHz에 비해 그다지 높은 편이 아니며, 주파수가 높을수록 굴절, 산란, 회절 되지 않고 직진 특성을 가지기 때문에 사드에 사용되는 주파수는 직진 특성을 가진다. 그러나 사드의 강한 레이더파에 장기간 노출되는 것을 최소화하도록 사람이 거주하는 지역을 피해 지대가 높은 곳에서 하늘을 향하도록 설치하기 때문에 사드는 인체나 동식물에게 피해를 주지 않는다.

다양한 신호 중에서 수중에서 주로 사용되는 음파를 제외하고는 레이더파, 적외선 및 가시광선은 실은 모두 같은 전자파의 일종이다. 모든 전자파는 공기 중에서 빛의 속도로 전파되지만, 주파수에 따라서 그 종류가 구분된다. 우리 눈으로 관찰할 수 있는 빛은 약 430~790THz(1THz=1조Hz)의 주파수를 가지며, 적외선은 430THz 바로 아래 주파수 영역을 차지한다. 이에 비해서 레이더에 사용되는 전자파는 주로 1~40GHz(1GHz=10억Hz)의 비교적 낮은 주파수를 사용한다.

출처: 2021. 05. 21. 한국경제TV

사드는 북한에서 남한으로 발사한 미사일을 감지하여 공중에서 요격하여 국민의 생명과 재산을 보호하기 위한, 즉 공격하기 위한 무기가 아니라 자신들을 방어하기 위한 군사시설로, 어느 나라든 특히 북한과 중공 자신들도 사드와 같은 시설을 다량으로 운용하고 있다.

그러나 북한이나 중국에서 그 도입을 반대한다고 해서 자신들의 생명과 재산을 보호하는 군사시설 도입을 반대하는 것은 곧 자신들의 생명과 재산을 포기하겠다는 말이 아니겠는가?

또 그들의 주장에 동조하며 사드 도입을 반대하는 자들은 도대체 어느 나라 국민들인지, 사드 배치가 '공동선'에 부합하지 않기 때문에 반대하는 것인지, 아니면 국민을 너무나 사랑하기 때문에 반대하는 것인지, 그것도 아니라면 자신들의 정치적 목적을 달성하기 위해 반대하는 것인지 묻지 않을 수 없다.

그리고 2023년 6월 21일 환경부와 국방부는 국방시설본부와 공군, 한국전파진흥협회가 실시한 '환경영향평가서'를 승인하고 그 결과를 발표했으며, 성주 주한미군 사드 기지 내의 전자파 최댓값이 0.018879W/㎡로, 인체 보호 기준인 10W/㎡의 530분의 1인 0.189%에 지나지 않아 인체에 무해하다는 결론을 내리기도 했다.

사진 출처: 2023. 06. 21. 채널A YouTube
https://www.youtube.com/watch?v=WJgokYygujs

경북 성주 주한미군 고고도미사일방어체계(THAAD·사드) 기지에 대한 환경영향평가가 21일 6년 만에 마무리됐다. 관심을 끌었던 사드 전자파는 측정 최댓값이 0.018870W/㎡로 인체 보호 기준(10W/㎡)의 530분의 1 수준(0.189%)에 그쳤다. 휴대전화 기지국보다 전자파가 나오지 않는다는 것이다.

2017년 사드 도입 당시 '사드 전자파에 사람이 튀겨져 죽는다.', '사드 전자파가 참외를 썩게 한다.'라는 등 사드 괴담이 일부 정치인과 단체를 중심으로 난무했다. 전파법에 따라 설립된 신뢰성 있는 제3의 전문기관인 한국전파진흥협회가 실측하고, 자료를 전문기관 및 전문가 등이 종합 검토한 결과 전자파가 문제없는 것으로 결론이 났다.

사드는 대륙간탄도미사일(ICBM) 등 북한 핵미사일을 요격 방어하기 위한 필수적 무기 체계다. 그러나 문재인 정부는 5년 내내 중국 눈치를 보며 사드 기지 정상화에 미적대 왔다. 사드 기지 환경영향평가가 완료됨에 따라 6년간 '임시 배치' 상태인 사드 기지 정상화 길이 열리게 됐다. 북한 핵미사일이 고도화되고 위협 수위가 높아지는 것을 고려하면 사드 정상 가동은 국가 안보를 위해 반드시 필요한 사안이다. 정부와 주한미군은 사드 정상 가동을 서두르기 바란다. 주민들이 그동안 희생을 감내한 만큼 지지부진했던 사드 배치 지역 정부 지원사업도 신속히 실행돼야 한다.

사드가 인근 주민들의 건강과 생존권을 위협한다는 일각의 주장이 근거가 없다는 사실이 과학적 검증을 통해 다시 한 번 확인됐다. 근거도 없는 사드 괴담이 판을 쳐 한때 국내 최대 참외 생산지인 성주 농민이 피해를 보기도 했다. 그러나 사드 괴담이 사실이 아닌 것으로 드러나면서 성주 참외 생산량은 사드 배치 이전보다 증가했고, 매출과 농가 소득 역시 늘어났다. 괴담은 사실을 이길 수 없다는 것이 증명된 것이다. 후쿠시마

오염수를 둘러싼 괴담이 더불어민주당 등의 선동으로 기승을 부리고 있지만, 국민이 사실을 정확히 알면 이 괴담도 자취를 감출 것이다.

출처: 2023. 06. 22. 매일신문

https://news.imaeil.com/page/view/20230621175845227359

성주군 주민이 거주하는 지역보다 사드를 운용하는 기지 내의 전자파가 가장 강한 곳임에도 인체 보호 기준치의 0.2%에 지나지 않고, 휴대전화 송수신 기지국보다 전자파가 낮은 수준인데 그들은 '사드 기지 주변의 전자파는 전자레인지에서 인체가 튀겨질 정도의 강한 전자파'라는 괴담을 만들어 성주군 주민들과 국민들을 선동하는 그 이유는 과연 무엇일까?

또한, 수조 원을 투입해서라도 국민의 재산과 생명을 보호할 수만 있다면 당연히 그 보호시설을 운용하는 것은 이 시대를 이끌고 있는 기성세대들의 시대적 사명이며, 이를 운용하는 것은 너무나 당연한 일이 아니겠는가?

■ 부안군 주민만 인간이고 경주 방폐창 인근의 주민은 개돼지냐?

부안군의 방폐창 건설을 위해 인근 주민이 토지수용을 원하면 수용해주고, 그 대가로 국가기간시설을 유치하여 지역경제 활성화와 일자리 창출에 도움을 주겠다는 정부의 제안조차 거부하며, 방사능 오염으로 인근 주민의 생명이 위험하다며 방폐창 건설을 반대했다.

원자력발전소에서 사용 후 남은 방사능 오염물질을 보관하는 시설인 방폐창은 오염물질을 장기간 격리, 보관해야 한다는 어려움은 있지만, 현재의 과학 기술적 측면에서 가장 깨끗하고 가장 경제적인 에너지원이 아닐 수 없으며, 서구 유럽 국가에서 환경오염시설로 분류하여 점진적으로 폐기하려고 했으나 그 대안을 찾지 못해 다시 청정에너지원으로 분류하며 대규모 원자력발전소 건설을 추진하고 있다.

원자력발전소의 불가피한 산물인 방폐창 인근의 주민들은 위험을 안고 있겠지만 방폐창 건설은 국가의 공공정책인 동시에 부안군 주민들도 저렴하고 깨끗한 전기를 사용할 수 있기 때문에 '공동선'에 벗어났다고 볼 수 없음에도 그들은 반대했다. 그러나 그들은 경주시가 방폐창 유치를 결정했을 때에는 반대하지 않았고, 그들의 주장대로 부안군 주민의 안전이 우려되기 때문에 반대했다면 당연히 경주시에 건설할 때도 반대해야 했다. 그럼에도 그들이 반대하지 않았다는 것은 지역이기주의를 부추기어 나라를 분열시키려는 그들의 더러운 이중성이 아닐 수 없다. 만약 그것이 아니라면 부안군 주민만 인간이고 경주시 주민은 개돼지란 말이냐?

▨ 밀양 송전탑 부근의 주민만 인간이고 다른 송전탑 인근의 주민은 개돼지냐?

송전탑이 지나가는 인근의 주민들이 암에 걸린다며 밀양 송전탑 건설을 그들은 반대했다. 국가의 정책도 특정 개인이나 집단에 일방적 손해를 강요한다면 그것은 '공동선'에 위배될 수도 있으나, 특정 개인이나 집단들도 무조건 반대하는 것은 자신들의 이익만을 추구하기 때문에 '공동선'에 위배될 수 있다. 따라서 공공 정책을 실시할 경우라도 손해를 입는 그들에게 충분한 보상과 그들의 이익을 보장해 주어야만 '공동선'에 부합하고, 또 그들도 정부 정책에 호응하여 국가의 이익을 위해 자신들이 양보해야만 그들도 '공동선'에 부합하게 된다.

따라서 이러한 문제는 국가와 특정 개인이나 집단과의 협의에 의해 충분히 해결될 수 있기 때문에 특히나 '공동선'의 가치를 추구하는 천주교라고 한다면 이들 양자 간의 합의 유도를 통해 이 사회가 '공동선'에 부합하여 발전하도록 이끌어야 할 책임과 의무가 있음에도 특정 개인이나 집단의 이익을 대변하며 무조건 반대에 동참했다는 것은 곧 지역, 집단 이기주의를 부추기어 나라를 혼란에 빠뜨리려는 이들의 더러운 책동이 아닐 수 없다. 만약 아니라고 한다면 밀양 주민만 인간이고 특히나 송전탑 아래의 임곡리 주민은 개돼지란 말이냐?

송전탑 아래의 임곡리 마을
사진 출처: 구글 어스

▨ 금정산 습지와 포유동물이 중요하냐? 서해 갯벌과 그 갯벌에서 살아가는 수백·수천만 마리의 동물이 중요하냐?

습지와 포유동물의 서식지가 훼손되고, 습지에서 살아가는 포유동물을 보호해야 한다며 금정산 터널 공사를 그들은 반대했다. 그렇다면 금정산 습지에서 살아가는 동식물은 보호해야 하고, 갯벌에서 살아가는 수많은 동식물은 보호할 필요가 없고, 도로변에서 무참히 죽어 나가는 동물들은 모두 죽어 나가도 상관이 없다는 말인가?

지금 당장 모든 고속도로, 터널, 국도를 폐쇄하여 도로에서 죽임을 당하는 동물들의 생명을 보호하고, 갯벌에 설치된 태양광 패널을 철거하여 갯벌에 서식하는 수많은 동식물을 보호하라며 왜 시위해야 하지 않느냐?

　도롱뇽만 보호해야 할 동물이고 고라니, 뱀, 개구리, 지렁이 등은 마구 죽여도 되는 동물이란 말이냐?

도로에서 죽임을 당하는 보호종
사진 출처: 네이버 이미지

75화 KAL기 폭파범 김현희 가짜 주장

KAL기 폭파사건은 1987년 11월 29일 이라크 바그다드 국제공항을 이륙한 대한항공의 보잉 707기종의 KE858편이 아랍에미리트의 아부다비 국제공항을 거쳐 서울로 오기 전의 마지막 중간 기착지인 방콕 돈므앙 국제공항으로 비행하던 도중, 인도양 상공에서 교신이 두절되고 실종되어 탑승객 115명 전원이 사망한 사건을 말한다.

그 사건 이후 좌파들은 "전두환 정권이 대선에 영향을 끼쳐 승리하기 위해 조작했다."라며 의혹을 제기하고, 가톨릭 계열 신문사인 '가톨릭뉴스 지금 여기'와 각종 공중파 TV에서 지속적인 의혹을 부풀리며 수십 년간 나라를 혼란에 빠뜨렸던 사건이다.

결국, 2003년 11월 3일 정구사는 '김현희 KAL 858기 사건 진상규명을 위한 천주교 신부 115인 선언'을 발표하며, 북한의 사주를 받고 대한항공 858기를 폭파한 김현희는 '안기부에 의해 조작된 가짜'라고 주장하자, 바로 이어 MBC는 「PD 수첩」에서, SBS는 「그것이 알고 싶다」에서, 다음 해 봄, KBS는 「일요 스페셜」에서 정권의 나팔수처럼 이를 되풀이해서 강조하며 더욱더 의혹을 부채질하고, 2005년 「과거사 진상조사 위원회」에서 이를 다시 조사하고, 2007년 「진실 화해를 위한 과거사 위원회」에서 다시 조사했지만, 그러나 두 번의 재조사에도 아무런 결과도 발표하지 않았다.

그러나 2007년 북한 외무성 리근 미국 담당 국장은 우연하게 'KAL기 폭파는 북한소행'임을 시인했고, 북한에서 탈출한 북한 외무성 공사였던 태영호 국회의원은 2017년 2월 「월간조선」과의 인터뷰에서 'KAL

기 폭파는 북한소행'임을 증언했고, 남한의 대공작전을 담당하는 북한 정찰총국의 부부장이었던 김국성 씨는 2022년 6월 13일 「주간조선」과의 인터뷰에서 'KAL기 폭파는 북한소행'임을 또다시 증언하게 된다.

3일 정부 고위 당국자에 따르면 지난 2007년 북핵 문제 논의를 위해 북한 외무성 리근 미국 국장을 중국에서 만났을 때, 리근 국장이 미국의 테러지원국 명단에서 북한을 **빼달**라고 호소하면서 "우리는 KAL기 테러 이후에는 테러한 적이 한 번도 없다."라고 말했다는 것이다. 1987년 이후 테러를 저지른 적이 없다는 점을 강조하느라 자기도 모르게 KAL기 폭파사건을 시인한 셈이다.

출처: 2010. 10. 04. 서울신문

기자는 「월간조선」 2월호에서 태영호 공사를 인터뷰했다. 기사 제목은 "북한 태영호 전 공사의 증언들- '김현희 가짜설'을 반박하는 결정적 증언 '김현희 체류했던 오스트리아 정부 KAL 858기 폭파 사건 직후 북한 당국에 공식 항의'"였다. 당시 태영호 공사는 북한 외무성 유럽국에 근무하고 있었다. 관련 질의 응답이다.

💬 나이도 같은데 학교 다닐 때 혹시 평양에서 김현희 씨를 보지 못했나요?

"저는 기억이 잘 나지는 않는데 김현희는 북한에서 대남 공작대로 갔거든요. 그 이후에 KAL기 사건이 났고 김현희의 부모나 가족들은 다 사라졌죠."

💬 혹시 가족들이 살아 있다는 얘기는 못 들었습니까?

"못 들어봤어요."

💬 그럼 김현희라는 존재에 대해서는 KAL 858기 폭파 사건 후에 알게 됐군요.

"그렇죠. 제가 그 사건 당시 외무성 유럽국에 있었거든요. 김현희가 KAL기 폭파하기 전에 유럽을 거쳐서 갔는데 그때 오스트리아를 경유했죠. 그때 오스트리아 정부 당국이 김현희가 언제 오스트리아에 들어왔다가 언제 어떻게 해서 나갔다는 구체적인 정보와 자료를 입수해 가지고 북한에 공식 항의했습니다."

💬 어떤 항의였습니까?

"'왜 오스트리아를 북한 간첩 양성(養成)기지로 이용하느냐, 이런 일이 다시 반복될 때는 외교적인 조치를 가하겠다.'라고 오스트리아 당국이 공식적으로 북한에 항의했죠. 물론 언론에는 공개하지 않았습니다."

💬 김현희 씨가 가짜라고 믿는 사람들한테는 태 공사의 증언이 아픈 증언이네요.

"김현희가 진짜냐, 가짜냐 하는 거는 인터폴에 그 자료가 다 있습니다. 인터폴에서 KAL기 사건 있은 다음에 자료를 조사해 가지고, 김현희가 들어왔다 나갔다 한 나라들에서는 공식적으로 북한에다 항의하고 물밑에서는 상당한 그 외교적인 분쟁이 있었습니다. 제가 유럽국에서 근무했기 때문에 잘 알죠."

💬 이렇게 김현희 씨가 가짜가 아니라는 증거가 수없이 드러나는 데도 아직도 가짜라는 사람들이 있습니다.

"글쎄요. 올해가 30주년인데요. 30년이 됐는데도 아직도 북한은 사건 자체를 인정도 사과도 안 하고 있죠. 저에게는 우여곡절이 많은 30년이었습니다. 돌이켜보면 2003년 노무현 정권 때 본격적으로 정부 차원에서 저에 대한 '가짜 몰이'를 했어요. 이거는 그냥 사건이 아니고 안보 문제거든요. 안보 문제인데 이것을 정치적인 문제로 끌고 가서 정치적으로 이용, 활용하려고 했고, 그것을 정리하지 않았기 때문에 아직도 그런 세력(김현희 씨가 가짜라는)이 있는 거죠. 저는 지금도 당시 KAL기 희생자

유족분들에게는 죄송한 마음뿐이에요. 그런데 가짜가 아닌 저를 자꾸 가짜라고 하니 답답하죠. 그럼, 정말 진짜는 어디에 있나요?"

출처: 2017. 11. 19. 월간조선

최근, 이 KAL 858기의 폭파범인 김현희 씨가 방송에서 '지난 두 정권 시기에 '김현희는 가짜'로서 사건은 조작된 것'이라고 압박을 받았다는 것이다. 우리 국민과 세계가 지켜본 엄청난 사건이 항공기를 폭파시켜 자국민을 희생시킨 우리의 범죄라면 관계자는 당연히 엄중한 처벌을 받아야 했다. 그런데 지난 정권의 관계 당국으로부터 해외 이민을 권고받았다고 김 씨는 주장한다. 북한 정권에 매우 불리한 그의 존재를 우리 땅에서 말살하고 싶었던 때문일 것이라고 그는 말한다.

알려진 대로 그녀는 둘째 아이가 돌을 막 지난 무렵이었던 2003년 11월, MBC 취재진에 자신의 집이 노출된 다음 날 새벽, 그곳을 떠나 지금까지 돌아가지 못하고 있다. 좌파 정권하에서 그녀는 "KAL 858기 폭파 사건은 조작됐고, 김정일의 공작 지시는 없었다."라는 대답을 직간접적으로 강요받았다. 그녀는 그 배후 중의 하나가 좌파 정권하의 국정원이었다고 주장하며 국정원의 공식 사과와 책임자 문책을 요구하고 있다. 국정원이 자신을 가짜로 모는 프로그램을 제작 중인 MBC 출연을 요구했고, 국정원 간부로부터는 제3국으로 이민을 떠나라는 권유를 받기도 했다는 것이다.

출처: 2017. 11. 19. 월간조선

정구사와 좌파 세력의 나팔수를 자처하는 공중파 TV를 비롯한 언론매체는 115명의 무고한 생명을 앗아간 사건을 "KAL기 폭파는 북한소행이 아니다."라고 주장하며, 수십 년간 나라를 혼란에 빠뜨린 것은 물론 국론을 분열시켜 이 사회를 파괴하려는 북한의 입장을 대변하며, 자기 잘못을 시인하고 진실을 밝히는 것만이 속죄하는 것이며, 한 여자로서 평범하게 살아가고 싶었던 김현희 씨에게 거짓 진술을 강요하고, 심지어 진실을 증언한 태영호 씨를 '안기부의 공작원'이라며 인권을 묵살하며 또 다른 거짓말을 유포하는 정구사가 과연 이 사회의 정의, 인권을 부르짖을 수 있다는 말인가?

또 정구사를 비롯하여 '김현희는 가짜'라고 호도한 각종 언론매체는 자신들의 주장이 틀렸음이 밝혀졌음에도 사과한 적이 있는가?

또 천주교는 거짓 주장을 유포하고 확대한 「가톨릭뉴스 지금 여기」와 정구사의 핵심 인사들을 교회법으로 처벌한 적이 있는가?

따라서 수십 년간 나라를 혼란에 빠뜨리고 국론을 분열시킨 정구사를 비롯한 주사파들을 반드시 심판해야 하며, 교회법을 위반하며 사회 혼란에 앞장서고 지역이기주의를 부추기는 정구사와 산하단체를 교회법으로 처벌하지 않는 천주교가 과연 사랑, 정의, 평화, 인권을 거론할 자격이 있는지 묻지 않을 수 없다.

💬 2008년 "나는 법원의 3심, 국정원의 4심을 거쳐, 진실화해위원회에서 5심을 당하고 있다."라는 주장을 한 탄원서, 항의서, 호소문을 관계 요로에 보낸 적이 있는데 그 뒤로 국정원의 사과 등 커다란 변화는 없었던 거죠.

"그때 제 편지가 언론에 공개되고 국정원에서 내부 조사팀을 만들었습니다. 당장 언론에 나오고 하니까 그래 가지고 조사한다 하고, 2009년 3월 말에 저희를 직접 검사랑 조사팀이 찾아와서 이렇게 인정을 했습니다. '우리가 노무현 정권 때 국정원, 경찰, MBC, KBS, SBS, 정의구현사제단, 대책위, 시민단체 등 여럿이 다 연합해가지고 가짜 만들기 공작을 했다'고 인정을 했습니다."

💬 구두 시인이죠.

"네, 문서가 아니고 구두 시인하고 이거를 검찰에 넘겨서 처리하겠다고 하고는 계속 질질 끌었습니다. 그렇게 1년이나 질질 끌다가 국정원은 잘못을 그렇게 인정하고도 자기네는 잘못이 없다고 살짝 빠졌어요. 자기들은 무혐의로 검찰에 넘겼나 봐요. 그러니깐 검찰에서는 수사도 안 했습니다. 그냥 내사로 무혐의 종결시켜 놨습니다. 완전 흐지부지해 놓은 거죠. 인정하고도 처리 안 하고 흐지부지해 놨습니다."

💬 이명박 정부였는데요.

"네, 이명박 정부는 안보 면에서는 그전 정부와 확연히 다를 줄 알았지만 그게 아니었습니다. 그 당시 검찰은 정말 수사 의지가 없었습니다. 한국의 정보기관에 의해 북한이 저지른 항공기 테러 사건을 뒤집고, 공작원인 저를 가짜로 만드는 작업이 이루어졌다는 사실이 뉴스로 알려진다면, 노무현 정부든 이명박 정부든 박근혜 정부든 국정원은 세계로부터 비난을 받고, 살아남기 힘들 것이 자명했기 때문일 것입니다. 국정원은 그냥 흐지부지 덮으려고만 했지 처리를 안 했습니다. 그래서 그런 처리를 안 하니깐 오늘날까지 그런 얘기(가짜라고) 하는 사람들이 있는 거죠. 저를 가짜라며 시위하고 다니던 정의구현사제단 신부가 정부가 바뀌니깐 요 며칠 전부터 저를 '17세 이전 탈북자'로 확신한다며 다시 의혹 제기를 시작했습니다. 노무현 정권 때에는 KAL기 사건은 전두환의 조작이고, 저는 안기부 공작원이라고 주장한 사실이 있습니다."

출처: 2017. 11. 19. 월간조선

http://monthly.chosun.com/client/mdaily/daily_view.asp?idx=2129&

Newsnumb=2017112129

76화 6·25전쟁 북침 주장

　6·25전쟁은 1950년 6월 25일 북한의 침공으로, 우리 국민 450만 명이 피해를 입은 동족상잔의 치욕스런 전쟁이었다. 전쟁은 다시는 일어나지 말아야 하겠지만 왜 전쟁이 일어나게 되었는지 되돌아보고, 또다시 전쟁이 일어나지 않도록 만반의 준비를 갖추어야만 전쟁을 막을 수 있음은 당연하다.

　약소국은 언젠가는 주변의 강대국에 의해 침략을 받을 수 있다는 사실을 우리는 5,000년 역사를 통해 배웠고, 6·25전쟁을 통해 또 한 번 배웠고, 전쟁을 예방하고 억제하기 위해선 나라의 경제력을 키우고, 군사력을 키워야만 가능하다는 것을 이번 우크라이나와 러시아의 전쟁을 통해 또 한 번 뼈저리게 느끼게 된다.

　일제로부터 해방된 이후 남한은 경제가 초토화되었고, 해방의 공적 다툼과 공산주의를 따를 것인지, 아니면 자유민주주의를 따를 것인지에 대해 좌·우파가 대립하며 국론이 분열되고, 남남갈등이 최고조에 이르게 되었던 반면 북한은 소련에서 김일성을 앞장세워 공산주의를 채택하고, 또 중공과 소련의 원조를 받아 남한보다는 국민소득이 훨씬 높았기에 군사력을 증강할 수 있었다.

　중공과 러시아는 한반도에서 그들의 영향력을 확대하기 위해 김일성에게 전쟁을 사주했다는 것은 명명백백한 사실임에도 좌파들과 주사파들은 "6·25전쟁은 북한이 남한을 침공한 것이 아니라 남한이 북한을 침공했다.", "6·25전쟁은 내전이다.", "6·25전쟁은 민족 통일을 위한 통일전쟁이다."라는 북한의 주장에 동조하며 수십 년간 우리 사회를 혼란에 빠뜨리고 국론을 분열시키는 데 앞장서 왔으며, 그동안 그들이 무슨 말을 했는지 되돌아보지 않을 수 없다.

• 문재인: 6·25는 내전이자 국제전

출처: 2022. 06. 27. 충북일보

https://www.inews365.com/news/article.html?no=720697

출처: 2020. 05. 24. 조갑제닷컴

https://www.chogabje.com/board/view.asp?C_IDX=87303&C_CC=BB

• 노무현: 6·25는 내전. 6·25전쟁에 가담한 마오쩌둥을 존경한다.

출처: 2022. 06. 27. 충북일보

https://www.inews365.com/news/article.html?no=720697

출처: 2018. 07. 28. 올인코리아

http://allinkorea.net/sub_read.html?uid=38291

• 김대중: 6·25는 실패한 통일전쟁.

출처: 2001. 09. 29. 연합뉴스

https://n.news.naver.com/mnews/article/001/0000103384?sid=100

출처: 2018. 07. 28. 올인코리아

http://allinkorea.net/sub_read.html?uid=38291

• 김원웅: 맥아더는 점령군, 소련군은 해방군

출처: 2021. 01. 18. 노컷뉴스

https://www.nocutnews.co.kr/news/5483231

출처: 2021. 07. 01. 조선일보

https://www.chosun.com/national/regional/jeju/2021/07/01/
QAPVSJED6BAZHCQWDOVK7BCE54/

출처: 2021. 06. 30. 조선일보

https://www.chosun.com/politics/politics_general/2021/06/30/
E64OICAQHFE4DNVDXG5JOCIIGE/

• 강정구: 맥아더는 전쟁광이자 38선 분단 집행의 집달리. 6, 25는 내전이자
통일전쟁

출처: 2005. 07. 27. 데일리안

https://n.news.naver.com/mnews/article/119/0000003102?sid=100

• 한상렬: 분단의 맥아더는 분단원흉이며 전쟁과 학살의 책임자

출처: 2005. 09. 11. YTN

https://n.news.naver.com/mnews/article/052/0000091489?sid=115

출처: 2018. 07. 28. 올인코리아

http://allinkorea.net/sub_read.html?uid=38291

• 이정희: 6·25 남침인지 북침인지 판단 유보

출처: 2012. 05. 31. 경북일보

http://www.kyongbuk.co.kr/news/articleView.html?idxno=584895

• 이재정: 6·25 남침인지 북침인지 규정하는 것은 적절치 않다

출처: 2006. 11. 17. 연합뉴스. 네이버뉴스

https://n.news.naver.com/mnews/article/001/0001470648?sid=100

• 이종석: 6·25 남침인지 북침 따지는 것은 무의미

출처: 2006. 02. 06. 헤럴드. 네이버 뉴스

https://n.news.naver.com/mnews/article/112/0000029845?sid=100

• 황석영: 김일성은 을지문덕 같은 위인

출처: 2015. 05. 18. 강원일보

https://www.kwnews.co.kr/page/view/2015051700000000141

• 이수호: 6·25는 남한 정부가 원인이며 정당한 전쟁

출처: 2012. 12. 12. 뉴데일리

- 한강: 6·25는 강대국들의 대리전이며 내전이자 국제전. 미군이 남한 주민 살해.

- 전교조 통일교재 지침서: 6·25는 남침 부정하고 남침은 하나의 학설. 전쟁 원인은 남한 정부에게 있으며 민족분단을 극복하려는 정당한 전쟁

이외에도 수많은 좌파들과 주사파들은 북한의 주장과 동일하게 6·25 전쟁은 북한의 남침이 아니며 내전이자 해방전쟁이라 주장한다. 6·25전 쟁 발발 당일(미국 현지시간) 뉴욕의 유엔본부에서 열린 안전보장이사회 (UNSC)에서 북한의 남침이라는 '북한군의 대한민국에 대한 무력공격에 대하여 심각한 우려를 표명하고 모든 적대 행위를 즉각 중지하고 북한 이 군대를 38선 이북으로 철수'하라는 '안보리결의안 82호'조차 부정하 고, 세계 16개국이 자신들의 군대를 파병하며 우리나라를 도왔던 국가 들을 무색하게 만들며, 나아가 학생들이 공부하는 역사 교과서에 자신 들의 주장을 등재하고 있다. 역사를 부정하는 것은 현재를 부정하는 것 이고 나아가 미래를 망치는 일임에도 주사파들은 자신들의 정치적 목적 을 달성하기 위해 역사까지 왜곡하는 만행까지 서슴없이 저지르고 있다.

그러나 그들의 주장과는 달리 1991년 전쟁 당사국인 소련연방이 해체되고 6·25전쟁 관련 문서가 공개되면서 그들의 주장은 허위였음이 밝혀졌다.

그동안 구소련당국의 비밀문서가 간간이 공개되었지만 「조선일보」가 새로운 기밀문서를 입수하고, 「주간조선」은 2020년 6월 28일 '6·25전쟁은 북한의 남침'이라는 구소련의 기밀문서를 공개했으며, 이 기밀문서는 1966년 8월 9일 작성한 것으로, 소련공산당 중앙위원회 대외연락부 부부장이었던 올렉 라흐마닌(1924~2010)에게 보고한 「1950~1953년 조선전쟁과 휴전담화에 대하여」라는 제목의 문서이며, 이 문서의 내용을 시간대별로 요약하면 다음과 같다.

출처: 2020. 06. 24. 주간조선
http://weekly.chosun.com/news/articleView.html?idxno=20949

- 김일성, 스탈린, 마오쩌둥은 미국, 일본 참전 우려
- 스탈린 북한에 무기, 군사 장비, 원조 승인
- 중국군에서 복무했던 조선족 사단 파견, 식량 원조 약속
- 1950년 3~4월 김일성 모스크바 방문, 스탈린이 최종승인
- 전쟁 1단계로 북한군 38선 집결
- 전쟁 2단계로 북한의 「조국전선」이 6월 7일 '평화통일 호소문' 발표하고 남북한 동시 총선거 제안
- 전쟁 3단계로 남한이 '남북한 동시 총선거' 거부하면 전쟁 개시
- 김일성 6월 25일 전쟁 개시일 직접 결정
- 북한군 매일 15~20km 전진하여 20~22일이 지나면 승리 예측
- 스탈린 6월 23일 '남조선 작전' 명령 하달

  (소련 6월 27일 유엔 안전보장이사회 불참)

  6·25전쟁은 통일부 북한정보포털에 따르면, 북한의 조국통일 민주주의 전선(조국전선)은 6·25전쟁 발발 1년 전인 1949년 6월 25일 박헌영, 여운형, 허헌 등 남쪽의 공산주의자들과 김일성, 김두봉, 최용건 등 북쪽의 공산주의자들이 함께 결성한 통일전선 기구로, 겉으로는 평화통일을 강조하면서 물밑으로는 전쟁을 준비해 온 전형적인 '위장평화술'이었던 셈이다. 북한 당국은 6·25 전쟁 발발 70주년을 맞이한 지금까지 '남침'을 인정한 적이 단 한 번도 없다.

  북한 당국이 편찬한 공식 백과사전인 '조선대백과사전'은 6·25 전쟁을 '조국해방전쟁'이란 이름으로 '백전백승의 강철의 령장이신 위대한 수령 김일성 동지의 현명한 령도 밑에 우리 인민이 조국의 자유와 독립을 수호하기 위하여 미 제국주의를 우두머리로 하는 외래침략자들과 리승만(이승만) 괴뢰도당의 무력 침공을 반대하여 진행한 정의의 전쟁'이라고

소개하고 있다. 또한 "미 제국주의자들과 그 주구 리승만 괴뢰도당은 1950년 6월 25일 새벽, 드디어 불의에 공화국 북반부에 대한 무력 침공을 개시하여 조선 인민을 반대하는 침략전쟁을 일으켰다."라고 사실과는 정반대인 '북침(北侵)'으로 기술하고 있다.

출처: 2020. 06. 25. 조선일보

https://www.chosun.com/site/data/html_

dir/2020/06/26/2020062603204.html

이렇듯, 우리 사회 곳곳에 침투하여 북한의 입장을 대변하며 북한의 지령을 받아 암약하는 주사파들은 역사조차 왜곡하며 반국가적, 반사회적 행위를 서슴없이 저지르는 자들이기 때문에 사리분별을 판단할 수 있고, 지혜로운 국민들은 그들의 거짓말에 속아서는 아니 되며, 그들을 우리 사회에서 퇴출할 수 있도록 온 힘을 쏟아야 할 것이다.

6·25전쟁에 대한 구체적인 입장을 표명하지는 않았지만 북한에 의한 천안함 폭침을 부정하고, 연평도 포격을 자행한 북한군을 비호하며, 김일성을 찬양하고 북한을 두둔하며 반국가적, 반사회적 행태를 보이는 정구사를 겉으로는 비인가 단체라고 주장하면서 암묵적으로 지지하며, 그들을 교회법으로 처벌하지 않는 천주교 또한 철퇴를 가해야만 한다.

77화 이승복 가짜 주장

당시 아홉 살이었던 이승복은 1968년 울진, 삼척 무장공비 침투사건 당시, 무장공비 앞에서 "나는 공산당이 싫어요."라고 외쳤다가 공비들로부터 입이 찢겨 가족들과 함께 죽임을 당했다. 그리고 바로 조선일보의 취재에 의해 세상에 알려졌고, 이승복 군은 반공이데올로기의 상징으로 자리 잡았고, 역사책에 수록되고 우리는 또 그렇게 배워왔다.

그러나 1992년 김종배는 「저널리즘」에 "조선일보의 취재는 사실이 아니다."라는 글을 기고하면서부터 이승복은 조작된 오보라는 의혹이 퍼져나가고, 대법원에서 확정 판결된 2006년까지 약 14년간을 좌, 우파가 대립하며 나라를 두 동강으로 절단한 사건이다.

1992년부터 지속적으로 조선일보의 이승복 관련 취재는 거짓이라는 의혹이 제기되자, 1998년 「월간조선」 10월호와 「조선일보」는 그 당시 신문 보도 자료와 관련 사진을 찾아내어 공개하고, 의혹을 지속적으로 제기한 김종배와 김주언을 명예훼손 혐의로 고소하게 된다.

이에 정구사와 천주교는 공식적인 의견표명은 없었지만, 북한을 옹호하며 종북 성향을 보이고 있기 때문에 그들의 주장에 묵시적으로 동조하고 있었음은 분명하며, 이 사건의 주요일지와 그간 진행 과정을 소개하면 다음과 같다.

△ 1968년 12월 9일: 울진·삼척 지역에 침투한 남파 무장공비에 의해 이승복 군(당시 9세) 사망.

△ 1968년 12월 11일: 조선일보 〈"공산당이 싫어요." 어린 항거 입 찢어〉

보도. 유일하게 "승복 군이 '공산당이 싫어요.'라고 말하며 저항하다 죽었다."라고 보도.

△ 1992년 가을: 김종배 씨(당시 자유기고가) 계간 「저널리즘」(한국기자협회 발간) 가을호에 〈"공산당이 싫어요." 이승복 신화 이렇게 조작됐다〉 제하의 글 기고.

△ 1998년 8월: 언론개혁시민연대(사무총장 김주언), 정부수립 50주년 맞아 '조선일보 이승복 군 허위 보도' 등 '50대 허위·왜곡 보도' 선정. 서울, 부산 등지에서 전시회 개최.

△ 1998년 9월 28일: 조선일보 반박 보도 시작. 「월간조선」 10월호도 반박.

△ 1998년 11월 16일: 조선일보, 김주언 언개연 사무총장(당시)과 김종배 미디어오늘 편집장(당시) 상대로 서울지검에 명예훼손 혐의 고소.

△ 1999년 7월 20일: 서울지검 형사1부 조정환 검사, 김주언 사무총장(당시)과 김종배 편집장(당시)을 각각 명예훼손과 출판물에 의한 명예훼손 혐의로 불구속 기소.

△ 1999년 7월 26일: 조선일보, 두 사람 상대로 서울지법에 각 1억 원씩 손해배상청구 소송 제기.

△ 2002년 9월 3일: 서울지법 형사9단독(박태동 부장판사), 김주언 언론재단 이사와 김종배 전 미디어오늘 편집국장에게 각 징역 6개월·10월형 선고. 피고인 측 판결 직후 항소.

△ 2004년 1월 29일: 서울지법 형사항소9부(구만회 부장판사) 예정됐던 선고 공판 연기.

△ 2004년 6월 16일: 서울중앙지법 민사25부(김상균 부장판사) 조선일보 손해배상청구 기각 판결.

△ 2004년 10월 28일: 서울중앙지법 형사항소9부(강형주 부장판사) 김종배 씨 무죄, 김주언 씨 징역 6개월에 집행유예 2년 판결.

△ 2006년 11월 24일: 대법원 형사2부(김용담 대법관) 상고 기각으로 원
심 확정(김종배 씨 무죄, 김주언 씨 징역 6개월, 집행유예 2년 판결).

출처: 미디어오늘 2006. 11. 24.

http://www.mediatoday.co.kr/news/articleView.html?idxno=52102

사진 출처: 2020. 12. 24. 논객넷
https://www.nongak.net/board/index.html?id=nca123&no=47848

　　이렇듯, 좌파와 주사파에 동조하거나 지지한 자들은 북한의 입장을
대변하며 "북한의 소행이 아니다."라는 주장으로, 수십 년간 나라를 혼
란에 빠뜨리고 국론을 분열시킨 장본인임에도 어느 하나 자신들의 잘못
을 시인하지 않고 있을 뿐만 아니라 의혹 제기는 얼마든지 할 수 있으니
자신들의 행동은 정당하다고 주장한다.

자유주의 국가에선 '표현의 자유', '사상의 자유'가 보장되어야 하겠지만, 인접국에 과도한 피해를 주었고, 현재까지 그들과 적대적으로 대치하고 있는 상황에선 그러한 자유는 제한되어야 한다. 왜냐하면, 함께 더불어 살아가는 '사회공동체'를 발전시켜 가난하고 소외되는 이들이 없이 모두가 행복한 사회를 만들어 나가야 하는 것이 인류의 공통적 책임과 의무이기 때문이다. 만약 이러한 상황에서조차 그러한 자유는 보장되어야 한다면 독일이 형법 제86조(반나치법)를 제정하며 나치를 찬양하면 즉시 체포하고 기소하여, 중벌로 다스리는 '반나치법'이 왜 폐기되어야 하는지 그 이유를 설명해야 하고, 그 '반나치법'을 폐기하도록 독일로 건너가 강력히 항의해야 한다.

　　그 어느 나라든 사회주의와 공산주의 체제인 전체주의를 추종하는 자들은 존재한다. 그러나 이들에게도 '표현의 자유', '사상의 자유'가 적용되기 때문에 그들을 제거하는 것이 그리 수월하지만은 않다. 미국과 캐나다에도 친러, 친중 행각을 벌이고 있는 자들이 많고, 유럽에도 공산주의, 사회주의를 추종하는 자들이 존재하며, 이들은 이번 우크라이나와 러시아의 전쟁에서 러시아와 푸틴을 지지하며 반사회적, 반국가적, 반인륜적 행태를 보인다.

　　이번 우크라이나와 러시아의 전쟁에서 자신들의 나라가 공격당하는 위급한 상황임에도 러시아를 도와주는 자들이 존재하고, 우리나라 또한 통진당 이석기와 같이 북한의 지시를 받아 국가기간산업의 파괴는 물론 북한을 위해 암약하는 자들이 존재하고, 이들과 동조하거나 북한의 지시에 의해 행동하는 주사파들은 두더지처럼 사회 곳곳에 침투하여 암약하며 반국가적, 반사회적 행태를 보이는 자들이 수없이 많기 때문에 이들을 뿌리 뽑는데 국가의 명운을 걸어야만 후손들에게 밝고 행복한 사회를 물려줄 수 있음은 당연하다.

78화 천주교 종전선언 지지

　우리는 역사를 통해 전쟁을 개시한 국가가 패전하는 경우, 피해국에 막대한 전쟁배상금을 지급해 왔다는 사실을 알고 있다. 전쟁배상금은 피해국 당사자가 입은 피해에 대한 보상의 의미도 있지만, 전쟁 개시국에 막대한 피해보상금을 지급케 함으로써 전쟁에 패하는 경우 국가 존망의 갈림길에 처할 수 있다는 것을 보여주어 전쟁을 억제하려는 목적도 있을 것이다.

　그동안 근현대에 전쟁으로 인해 전쟁배상금을 지불한 일례를 소개하면 다음과 같다.

- 프랑스가 독일을 침공한 보불전쟁으로 프랑스가 50억 프랑 배상
- 청일전쟁으로 청나라는 일본에 요동반도와 타이완 할양하고 은화 2억 냥 배상
- 그리스, 터키의 전쟁으로 그리스가 터키에 테살로니키 할양 및 배상
- 1차 세계전쟁으로 독일과 오스트리아는 영토 할양 및 배상
- 2차 세계대전으로 독일은 연합국에 현금 및 현물 배상
- 포클랜드 전쟁으로 아르헨티나는 영국에게 배상
- 걸프전쟁으로 이라크는 521억 달러 배상

출처: 나무위키, 전쟁배상금

　그러나 6·25전쟁의 휴전은 북한군(김일성), 중공군(팽더화이), 유엔군을 대표한 미군(Mark W. Clark) 3자가 합의하였으나 남한은 휴전을 반대하며 그 협상에 불참하였고, 중공, 북한, 미군은 전쟁배상금을 배상하지 않는 것으로 합의하였기 때문에 남한은 사상자(군인, 민간인) 180만 명과 민간인 피해자(피난민, 미망인, 고아) 270만 명 등 최소 450만 명

이 피해를 입고 나라가 초토화되었음에도 한 푼의 배상금도 받지를 못했다. 그렇기 때문에 휴전을 반대하고 배상금을 받지 않은 남한의 입장에서는 현재도 전쟁 중인 것이다.

따라서 6·25전쟁과 관련하여 '종전선언'을 하려면 먼저 남한이 참가한 휴전협정을 다시 맺은 다음, 전쟁배상금 배상의무, 재발 방지 약속, 국제사회의 동의를 거쳐 '종전선언'을 선언하여야 함에도, 이러한 일련의 과정 없이 체결한 베트남전쟁의 '평화협정'을 예로 들어보자.

미국과 북베트남(공산주의, 베트콩)은 1968년 5월 파리에서 평화협상에 대한 예비접촉을 거쳐 미국, 북베트남, 남베트남(자유주의), 남베트남에서 암약한 북베트남의 지하조직인 베트남 남부 공화 임시혁명정부 4자가 아래와 같은 조건에 합의하여 1973년 1월 23일 '파리평화협정'을 체결한다.

- 세계 각국의 베트남 독립 인정
- 미국의 베트남에서의 완전한 철수
- 미국의 남베트남 문제 미개입
- 남베트남에서의 총선거 실시
- 남베트남에 두 개의 정부(남베트남과 베트남 남부 공화 임시혁명정부) 존재 인정
- 전쟁 중단 및 포로 교환

전쟁 당사국인 남베트남, 북베트남, 미국의 3자의 합의하에 전쟁 개시국의 전쟁배상금 지급의무, 재발 방지 약속도 없이 또 국제사회의 동의가 없는 평화협정은 1975년 북베트남이 남베트남의 사이공을 점령함으로써 그 평화협정은 휴짓조각이 되어버렸다.

또 구소련이 해체되고 우크라이나에서 보유하고 있는 핵무기의 해체를 조건으로 러시아, 미국, 영국 3자가 우크라이나의 안전보장을 약속하는 1994년 12월 5일 유럽안보협력기구(OSCE) 회의에서 '부다페스트 안전 보장

양해각서'를 체결했지만, 러시아는 이를 무시하고 우크라이나를 침공했듯이 국제사회의 협정, 조약은 그들의 이익에 따라 얼마든지 바뀔 수 있기 때문에 종이 쪼가리에 불과하게 된다. 따라서 자신의 나라는 자신들의 힘을 길러 전쟁을 억제할 수밖엔 없다는 것을 우리는 역사를 통해 배우게 된다.

베트남 전쟁은 남베트남 응오딘지엠 대통령의 실정 및 독재정치가 주요 원인이기도 하겠지만, 남베트남에 기생하며 북베트남의 지령을 받아 남베트남의 남남갈등을 유발하고, 북베트남을 합법적 정부로 정당화하고, 북베트남의 침공을 '해방전쟁'으로 미화하는 등 친베트콩 공산주의자들과 그들에게 동조하거나 협력한 불교, 가톨릭교회 성직자들의 반국가적, 반사회적 행태로 인해 결국 베트남이 공산화되었다는 것은 주지의 사실이다.

특히 베트남에서 베트콩의 사주를 받고 응오딘지엠 대통령의 퇴진 운동과 베트남 전쟁을 민족해방전쟁으로 호도하고, 민족, 평화, 화해, 협력, 교류를 설파했던 '구국 평화회복 반부패운동'을 주도한 가톨릭교회의 신부인 짠 후 탄(Tran Huu Thanh)은 베트콩의 통일 이후 약 1,000명의 가톨릭 사제, 수도자들과 함께 투옥되어, '재교육' 후 석방되는 일반인들과는 달리 이들은 "재교육이 필요 없다."라며 옥사당하는 처형을 받게 된다.

이렇듯, 베트남 전쟁 이전 베트남에서 암약하던 공산주의자들의 반국가적, 반사회적 행태는 현재 우리나라의 주사파의 행태와 하나도 다를 것 없이 똑같고, 특히 베트남의 짠 후 탄 신부가 이끌었던 '구국 평화회복 반부패운동'과 우리나라의 '정구사'의 행태가 너무나 흡사하며, 만약 남한이 북한에 의해 공산화가 된 이후에도 정구사를 비롯한 주사파들이 살아남을 수 있을지는 의문이 든다. 왜냐하면, 베트콩의 통일 이후 자신들의 지령을 받아 베트남에서 협력했었던 자들이 '재교육'이라는 명분으로 수만 명이 처형되었다고 하니 그렇다.

이처럼, 아무리 조약이나 협정을 맺더라도 한 측의 일방적 폐기로 그

조약이 무산될 수도 있기 때문에 6·25전쟁을 종식하고, '종전선언'으로 나아가기 위해선 국제사회의 동의, 전쟁배상금 지급 의무, 재발 방지 약속이 반드시 선행되어야 한다. 그런데도 이러한 선행조건의 해결 없이 '종전선언'을 일방적으로 추진하면 북한, 중공, 러시아는 당연히 이러한 선언적 '종전선언'에 동의하겠지만, 우리 사회도 이러한 종전선언에 반대하는 국민들이 많고, 핵무기를 보유한 상태에서 전쟁을 종식하고 싶지 않은 미국의 반대로 결국 종전선언은 무산되고 만다. 그러나 아직도 우리 사회에서 암약하고 있는 주사파와 천주교는 이러한 선언적 종전선언을 지지하고 있다. 그 일례로 2021년 6월 27일 천주교의 매일미사의 '보편지향 기도'에 종전선언을 지지한다는 기도문을 인용한다.

▨ 보편지향 기도

1. 교회를 위하여 기도합시다. 목자이신 주님, 주님의 종 프란치스코 교황을 자비로이 굽어보시어, 주님 백성의 신앙을 굳건히 하고, 일치의 토대가 되며, 모든 이를 하느님의 나라로 이끄는 데 어려움이 없게 하소서.

2. 정치인들을 위하여 기도합시다. 공정하신 주님, 정치인들을 주님의 정의로 이끌어 주시어, 국민을 위하여 입법, 사법, 행정 업무를 실행하는 데 각자의 생각을 진실하게 나누며 서로 견제하고 보완하여, 모든 이가 행복한 나라를 만들게 하소서.

3. 한반도의 종전선언과 평화 체제 실현을 위하여 기도합시다. 평화의 원천이신 주님, 지구촌 최후의 분단국인 이 땅에 하루빨리 종전이 선언되도록 도와주시어, 화해와 평화의 새로운 한반도를 만들어 나가게 하소서.

4. 지역 사회를 위하여 기도합시다. 자비하신 주님, 지역 사회의 어려운 이들을 보살펴 주시어, 그들의 건강을 지켜 주시고, 저희가 복음을 실천하며 그들에게 필요한 것을 나눌 수 있도록 이끌어 주소서.

앞에서 언급한 바와 같이, 종전선언을 위해선 국제사회의 동의, 전쟁배상금 지급 의무, 재발 방지 약속이 반드시 선행되어야 함에도 일련의 과정을 무시한 이러한 종전선언은 종이 쪼가리에 불과하다는 사실을 알면서도 북한, 중공, 러시아를 도와주기 위해 종전선언을 지지하는 것인지 아니면 몰라서 종전선언을 지지하는 것인지는 알 수 없으나, 우리가 알아야 할 것은 종교의 성직자라고 해서 사리분별과 판단 능력이 일반 국민들보다 더 낫다고 보기 어렵고, 베트남의 경우와 같이 종교의 성직자들도 반국가적, 반사회적 행태를 보여왔다는 것이고, 종교단체를 가장한 주사파들은 민족, 평화, 화해, 협력, 교류라는 거창한 단어를 사용한다는 것이다.

따라서 북한이 전쟁배상금을 지급할 경제적 능력이 부족하다고 한다면 북한의 영토라도 할양받아 전쟁을 일으키면 반드시 그 피해보상금을 지급해야 하고, 전쟁에 대한 책임이 막중하다는 것을 인식시켜야만 또 다른 전쟁을 억제할 수 있을 것이다. 그런데도 일련의 과정을 무시한 선언적 종전선언을 지지하는 천주교를 우리 사회에서 퇴출시키지 않는다면 베트남의 경우와 같이 언젠가는 우리나라와 국민들에게 엄청난 피해를 안겨줄 수 있기 때문에 우리 사회에서 반드시 퇴출시켜야 하며, 민족, 평화, 화해, 협력, 교류라는 거창한 단어를 사용하며 북한을 대변하는 천주교에 현혹되지 말아야 한다.

79화 천주교는 정구사와 한통속

　정구사는 천주교의 비인가 단체이며, 그들의 주장은 천주교를 대표하지 않는다는 입장을 표명하면서 주교회의의 여러 주교, 주교회의의 산하단체인 정의평화위원회 등을 통해 정구사의 주장에 동조하거나 오히려 그들에게 물심양면으로 지원해 주고 있다.

- 매년 발간하는 천주교 달력, 정구사 납품 개입 의혹
- 정구사에 협력하며 종북 성향을 보이는 '가톨릭농민회' 및 '우리 농촌 살리기 운동 본부'의 농산물 판매
- 주교회의 의장들이 정구사를 두둔하고 그들의 주장에 동조
- 주교회의 정의평화위원회도 그들을 두둔하고 동조
- 정구사의 주장을 미사 강론 때 권장
- 성직자, 수도자들이 정구사의 연대서명에 동참하고 시위에 참여
- 교회법을 위반한 정구사 소속 사제의 일탈을 묵인
- 교회법 위반으로 정치 사제를 고발했음에도 처리하지 않음
- 강간을 시도한 한만삼 신부의 처벌을 미루다가 여론이 악화하자 면직 처리
- 한만삼 신부를 김유정 신부가 두둔
- 천주교의 사상과 배치된 "다른 사람이 죽었으면 좋겠다."라고 기도한 박주환 신부를 파면하지 않고 정직 처리
- 박주한 신부를 박홍표 신부가 두둔
- 미사 강론 때 사제의 정치적 발언을 묵인

"윤 대통령 부부의 전용기가 추락해서 죽었으면 좋겠다."라는 성공회 신부의 기도문이 대외적으로 알려지자 곧바로 성공회는 그 신부를 파면했지만, 비슷한 기도문을 올린 정구사 소속의 박주환 신부를 파면하지 않고 1년 직무를 정지(정직)시켰고, 남수단의 여성 봉사자를 거의 1년간 매일 밤 강간을 시도한 정구사 소속의 한만삼 신부의 처벌을 미루며, 다른 곳으로 발령을 내었다가 여론이 악화하자 파면시킨 천주교가 과연 정직, 양심, 정의, 인권, 공정을 말할 수 있는 자격이 있는지 의심이 든다. 더구나 그 피해 여성이 남수단의 동료 사제들에게 도움을 요청했으나 묵살당하고 한국으로 돌아와 그들의 처벌을 천주교에 요구했음에도 말이다.

박주환 신부는 천주교의 주교 26명 중 대부분과 성직자 대부분이 암묵적으로 정구사를 지지하고 있으니, 이심전심으로 가벼운 정직 처분한 것이 아닌가 한다. 박주환 신부의 언행이 뉴스로 나오지 않았다면 아마도 대전교구는 정직 처분도 내리지 않고 그냥 넘어갔을지도 모른다. 아니면 "그것이 왜 문제냐?"라며 오히려 두둔했을지도 모르고, 여론이 잠잠해지면 쥐도 새도 모르게 복직시켰을 것이다.

이런 행태를 보이는 천주교가 정말로 "정구사는 비인가 단체이며 우리와는 상관이 없다."라고 주장할 수 있을까? 만약, 정말로 정구사는 천주교와 상관이 없는 단체라고 주장하고 싶다면 교회법을 어기며 사회, 정치, 정당, 노조에 직접 혹은 간접적으로 개입한 정구사 소속 사제들을 색출하여 교회법 위반으로 모조리 처벌한다면, 천주교의 주장은 국민들께 공감과 설득력을 얻을 수 있을 것이다.

80화 천주교의 직무유기

예수님은 기도만 하라고 하지 않으셨고, 실천하지 않으면 하늘나라에 들 수 없다고 말씀하셨고, 심지어 실천하지 않는 믿음은 죽은 믿음이라고 말씀하셨다. 그리고 성경 말씀에는 의로운 일을 실천하지 않는 이들은 하느님의 자녀도 아니고, 형제를 사랑하지 않는 자라고 하였으며, 세상의 악(교회 밖의 악)은 하느님이 심판하지만, 교회 안의 악은 우리가 심판하고 제거하라고 하셨다.

〈코린토 1서 제5장〉

9 나는 전에 써 보낸 편지에서 불륜을 저지르는 자들과 상종하지 말라고 하였습니다.

10 물론 불륜을 저지르는 이 세상 사람들이나 탐욕을 부리는 자들, 그리고 강도들이나 우상 숭배자들과 전혀 상종하지 말라는 것이 아닙니다. 그렇다면 여러분이 아예 이 세상 밖으로 나가야 할 것입니다.

11 내가 그렇게 쓴 뜻은, 교우라고 하는 사람이 불륜을 저지르는 자거나 탐욕을 부리는 자거나 우상 숭배자거나 중상꾼이거나 주정꾼이거나 강도면 상종하지 말라는 것입니다. 그런 자와는 식사도 함께하지 마십시오.

12 바깥사람들을 심판하는 것은 내 일이 아니지 않습니까? 여러분이 심판할 사람들은 안에 있는 이들이 아닙니까?

13 바깥사람들은 하느님께서 심판하실 것입니다. "여러분은 여

러분 가운데에서 그 악인을 제거해 버리십시오.”

〈요한1서 제3장〉

7 자녀 여러분, 아무에게도 속지 마십시오. 의로운 일을 실천하는 이는 그분께서 의로우신 것처럼 의로운 사람입니다.

8 죄를 저지르는 자는 악마에게 속한 사람입니다. 악마는 처음부터 죄를 지었기 때문입니다. 그래서 악마가 한 일을 없애 버리시려고 하느님의 아드님께서 나타나셨던 것입니다.

9 하느님에게서 태어난 사람은 아무도 죄를 저지르지 않습니다. 하느님의 씨가 그 사람 안에 있기 때문입니다. 그는 하느님에게서 태어났기 때문에 죄를 지을 수가 없습니다.

10 하느님의 자녀와 악마의 자녀는 이렇게 뚜렷이 드러납니다. 의로운 일을 실천하지 않는 자는 모두 하느님께 속한 사람이 아닙니다. 자기 형제를 사랑하지 않는 자도 그렇습니다.

따라서 성직자는 정파에 예속되지 않고 정파를 초월하여 좌, 우파의 잘못된 정치에 대해 과감히 비판하고, 공동선이 이 사회에 실현될 수 있도록 노력해야 한다는 교회법을 어기며, 반국가적, 반사회적 행태를 보이는 정구사와 그들에게 동조하는 주교들과 성직자, 수도자들, 천주교 산하 단체들, 평화방송 등 교회 안의 악을 심판하지 않는 천주교는 자신들에게 맡겨진 책임과 의무를 다하지 않는 직무유기를 범하고 있는 것이며, 천주교의 자의적 판단에 의한 불공정한 행태는 국민들께 반드시 심판받을 것이며, 나아가 하느님께 반드시 심판받는다는 사실을 잊지 말아야 한다.

81화 사제의 성화 임무

　사제는 자신에게 맡겨진 신자들을 하나도 잃어버리지 않고, 모두 천국의 문으로 인도하기 위해 신자들의 '성화'를 돕는 것이 사제의 첫째 임무이자 또 그렇게 하는 이들이 참사제인 것이다.

　예전에는 고등학교 내신 성적 최상위권도 신학대 입학이 어려웠지만, 지망생이 현저히 줄어든 요즘은 신학대 대부분 미달이거나 아예 지망생이 없는 경우도 허다하기 때문에 내신등급과 상관없이 입학이 쉬워졌다. 신심과 내신 성적이 비례하거나 반비례한 것은 아니지만, 신심도 없고 학습 능력이 떨어지는 자들이 신학대를 졸업하고 사제가 되니, 자신들이 세상천지를 다 아는 것처럼 사회, 정치문제에 개입하며 자신들의 주장이 옳다고 국민들께 호도하고 있으니, 세상천지에 또 이런 어처구니없는 일은 없을 것이다.

　사제는 신자들의 영성 즉 그들의 성화를 돕는 것이 최우선 목표이자 임무임에도 네가 성화 되든지 말든지 내팽개치고, 자신들의 정치적 목적을 위해 오늘도 정치 놀음을 계속하고 있으니, 이런 사제들을 모조리 교회법으로 징계하고 쳐내지 않으면, 천주교는 신자들이나 국민들께 결코 존경받을 수 없을뿐더러 버림을 받게 된다는 사실을 명심하기 바란다.

[교회법]

제835조

　① 성화 임무는 우선 대사제들이고 하느님의 신비들의 주 분배
　　 자들이며, 또한 자기에게 맡겨진 교회에서 전례 생활 전체

의 주관자들이요 추진자들이며 수호자들인 주교들이 집행한다.

② 그리스도의 사제직의 참여자들로서 하느님 경배를 거행하고 백성을 성화하도록 주교의 권위 아래 그리스도의 교역자들로 축성되는 탁덕들도 이 임무를 집행한다.

제839조

① 교회는 성화 임무를 다른 방법들로도, 즉 그리스도교 신자들이 진리 안에서 성화되도록 하느님께 간청하는 기도로, 또는 그리스도의 나라를 영혼들 안에 뿌리내리고 강화하는 데 크게 돕고 세상의 구원에 기여하는 참회 고행과 애덕 사업으로도 수행한다.

82화 정치 사제 고발

　본인은 2022년 8월 2일 김해성당 이균태 안드레아 신부가 미사 강론 때 정치적 발언을 해왔고, 거제도 대우조선 하청 노동자의 시위 현장의 미사강론 내용을 문제 삼아, 천주교 부산교구의 교구법원에 정식으로 고발장을 접수하려고 했다.

　그러나 교구법원 담당 수녀가 접수를 거부하며 사무처 담당 사제와 여직원에게 도움을 요청하고, 사무처 담당 사제와 여직원 또한 교구법원에의 접수를 거부하기에 교구법원의 이메일로 접수하기로 서로 합의하여 고발장을 이메일로 접수하게 되었다.

　고발장을 발송하며 교구법원의 접수증이나 접수번호를 회신해 달라는 본인의 요청에 그들의 회신은 없었고, 2022년 12월 7일 교구법원에 본인이 고발한 사건에 대해 어떻게 진행되고 있는지 질의를 해도 아무런 회신이 없었으며, 2023년 3월 12일 사무처에 또다시 질의했지만 현재까지 묵묵부답으로 일관하고 있다.

　천주교가 교회 내에서조차 정의, 공평, 공정이 실천되지 않는데도 어떻게 이 사회의 정의, 공평, 공정을 부르짖을 수 있는지 참으로 아이러니하다.

　천주교는 이 더러운 가면을 벗고 지나온 길을 되돌아보고, 진리의 종교로 거듭날 수 있는 방법이 무엇인지 성찰하며 통렬히 반성해야 한다.

고 발 장

피청구인(피고)
성명(세례명) : 이균태 안드레아
사목 본당 : 부산교구 김해성당 주임신부

청구인(원고)
성명(세례명) : 최규철 아만도
본당 : 부산교구 김해성당
생년월일 : ▮▮▮▮▮▮▮
주소 : ▮▮▮▮▮▮▮▮▮▮▮▮▮▮▮▮▮▮▮▮▮▮▮▮▮▮▮▮▮▮
연락처 : ▮▮▮▮▮▮▮▮▮▮▮

[청구 취지]
상기 청구인(원고) 최규철 아만도는 교회법 제1401조, 제1408조, 제1417조에 의거, 상기 피청구인(피고) 이균태 안드레아 신부가 교회법 제287조, 제767조, 사제의 직무와 생활지침을 위반하였기에, 교회법 제1378조, 제1336조 2항 내지 4항으로 처벌해 주시기를 청원 드립니다.

교회법은 신자라면 누구를 막론하고 반드시 지켜져야 하며, 사제라고해서 예외일수는 없을 것입니다. 진리의 교회이며, 최후의 양심의 보루인 천주교에서 무엇이 옳고 그름인지, 또 지나온 우리의 교회가 걸어온 길을 되돌아보고, 우리 교회가 나아갈 방향을 명확히 밝혀주시길 청원 드립니다.

[처벌 근거]
피청구인 이균태 안드레아 신부는 김해성당 미사강론 시, 정치적 발언을 자주 하셔서 사목회장단에서 자중해 주실 것을 권고하셨다는 얘기를 들은 바가 있으며, 2022년 7월 18일 경남 거제시 대우조선해양 시위현장의 하청 노동자들을 위한 미사에서 첨부와 같이 강론하셨으며, 이는 하기와 같이 교회법을 위반하셨습니다.

1. 미사강론은 <전례시기에 맞게 신자들의 생활규범에 대해 성경구절로 해설되어야 한다>는 교회법 제767조 위반

2. 만약 미사강론이 아니라 미사이외의 시간에 첨부와 같이 강론하셨다면 <정당이나 노동조합 지도층에서 능동적 역할을 맡지 말아야 한다>는 교회법 제287조 2항과, 사제의 직무와 생활지침(33항, 정치와 사회적 의무) 위반

3. "악에는 악으로 저항해야 한다"와, "역/역으로 지/지랄을 해줘야 사/사람이 안된 것들은 지/지들이 뭔 잘못을 저질렀는지 깨닫는다"의 말씀은 <세상의 악은 우리가 심판할 일이 아니라 하느님께서 심판하신다(코린토1서 제5장 9절-13절)>는 성경말씀을 정면으로 부정하는 것이며, <예언자는 고향과 집에서만은 존경받지 못한다(마태오복음 제13장 57절)>는 성경말씀을 왜곡하여 시위단체가 저항해야 한다는 논리로 시위를 사주하는 것으로, <성직자는 평화와 화합을 조성해야 한다>는 교회법 제287조 1항 위반

[첨부] 이균태 안드레아 신부의 2022년 7월 18일 거제도 대우조선 하청 노동자들을 위한 미사 강론

2022년 08월 02일

천주교 부산교구법원장 귀하

[첨부]
2022년 7월 18일 거제도 대우조선 하청 노동자들을 위한 미사 강론
천주교 부산교구 김해성당 이 균 태 안드레아

직업에 귀천이 없다지만, 직장에는 소속된 곳이 어디냐에 따라 귀천이 있는 것처럼 보인다. 똑같은 작업장에서 일을 해도 멀리서 보면 입고 있는 작업복도 똑같아 보이는데도 현장의 노동자들은 구별된다. 정규직이냐 비정규직이냐로, 또 출신에 따라 구별되기도 한다. 본사 출신이냐 원청 출신이냐, 하청 출신이냐, 구별만 되면 더할 나위 없겠지만 구별은 거의 언제나 차별이라는 혹 하나를 달고 존재한다.

함께 살아가자는 뜻의 상생(相生)은 사전에나 나오는 단어요, 추구해야 할 머나먼 목표로 여겨지거나 권력이나 금력을 가진 자들이 듣기 좋은 소리일 뿐, 그 힘들을 미미하게 소유하거나 거의 전무한 이들은 언제나 자신들이 더 손해 보아야 한다는 무언의 압박감을 느끼게 하는 소리에 지나지 않는다.

현대자동차, 현대중공업, 미포조선, 한진조선, 대우조선, 모두 노동집약산업으로 굴지의 회사가 되었다. 이 회사들의 공장들에는 언제나 본사 직원들과 원청 노동자 그리고 하청 노동자들이 있었고 지금도 그렇다.

그곳들에 존재하는 '노사갈등'은 거의 언제나 '노노갈등'이라는 가면을 쓰고 등장한다. 그 가면은 갈등보다는 '좋은 게 좋은 것 아니냐'며 쓰잘데기 하나 없는 데에 신경을 쓰기 싫어하고, 그런 갈등은 하등 경제 발전에 도움이 되지 않을 뿐 아니라 아예 좀먹는 것으로 여기는 사측이 자신들의 손이 더렵혀질까 저어하여 만들어낸 것들이다.

지주 아래에 존재하면서 지주와 소작농민 사이에 소통의 물꼬를 관리하는 사람들이 '마름'이다. 소작농들로부터 얻는 존경과 신뢰보다는 지주로부터 받게 되는 물질적인 이득이 더 커 보이기에 대부분의 마름은 지주 편이다. 노동자와 노동자를 서로 경쟁시키고 서로가 서로를 차별대우하며 서로가 서로를 혐오하게 만들면 사측은 값싼 노동력을 더 많이 확보할 수 있고, 오너 일가는 그만큼 더 큰 이익을 보는 것처럼 보이게 하는 사회가 자본주의 사회다. 노동자와 노동자가 한바탕 개싸움을 벌이도록 공작질을 해대는 것이 우리시대의 마름들의 주된 역할이다.

'데자뷰'(Déjà-vu)는 프랑스 말이다. 사전을 찾아보니, 기시감이라고 했다. 예전에 어디서 본 것 같은 느낌이 들 때 데자뷰라 한단다. 현대 자동차, 현대 중공업, 미포조선, 한진중공업, 대우조선, 공장 부지들은 다들 다른 곳들에 있는데, 거기서 벌어졌던 혹은 벌어지고 있는 갈등의 모습은 참으로 닮았다. 겉만 비슷한 게 아니라 그 속도 참 비슷하다.

우리시대의 마름들은 주로 본사 직원들 중심의 노조, 원청 노조들 그리고 언론이다. 이들 중에 가장 악독한 마름이 언론이다. 프란치스코 교황님의 유명한 말씀, 진리로 자리 매겨도 손색이 없을 말씀 곧 «인간의 고통 앞에 중립은 없다»는 이 말씀 앞에 언론은 중립을 지킨답시고 갈등 중에 있는 사람들의 양자 간 입장을 전달하는 것처럼 하면서도 그 갈등의 원인과 그 갈등의 본질에 대해서는 침묵한다. 악을 보고도 침묵하는 것은 그 자체가 악이다. 하느님은 그런 사람을 죄 없다고 하지 않으실 것이다. 악에 맞서 목소리를 내지 않는 것은 악에 동의한다고 말하는 것이며, 악에 맞서 행동에 나서지 않는 것은 악을 위해 행동하는 것이다.

가톨릭교회는 «하느님도 일하셨다»면서 노동의 신성한 가치에 대해서 말을 하고, 노동의 목적은 인간이며, 노동은 생산의 원인이지만 자본은 생산의 도구에 지나지 않는다(「노동하는 인간」 12항)고 가르친다. 더불어 노동에서 인간이 그 독특한 존엄성을 얻는다(「노동하는 인간」 1항)고 천명한다. 그러나 노동에 대한 가톨릭교회의 가르침은 참으로 열악한 이 나라 이 땅의 노동의 현실 앞에서 바람 앞의 촛불처럼 약하디 약하다.

성당이나 예배당 문 밖만 나가면 싫어도 마주쳐야만 하는 «환장»할 현실 속에서 듣기 좋은 말, 달콤한 말, 위로의 말이라도 신부나 목사의 입에서 나오면 살아갈 희망이라도 생기고, 살아갈 기쁨이라도 생길 텐데 자꾸만 암울한 현실에 대해서 이야기를 하면 사람들은 암울한 현실을 만들어 내고 있는 장본인들에게 분노하는 것이 아니라 도리어 그 현실을 고발하는 사람에게 분노한다. 게다가 분노의 화살마저도 그 과녁을 바꾸어 버리는 언론 마름들 일명 뻐꾸기들의 수완이 놀라움을 넘어서 무섭기까지 하다.

예수께서는 «예언자는 어디에서나 존경받지만 고향과 집안에서만은 존경받지 못한다»고 하셨다. 고향과 집안 그곳에서 사람들은 가장 편안해진다. 가장 편안해지기 때문에 « 그래도 고향 사람들과 집안사람들은 내 편이겠지»하는 마음에 가장 편하게 마음속을 드러낸다. 예수께서도 그러셨나 보다. 당신의 마음속 사랑을 드러내 보이셨으니 말이다. 그런데 고향 사람들과 집안사람들은 그런 예수를 반기지 않는다. «그들은 그분을 못마땅하게 여겼다»고 방금 우리가 들었던 복음은 정확하게 그들의 심기를 전한다.

정작 분노해야 할 대상, 못마땅하게 여겨야 할 대상에게는 그러지 못하고, 종로에서 뺨 맞고, 한강에서 눈 흘기는 작태는 2천 년 전이나 오늘날이나 변한 것 하나 없이 그대로다. 분노한다는 것, 올바르지 못한 것에 대해 분노한다는 것, 그것은 저항이다. 불의에 대한 저항이다. 그리고 바로 그 저항이 부활의 또 다른 말이다. 불의한 것, 거짓된 것, 피를 말리게 하고, 포기를 강요하게 하는 것, 그런 것에 저항하는데서 부터 참 삶이 시작된다. 부활의 삶이 시작된다. 그리고 이 저항이 바로 진정한 역지사지(易地思之)의 모습이요, 그래도 인간을 사랑하려는 힘없는 자들의 본마음이다. 사행시로 역지사지의 본뜻을 전하는 것으로 강론을 마치고자 한다. 한 자 한 자 운을 떼 주시기 바란다.

역/역으로 지/지랄을 해줘야 사/사람이 안 된 것들은 지/지들이 뭔 잘못을 저질렀는지 깨닫는다.

83화 망하고 있는 천주교

부산교구청은 코로나 사태 이후, 미사참례자 수가 급격히 줄어들어 경제적으로 어려워 직원들을 정리해고하고 있다며, 신자들은 교무금을 10% 정도 더 올려 납부해 달라고 각 성당에서 공지하고 있다. 이는 천주교 세례를 받았다가 성당에 나오지 않는 '냉담자'가 많은 천주교에서 코로나 사태 이후 수입이 갈수록 줄어들었다는 것을 의미한다.

본인 주변의 신자들도 사제의 정치적 발언이 듣기 싫어 성당에 나가지 않겠다는 신자들이 증가하고, 교무금을 줄여서 납부하겠다는 신자들이 늘어나고 있으니 당연히 교회의 수입이 감소하여 재정적으로 어려움에 부닥치게 된 것은 너무나 당연한 일이 아닌가?

그리고 천주교의 개혁과 쇄신을 위해 교황청에 편지를 보내고, 명동성당이나 교구청 앞에서 시위를 해도 천주교는 눈 하나 깜짝 안 할 것이다. 왜냐하면, 천주교는 각 지역을 분할하여 독립적으로 운영하는 '교구제'를 채택하고 있어, 교황청이든 주교회의든 그들의 교구에 직접적으로 간섭할 수 없기 때문에 이러한 노력은 필요 없게 된다.

따라서 천주교의 개혁과 쇄신을 위해선 오직 신자들이 내는 돈을 줄일 수밖엔 없다. 신자들이 교회에 내는 돈을 줄이면 교회는 경제적으로 더 어려워지고, 이를 타개하기 위해 교회의 지출비용을 줄일 것이고, 나아가 사제의 월급이나 퇴임 후 지급되는 연금액을 깎을 것이고, 그래도 어려우면 신자들의 요구를 들어주기 위해 개혁과 쇄신을 들고 나올 수밖엔 없기 때문이다.

따라서 예수님이 죽었다가 부활하였듯이 천주교 또한 망하고 난 다음, 진리의 교회로 부활할 수 있도록 이제는 평신도들이 들고일어나야 한다. 천주교인 여러분들이 하느님을 믿고, 하느님의 자녀이며, 예수님을 사랑한다면 말이다.

이를 위해 정치 사제를 교구법원에 고발하는 운동과 1,000원 내기 운동을 제안한다.

- 교무금은 매월 1,000원, 연간 12,000원 일시납부
- 주일 헌금은 매주 1,000원 봉헌
- 각종 헌금, 기부금 거부
- 정치 사제를 교회법 위반으로 고발